ANALYSE POLITISCHER SYSTEME

Axel Klein, Chris Winkler

W0229303

Japan

Die Reihe
ANALYSE POLITISCHER SYSTEME
wird herausgegeben von
Uwe Andersen,
Gotthard Breit,
Peter Massing,
Stefan Schieren,
Johannes Varwick,
Wichard Woyke

Band 2

ANALYSE POLITISCHER SYSTEME

WOCHEN
SCHAU
VERLAG

Bibliografische Information der Deutschen Nationalbibliothek

Die Deutsche Nationalbibliothek verzeichnet diese Publikation in der Deutschen Nationalbibliografie; detaillierte bibliografische Daten sind im Internet über http://dnb.d-nb.de abrufbar.

●

© by WOCHENSCHAU Verlag
  Schwalbach/Ts., 2. Auflage 2012

www.wochenschau-verlag.de

Titelgestaltung: Ohl Design
Gesamtherstellung: Wochenschau Verlag
Gedruckt auf chlorfreiem Papier
ISBN 978-3-89974638-9

Inhalt

Vorwort

Wenn man auf relativ wenigen Seiten einen so komplexen Gegenstand wie das politische System eines Landes verständlich machen möchte, kann man nicht gleichzeitig eine vollständige Darstellung aller wichtigen Akteure, institutionellen Rahmenbedingungen und bedeutsamen Ereignisse liefern. Ein solcher Versuch würde einen Text produzieren, in dem viele Aspekte nur angerissen werden und damit einzig denjenigen Lesenden dienen würden, die bereits gut informiert sind und denen es ausreicht, einzelne Schlagworte präsentiert zu bekommen. Ein solches Werk würde so funktionieren wie manche Definition: Man versteht sie nur dann, wenn man vorher bereits weiß, was definiert wird.

Wir erheben in unserem Buch deshalb nicht den Anspruch auf Vollständigkeit. Wir wollen aber, dass die zentralen Elemente des politischen Systems Japans und damit seine Funktionsweise im Wesentlichen verstanden werden können. Dafür akzeptieren wir manche inhaltliche Lücke, bemühen uns aber andererseits verstärkt darum klarzumachen, wie die politischen Akteure (Politiker, Parteien, Ministerien, Bürgerbewegungen, Gerichte etc.) mit den institutionellen Rahmenbedingungen umgehen, die ihnen das politische System vorschreibt. Schlicht formuliert: Wir legen besonderen Wert auf die Erläuterung der Art und Weise, in der sich die Akteure innerhalb der Spielregeln bewegen.

Die „politische Kultur" nachvollziehbar zu machen, ist für das Verständnis eines jeden politischen Systems von großer Bedeutung, doch vielleicht gilt das für Japan noch ein wenig mehr. Die Überzeugung, es handele sich bei Japan um ein kaum verständliches, gar exotisches politisches Staatswesen, stirbt erfreulicherweise aus. Doch unabhängig davon, wie groß die kulturellen Unterschiede zwischen Deutschland bzw. dem „Westen" und Japan tatsächlich sind, vermuten wir, dass sich die Leserschaft dieses Buches mit einer anderen Haltung dem Objekt nähern wird als beispielsweise dem politischen System Großbritanniens oder Frankreichs. Doch genau wie die politischen Systeme und Gesellschaften dieser Länder ist auch Japan verständlich, wenn man über ausreichend Hintergrundwissen verfügt.

Interessierte müssen sich dabei aber nicht auf unser Buch allein verlassen. In deutscher Sprache sei der von Paul Kevenhörster verfasste Teil zur Politik Japans in dem von ihm, Werner Pascha und Karen Shire 2010 herausgegebenen Buch „Japan. Wirtschaft – Gesellschaft – Politik" wärmstens empfohlen. Wer zu einzelnen Aspekten des politischen Systems Japans mehr erfahren möchte, sei zum Beispiel auf Gesine Foljanty-Jost (Bürgergesellschaft), Patrick Köllner (Parteienorganisation), Dirk Nabers, Reinhard Drifte und Wilhelm Vosse (Außenpolitik), Carmen Schmidt (Ministerialbürokratie), Wolfgang Seifert (Gewerkschaften) oder Sven Saaler (Vergangenheitsbewältigung) verwiesen. In englischer Sprache sind Werke von Steven Reed, Ellis Krauss, John Campbell, Gerald Curtis, Aurelia George, Ray Christensen, Louis Hayes, Glen Hook, Ronald Hrebenar, Ian Neary, Robert Pekkanen und J.A.A. Stockwin immer eine gute Wahl. Japanische Autoren, die in englischer Sprache hervorragende Beiträge publiziert haben, sind u.a. Muramatsu Michio, Katō Shujirō, Nakano Koichi, Ōtake Hideo, Tsujinaka Yutaka und Yamaguchi Jirō. Keine dieser Aufzählungen ist erschöpfend, als Hilfe zur Auffindung weiterer Lektüre sollten diese Informationen aber ausreichend sein.[1]

Bei der Erstellung der folgenden Seiten haben auch wir uns auf diese Literatur, aber auch auf japanischsprachige sowie unsere eigenen Publikationen gestützt. Die wiederum sind Produkt vieler Jahre der Beschäftigung mit dem politischen System Japans, davon über zehn im Lande selbst. Wir hoffen, dass ein wenig von unseren Erfahrungen auf Parteitagen, in Demonstrationszügen, im Parlament und bei Abgeordneten, im Wahlkampf, bei Pressekonferenzen und anderen Ereignissen „an der politischen

---

1   Es sei auch noch auf das 2006 erschienene Buch „Das politische System Japans" von Axel Klein hingewiesen, das zum Teil als Grundlage dieses Buches diente und tiefer in die Materie eindringt, allerdings wichtige Entwicklungen der letzten Jahre nicht mehr beinhaltet.

Front" auf den folgenden Seiten durchscheint und die Lektüre interessanter werden lässt. Wir bedanken uns besonders bei Volker Elis, aber auch den anderen Kollegen am Deutschen Institut für Japanstudien in Tokyo für die Unterstützung bei der Erstellung der folgenden Seiten. Und wir bedanken uns dafür, dass Sie dieses Buch zur Hand genommen haben.

Tokyo, im August 2011
Axel Klein & Chris Winkler

Anmerkungen zur Schreibweise
Wie in Japan üblich werden Nachnamen zuerst genannt. Um Verwirrung zu vermeiden, sind sie aber in Kapitälchen (Großbuchstaben) gesetzt. Wo immer wir konnten, haben wir geschlechtsneutrale Formulierungen gewählt, bitten aber um Nachsicht, dass zugunsten der Lesbarkeit zuweilen nur die männliche (aber neutral gemeinte) Form auftaucht.

Abb. 1: Fakten zu Japan

Bevölkerung	126 Mio. (geschätzt für 2011) (10. bevölkerungsreichstes Land der Erde)
Fläche	377.915 km²
Migrationsrate (Verhältnis von Einwanderern und Auswanderern)	0
Anteil der städtischen Bevölkerung an Gesamtbevölkerung	67 %
Lebenserwartung	Männer: 78,96; Frauen: 85,72
Totale Fertilitätsrate	1,37 (2010)
Ausländeranteil	0,5 % Koreaner, 0,4 % Chinesen, 0.6 % andere
Religion	Schintoisten 83,9 %, Buddhisten 71,4 %, Christen 2 %, andere 7,8 % (siehe Kapitel 10)
Alphabetisierungsrate	99 %
BIP	US $ 5,391 Billionen (2010)
BIP/Einwohner	US $ 34.200 (2010)
Staatsverschuldung	225,8 % des BIP (2010)
Staatsausgaben	US $ 2,16 Billionen (2010)
Staatseinnahmen	US $ 1,64 Billionen (2010)
Staatsausgaben für Bildung	3,7 % des BIP (2007)
Staatsausgaben für Militär	0,8 % des BIP (2006)

Quelle: The World Factbook, CIA (www.cia.gov/library/publications/the-world-factbook/geos/ja.html), Zugriff: April 2011 (Werte für 2010 geschätzt)

1. Kleine Geschichte

Chris Winkler

1.1 Periodisierung der japanischen Geschichte

Bei dem folgenden kurzen Überblick über die Geschichte Japans werden wir uns an der Periodisierung orientieren, die der japanischen Geschichtswissenschaft entstammt. Die meisten Perioden

Abb. 2: Periodisierung der japanischen Geschichte[2]

Zeitraum	Periodenname	Weltgeschichtliche Ereignisse
10000-400 v. Chr.	Jōmon	Bau der Cheops Pyramide, Stonehenge (2600-2500 v. Chr.)
400 v. Chr. -300 n. Chr.	Yayoi	Einigung Chinas unter Qin Shi Huangdi (221 v. Chr.) Gründung des römischen Kaiserreichs (27 v. Chr.)
300-710 n. Chr.	Kofun	Teilung d. römischen Kaiserreichs (395)
710-794	Nara	
794-1192	Heian	Kaiserkrönung Karls des Großen (800) Erster Kreuzzug (1096)
1192-1333	Kamakura	Magna Carta (1215) Mongolisches Reich (1206-1368)
1333-1573	Muromachi	Hundertjähriger Krieg (1337-1453) Kolumbus erreicht Amerika (1492) Erste Europäer erreichen Japan (1542) Luthers Thesen (1517)
1573-1603	Azuchi-Momoyama	
1603-1868	Edo	30-jähriger Krieg (1618-1648) Amerikanische Unabhängigkeitserklärung (1776) Französische Revolution (1789) Wiener Kongress (1814-1815)
1868-1912	Meiji	Gründung des dt. Reichs (1871)
1912-1926	Taishō	Erster Weltkrieg (1914-1918)
1926-1989	Shōwa	Zweiter Weltkrieg (1939-1945)
1989-dato	Heisei	Ende des Kalten Kriegs (1989) Deutsche Wiedervereinigung (1990)

2 Basiert auf Watanabe et al. 2003: 2800.

verdanken ihre Namen Kulturgütern bzw. Orten. Die Kofun-Zeit ist beispielsweise nach den für diese Zeit charakteristischen Hügelgräbern benannt. Nara, Heian (ein alter Name des heutigen Kyoto), Kamakura, Muromachi (ein Stadtteil von Kyoto) und Edo (heute Tokyo) waren während der jeweiligen Periode Regierungssitze. Die vier Perioden des modernen Japans hingegen sind nach den Regierungsdevisen der Kaiser (Tenno) benannt.

1.2 Vor- und Frühgeschichte

Jōmon, der Name der ersten (vor)historischen Epoche der japanischen Geschichte, steht für typische, auf Keramik gemalte Schnurmuster. Diese lassen sich für die Zeit ab dem achten vorchristlichen Jahrtausend nachweisen. Etwa gegen 400 vor Chr. wurde diese Jäger- und Sammler-Kultur von der Yayoi-Kultur verdrängt, die ihre Bezeichnung ebenfalls ihrer charakteristischen Keramik verdankt und den Beginn des Nassfeldreisanbaus markiert. Die Träger dieser neuen Kultur kamen aller Wahrscheinlichkeit nach vom Festland. Ab dem vierten nachchristlichen Jahrhundert begannen die Menschen für ihre Herrscher imposante Tumuli (Hügelgräber) zu errichten, die die Form eines Schlüssellochs aufwiesen und der darauf folgenden Kofun-Periode ihren Namen gaben.

Im sechsten Jahrhundert kam es vor dem Hintergrund der Einführung des Buddhismus zu einem Machtkampf zwischen Befürwortern und Gegnern der für das damalige Japan neuen Religion. Die Gegner des aus China kommenden Buddhismus, wie der Familien-Clan der Monobe, hatten ihre Stellung in der japanischen Gesellschaft mit der Abstammung von den schintoistischen *kami* (Gottheiten) legitimiert. Daher wurde die Einführung einer neuen, mit dem Schintoismus konkurrierenden Religion von ihnen als Bedrohung empfunden. Auf der Seite der Befürworter tat sich vor allem der Clan der Soga, angeführt von SOGA no Umako (?-626) hervor. Der Konflikt endete im Jahre 587 mit der Vernichtung der Minobe durch die Soga. Dieser

Sieg ebnete nicht nur den Weg für die erfolgreiche Einführung des Buddhismus, sondern machte die Soga auch zum größten Machtfaktor Japans. So verhalf Umako 592 seiner Nichte auf den Chrysanthementhron, indem er ihren Vorgänger ermorden ließ. Die neue Inhaberin des Throns, gennant Suiko Tenno (554-628), sollte die wohl bekannteste von nur acht Frauen werden, die jemals auf dem japanischen Kaiserthron saßen. Suikos Name ist eng verbunden mit der herausragenden Persönlichkeit des frühen 7. Jahrhunderts, ihres Neffen, Prinz Shōtoku (Shōtoku Taishi; 574-622), der als Schöpfer der sogenannten 17-Artikel-Verfassung gilt, die 604 erlassen wurde. Zwar handelte es sich nicht um eine Verfassung im modernen Sinne, sondern vor allem um einen Verhaltenskodex für Beamte. Die 17 Artikel beinhalteten aber die aus China übernommene Idee der kaiserlichen Herrschaft über das Land und dienten so zur Legitimierung der Zentralisierungsbestrebungen. 607 nahm man offizielle Beziehungen mit China auf.

Die Vorherrschaft der Soga geriet jedoch bald unter Druck. Nur 20 Jahre nach dem Tode Umakos kam es zum sogenannten Taiko-Putsch (645), dem Umakos Enkel zum Opfer fiel. Darauf folgte die Neuordnung Japans durch die Taika-Reformen (646) und den Taihō-Kodex (701). Beide nach chinesischem Vorbild geschaffene Teile des Kodex, die Strafgesetz- *(ritsu)* und Verwaltungsordnung *(ryō)*, gaben dem Regierungssystem dieser Zeit seinen Namen, *ritsuryō*. Als Folge der weitreichenden Reformen wurde Nara im Jahre 710 zur permanenten Hauptstadt und Residenz der Kaiser, die man seit jener Zeit in Anlehnung an ihre göttliche Abstammung als „Tenno" bezeichnete. Ein Instrument, das die Position des Tenno als Souverän und Gottkaiser zementieren sollte, war das 720 vollendete „Nihon Shoki", eine offizielle Chronik, welche u.a. den ersten Kaiser Jimmu zum Enkel der Sonnengöttin erklärte.

1.3 Der Aufstieg der Samurai

In Nara wuchs der politische Einfluss buddhistischer Tempel so sehr, dass Kaiser Kammu 794 Heian (das heutige Kyoto) zur neuen Hauptstadt erklärte und den Kaiserhof dorthin verlegte. In die nach der neuen Hauptstadt benannten Epoche fiel auch der langsame, aber unaufhaltsame Aufstieg der *bushi* oder Samurai (die Bezeichnung Samurai geht auf das Wort *samurau* (dienen) zurück). Die Aufgabe der Krieger war es, für die Sicherheit des Hochadels zu sorgen. Der schnell wachsende Einfluss zweier Samurai-Familien, der Fujiwara/Minamoto und der Taira, sollte jedoch aus Dienern die zukünftigen Herrscher Japans machen. Seit ihr Stammvater NAKATOMI no Kamatari (614-669) eine wichtige Rolle im Taika-Putsch gespielt hatte, waren die Fujiwara zu einer festen Größe in der japanischen Politik aufgestiegen. Auch die Taira begannen ab dem zehnten Jahrhundert, ihren Einfluss kontinuierlich auszubauen. Den Höhepunkt ihrer Macht erreichte die Sippe unter TAIRA no Kiyomori (1118-1181). Dieser half Kaiser Go-Shirakawa (1127-1192) 1156 den Putsch eines abgedankten Kaisers zu vereiteln und wurde, nachdem er die Fujiwara geschlagen hatte, 1167 Großkanzler und damit stärkster Mann im Staate. Schließlich gelang es Kiyomori 1180 sogar, seinen eigenen Enkel auf den Chrysanthementhron zu hieven.

Bald formierte sich jedoch neuer Widerstand gegen die Vorherrschaft der Taira, an dessen Spitze einer der wenigen verbliebenen Minamoto Führer, MINAMOTO no Yoritomo (1147-1199), stand. Dieser ging von seiner in der Kantō-Ebene gelegenen Basis gegen die Taira vor und begann 1180 den Gempei-Krieg zwischen beiden Häusern. Erst fünf Jahre später endete dieser Machtkampf mit der Schlacht bei Dan-no-ura (in der heutigen Präfektur Yamaguchi im Süden Honshus gelegen). Yoritomo konsolidierte seine neu gewonnene Macht, indem er vier Jahre später seinen Bruder, der auch sein erfolgreichster Feldherr war, und die weitgehend autonomen Herrscher über den Norden

Honshus, die in Hiraizumi (Präfektur Iwate) residierenden Ōshū Fujiwara, ausschaltete.

Der Sieg Yoritomos besiegelte nicht nur das Schicksal der Taira und Ōshū Fujiwara, sondern machte die *bushi* endgültig zu den Herrschern Japans. Selbstredend war der Kaiserhof hierbei der Leidtragende. In den folgenden sieben Jahrhunderten sollte er seine einstige Position als Zentrum politischer Macht komplett einbüßen. Anders als die Taira schaltete und waltete Yoritomo nicht von Kyoto, sondern von Kamakura in der Kantō-Region aus. Dort baute er einen Verwaltungsapparat auf, dem er seit 1192 in der neu geschaffenen Position des Schoguns vorstand. Dieses erbliche Amt sollte mit Unterbrechungen bis Mitte des 19. Jahrhunderts die wichtigste politische und militärische Institution in Japan darstellen. Der Schogun ernannte Shugo, Militärgouverneure, die in seinem Namen über die ihnen zuge-wiesenen Provinzen herrschten. Schon bald nach Yoritomos Tod 1199 nutzten die Hōjō, die Familie der Schogun-Witwe Masako, die Schwäche von Yoritomos Nachfahren und übernahmen in der erblichen Position des Regenten (Shikken) das Ruder des Kamakura Schogunats bis zu dessen Ende im 14. Jahrhundert.

In der zweiten Hälfte des 13. Jahrhunderts sahen sich die Macht-haber in Kamakura einer ernstzunehmenden, externen Bedrohung gegenüber. Diese Bedrohung ging von den Mongolen aus, die zu diesem Zeitpunkt bereits weite Teile Eurasien kontrollierten und 1271 in China die Yuan-Dynastie gründeten (1271-1368). Nachdem er zum ersten nichtchinesischen Herrscher über das Reich der Mitte aufgestiegen war, die südlichen Sung vernichtet und die Kapitulation des koreanischen Königreiches Goryeo entgegengenommen hatte, wandte sich Dshingis Khans Enkel Kublai-Khan Japan zu. Nachdem er feststellen musste, dass er die Hōjō auf diplomatischem Wege nicht dazu bewegen konnte, sich ihm zu unterwerfen, kam es zu den Mongolen-Invasionen *(genkō)* der Jahre 1274 und 1281. Anders als die mongolischen Unternehmungen zu Land waren die beiden Feldzüge zu Wasser nicht von Erfolg gekrönt. Die Angriffe in der Bucht von Hakata im Norden Kyushus konnten auch deshalb abgewehrt werden, weil Taifune den Invasoren erheblichen Schaden zufügten. Dies war die Geburtsstunde des legendären *kamikaze*, des „himmlischen Windes". Bis zu dem US-amerikanischen Erfolg bei der Schlacht von Okinawa und der Besetzung Japans durch amerikanische Truppen im Jahre 1945 sollten Kublais Militäraktionen die einzigen Versuche einer ausländischen Macht bleiben, Japan durch einen direkten Angriff zu unterwerfen.

Im Jahre 1318 bestieg Kaiser Go-Daigo (1288-1339) den Chrysanthemen-Thron mit der Absicht, das Schogunat zu Fall zu bringen. Nach anfänglichen Erfolgen sah er sich allerdings bald mit mächtigen Widersachern konfrontiert. 1335 stellte sich ihm ASHIKAGA Takauji (1305-1358) entgegen und setzte einen neuen Kaiser ein. Der aus Kyoto geflohene Go-Daigo gründete daraufhin 1337 in Yoshino einen alternativen, den sogenannten südlichen Kaiserhof. Damit war zum ersten und einzigen Mal in der Geschichte des japanischen Kaisertums ein Schisma entstanden. 1338 wurde Ashikaga Takauji von dem in Kyoto residierenden Kaiser Kōmyō zum Schogun ernannt. Damit war der Grundstein für die zweite Schogun-Dynastie gelegt. Den Ashikaga-Schogunen gelang es im Laufe des 14. Jahrhunderts, die Verbündeten des südlichen Hofes immer weiter in die Defensive zu treiben. Unter Yoshimitsu, dem dritten Ashikaga-Schogun, kapitulierte der südliche Hof und so endete im Jahre 1392 das Schisma.

Die Ashikaga residierten im Kyotoer Stadtteil Muromachi. Diesem verdankt auch die historische Epoche (1333-1573) ihren Namen. Mit dem Erringen der Vorherrschaft über Japan waren die Probleme der zweiten Schogun-Dynastie allerdings nicht passé. Yoshimitsus aufwendige Lebensweise sowie die Konstruktion von Prunkbauten wie dem berühmten goldenen Pavillon (Kinkakuji) verschlangen Unsummen. In dieser Situation zapfte der Schogun eine altbewährte Einnahmequelle an, den Handel mit China. Bereits Takauchi hatte im Jahre 1342 eine Gesandtschaft nach China entsandt, um den Bau des Tempels Tenryūji zu finanzieren. Diese potenziell einträgliche Quelle zu nutzen war allerdings mit Schwierigkeiten verbunden. Die Ming-Kaiser, die seit 1368 in Peking das Sagen hatten, verlangten von Japan die Unterbindung der seeräuberischen Aktivitäten der sogenannten japanische Piraten *(wakō)*.

Neben dieser Forderung stellte eine chinesische Bedingung ein Hindernis für Handel zwischen beiden Seiten dar. Ming-China verlangte von Japan wie von allen anderen Handelspartnern die formelle Unterwerfung. Yoshimitsu kam dieser Forderung im Jahre 1401 formell nach, um so die dringend benötigte Einnahmequelle zu erschließen. Die guten sino-japanischen Beziehungen sollten sich nach Yoshimitsus Tod im Jahre 1408 jedoch schnell wieder verschlechtern.

1.4 Die Zeit der streitenden Provinzen

Auch innenpolitisch standen die Zeichen erneut auf Konfrontation. Unter Ashikaga Yoshimasa (1436-1490) kam es immer wieder zu Konflikten zwischen den Shugo. Die Auseinandersetzungen zwischen den mächtigen Clans der Hosokawa und der Yamana wurden schließlich zum Sargnagel des Schogunats. Außerstande, den Konflikt seiner Vasallen selbst zu beenden, rief das Schogunat andere Shugo zur Hilfe. Für mehr als ein Jahrzehnt wurde Kyoto zum Schlachtfeld und als Folge der ständig neu aufflammenden Gefechte weitgehend zerstört. Dieser Konflikt, der als *„ōnin bunmei no ran"* (1467-1477) in die Geschichtsbücher einging, war lediglich der Auftakt zu einem Jahrhundert, das von bürgerkriegsähnlichen Zuständen gezeichnet war. In dieser sogenannten „Zeit der streitenden Provinzen" *(sengoku jidai)* weiteten sich militärische Auseinandersetzungen auf ganz Japan aus. Dabei muss allerdings betont werden, dass nicht immer überall kriegsähnliche Zustände herrschten. Ein Beleg dafür ist die kulturelle Blüte, die das Land in der damaligen Zeit erlebte. Als Beispiele seien hier nur das Entstehen des Nō-Theaters, die Verfeinerung der Tee-Zeremonie oder das Erschaffen der Zen-Gärten, dem sich ein Teil der gesellschaftlichen Elite verschrieben hatte, genannt.

Der Zwang, ständig auf Konflikte reagieren zu müssen, forderte im Laufe der Zeit auch von den Shugo Tribut. Sie verloren ihre Macht an aufstrebende lokale Machthaber, die sogenannten „Sengoku Daimyo". Diese neue Herrscherelite füllte das Machtvakuum, das Schogunat und Shugo hinterlassen hatten, indem sie die Kontrolle über verhältnismäßig kleine Gebiete erlangte. Im Gegensatz zu den Shugo, die zumindest nominell ihre Position dem Schogunat verdankten, waren die Daimyo autonom, erließen eigene Gesetzeskodizes und vergaben in ihren Territorien Lehen.

ODA Nobunaga (1534-1582) war einer dieser neuen, ambitionierten Machthaber. Von Owari (heutige Präfektur Aichi) aus gelang es ihm innerhalb kurzer Zeit, weite Teile Zentraljapans unter seine Kontrolle zu bringen. 1573 verbannte er den letzten Ashikawa Schogun aus Kyoto und beendete somit die zwei Jahrhunderte andauernde Regentschaft des Muromachi Schogunats. Obwohl sich mehrere Male mächtige Daimyo und Tempel gegen ihn verbündeten, konnten sie Odas Ambitionen, das Land unter seiner Führung zu einen, kein Ende setzen. Im Gegenteil, Oda profitierte vom frühen Ableben seiner stärksten Konkurrenten (TAKEDA Shingen, UESUGI Kenshin). Schließlich waren es nicht seine Gegner, sondern einer seiner Generäle, der ihn zu Fall brachte. 1582 meuterte AKECHI Mitsuhide (1528-1582) und griff den wehrlosen Oda in Kyoto an. Akechi wurde noch im selben Jahr von einem zweiten Gefolgsmann Odas, TOYOTOMI Hideyoshi (1537-1598), vernichtend geschlagen.

Letzterer sollte in den folgenden zwei Jahrzehnten das Erbe seines ehemaligen Herrn antreten. Durch Siege u.a. über die Shimazu und die Hōjō sowie Bündnisse mit anderen Daimyo gelang es Hideyoshi innerhalb eines Jahrzehnts, die von Oda begonnene Einigung Japans zu vollenden. Bereits gegen Ende der 1580er Jahre startete er mehrere bedeutende Reformvorhaben, wie z.B. eine Steuerreform oder die Entwaffnung der Landbevölkerung (durch *katanagari*, sogenannte „Schwerterjagden"). Nachdem er so seine innenpolitische Position konsolidiert hatte, richtete Hideyoshi während der letzten zehn Jahre seines Lebens sein Augenmerk auf das Festland. Wohl, um China als führende Macht des Tributsystems durch Japan abzulösen, entsandte Hideyoshi 1592 und 1597 große Heere nach Korea, doch scheiterte sein Expansionsversuch trotz zwischenzeitlicher Erfolge unter anderem an unzureichendem Nachschub. Nachdem Hideyoshi im August 1598 verstorben war, hielt man seinen Tod so lange geheim, bis man mit den Kriegsgegnern China und Korea akzeptable Rückzugsbedingungen ausgehandelt hatte (Kreiner 2010: 180-183). Für die Ming-Dynastie bedeuteten die hohen Verluste und enormen Kosten des Krieges gegen Hideyoshis Truppen eine beträchtliche Schwächung, aufgrund derer sie 50 Jahre später ihre Vormachtstellung in China einbüßte.

1.5 Die lange Herrschaft der letzten Schogun-Dynastie

Um sicherzustellen, dass sein Sohn Hideyori (1593-1615) das Erbe antreten könne, hatte Hideyoshi einerseits seinen mächtigsten Gefolgsmann TOKUGAWA Ieyasu (1542-1616) zu Hideyoris Vormund ernannt und zudem einen fünfköpfigen, aus den wichtigsten Daimyo bestehenden Regentschaftsrat zur Kontrolle Ieyasus eingesetzt. Dessen Machtwille war aber so groß, dass es im Jahre 1600 zur Schlacht von Sekigahara kam, in der Ieyasu gegen seine Aufpasser siegreich blieb. Damit war der Weg frei für seine Ernennung zum Schogun. Die von ihm 1603 begründete Schogun-Dynastie sollte sich als dauerhafter erweisen als ihre beiden Vorgänger und erst mehr als 250 Jahre später ihr Ende finden.

Um eine effektive Kontrolle über alle Daimyo ausüben zu können, wurden die Gebiete neu verteilt. Zum einen nützten Ieyasu und seine Nachfolger eine Landreform, um verbündete Daimyo in strategisch bedeutsamen Gebieten zu positionieren. Wichtige Handelszentren, wie Osaka und Nagasaki standen unter ihrer direkten Kontrolle. Darüber hinaus wurde das *„sankin kōtai"*-System ersonnen, das die Daimyo zwang, in Edo (dem Herrschaftssitz der Tokugawa; heute: Tokio) Residenzen zu unterhalten und dort Familienmitglieder als „Faustpfand" zurückzulassen. Sie selbst hatten sich regelmäßig in der Hauptstadt einzufinden. All dies kostete viel Geld, das folglich nicht in die Finanzierung von Aufständen investiert werden konnte. Zudem blühten Handel und Handelsrouten wie der Tōkaidō zwischen Edo und Kyoto auf. Der lange Frieden führte auch eine erneute Blüte der japanischen Kultur herbei. Mit dem Kabuki entstand eine neue Theaterform. Maler wie Katsushika HOKUSAI (1760-1849) schufen die für die Edo-Zeit typischen Farbholzschnitte *(ukiyo-e)* und Japans wohl berühmtester Haiku-Dichter MATSUO Bashō (1644-1694) verfasste berühmte Gedichtsammlungen wie „Oku no Hosomichi" (dt. Titel: „Auf schmalen Pfaden durch das Hinterland"). Die Gesellschaft wurde auf neo-konfuzianischen Vorstellungen basierend in vier Stände aufgeteilt. An der Spitze der Rangordnung standen die Samurai *(shi)*, dann folgten Bauern *(nō)*, Handwerker *(kō)* und Händler *(shō)*.

Schnell gelang es den Tokugawa, das Land aus der außenpolitischen Isolation zu führen, die vor allem Hideyoshis Korea-Feldzügen geschuldet war. Die Beziehungen mit Korea wurden wiederaufgenommen und der Handel zwischen beiden Ländern blühte in der Folgezeit auf, wovon vor allem die Sō, die Herren der Insel Tsushima, profitierten. Die Wiederaufnahme der Beziehungen zu dem Königreich der Ryukyus (der heutigen Präfektur Okinawa) wurde 1609 mit Waffengewalt herbeigeführt. König Shōneis Weigerung, den Tokugawa in Edo seinen Tribut zu zollen, führte zur Besetzung Ryukyus durch die Daimyo von Satsuma. Damit wurde das ehemals unabhängige Königreich *de facto* ein Teil von Satsuma. Der Aufbau offizieller Handelsbeziehungen zu den Ming scheiterte daran, dass die Tokugawa anders als Ashikaga Yoshimitsu, nicht bereit waren, sich zumindest formell den Ming zu unterwerfen. Dies war auch nicht nötig, da vor allem die Portugiesen den für Japan so wichtigen Silber-Seide-Handel betrieben.

Die ersten Portugiesen waren bereits 1543 aufgetaucht und hatten die Japaner mit Feuerwaffen bekannt gemacht. Sechs Jahre später begann mit dem Eintreffen des Jesuiten Francisco de Xavier (1506-1552) die letztlich kurze Hochphase der christlichen Missionierung Japans und damit des sogenannten „christlichen Jahrhunderts". Sowohl Hideyoshi als auch den Tokugawa waren die Missionare ein Dorn im Auge, allerdings dauerte es bis in die 1620er Jahre, bis das Verbot des Christentums im Rahmen der Politik des „abgeschlossenen Landes" *(sakoku)* durchgesetzt wurde. Ein Bauernaufstand in der heutigen Präfektur Nagasaki (*shimabara no ran;* 1637-38), den das Schogunat fälschlicherweise als einen christlichen Aufstand interpretierte, hatte das Fass zum Überlaufen gebracht. Die Ausübung des christlichen Glaubens stand nun unter schwerster Strafe. Spaniern und Portugiesen war ab 1624 bzw. 1639 das Anlaufen japanischer Häfen verboten, Japanern die Aus- und Einreise untersagt. Holland war nun das einzige westliche Land, mit dem Japan noch diplomatische und Handelsbeziehungen pflegte. Der Außenhandel mit Holländern und Chinesen wurde auf Deshima (vor Nagasaki) abgewickelt.

Die Abschottungspolitik der Tokugawa wurde bis zum Ende der Edo-Zeit durchgehalten, aber schon ab dem Ende des 17. Jahrhunderts begannen sich die innenpolitischen und wirtschaftlichen Probleme zu häufen. Die Ursachen für diese Probleme lagen in den Unzulänglichkeiten in der Regierungsarbeit mehrerer Schogune, in zu hohen Staatsausgaben sowie in Armut und Hungersnöten in Folge von Missernten. Auch mehrere große Reforminitiativen konnten nicht verhindern, dass ab Beginn des 18. Jahrhunderts u.a. Bauernaufstände zunahmen.

1.6 Die erzwungene Landesöffnung und der Aufstieg zur Imperialmacht

Am Ende des 18. und Anfang des 19. Jahrhunderts kam es nach Besuchen russischer Schiffe zu Kontakten und Spannungen mit dem Zarenreich. Daraufhin entschied die Schogunatsregierung die gesamte Insel Hokkaido (früher Ezo) unter die Herrschaft der Daimyo von Matsumae zu stellen, die bereits seit dem 17.

Jahrhundert im Süden der Insel mit den Ureinwohners, den
Ainu, Handel getrieben hatten. Folgenreicher als die Besuche der
Russen war die Ankunft von US-amerikanischen Kriegsschiffen
unter dem Kommando von Commodore Matthew PERRY 1853
in der Bucht von Uraga (in der heutigen Präfektur Kanagawa).
Perrys Ziel war die Übergabe eines Briefs des US-Präsidenten,
welche die Aufnahme von diplomatischen Beziehungen und die
Öffnung japanischer Häfen für US-amerikanische Walfangschiffe
forderte. Da Schogun Ieyoshi (1837-1853) im Sterben lag und
sein Nachfolger Iesada (1824-1858) erkrankt war, konnte das
Schogunat nicht über Perrys Gesuch entscheiden. Dieser reiste
daraufhin mit der Ankündigung ab, bald zurückzukehren und
eine Antwort einzufordern. Die militärische Überlegenheit der
US-Marine sowie die Androhung von Gewalt für den Fall einer
japanischen Weigerung führten zur Unterzeichnung des US-
japanischen Freundschaftsvertrags (Vertrag von Kanagawa) im
folgenden Jahr. Neben der Öffnung der Häfen von Shimoda und
Hakodate waren u.a. auch eine einseitige Meistbegünstigungs-
klausel und die Stationierung eines US-amerikanischen Konsuls
Gegenstand des Kontrakts. Die historische Bedeutung dieser
Ereignisse ist nicht nur deshalb hoch einzuschätzen, weil die 250
Jahre lang aufrechterhaltene Abschließungspolitik Japans ihr Ende
fand, sondern auch, weil der Vertrag der erste in einer Reihe von
ungleichen Verträgen mit den westlichen Imperialmächten war.

Auch wenn es für die japanische Führung aufgrund der militärischen Überlegenheit des Westens keine Alternative zur Annahme
der Verträge gab, empfanden vor allem jüngere Samurai, politisch
einflussreiche Kreise aus verschiedenen Daimyaten sowie Adlige
am kaiserlichen Hof die Außenpolitik des Schogunats als nationale
Demütigung. Der Druck auf die bereits angeschlagene Regierung
in Edo wuchs. Geschwächt und zerstritten versuchte sie in den
1850er Jahren, die wichtigen Daimyo und schließlich auch den
Kaiserhof in Kyoto in ihre Entscheidungsprozesse einzubeziehen.
Vor diesem Hintergrund wurde die Ratifizierung eines Handels-
abkommens mit den USA, in welchem u.a. die Öffnung weiterer

Häfen und Exterritorialität vereinbart wurden, zu einem großen Problem, weil die Beamten in Kyoto die kaiserliche Zustimmung zu dem Vertragswerk verweigerten. Daraufhin wurde der Handelsvertrag von dem neu eingesetzten Regenten Ii Naosuke (1815-1860) ohne kaiserliche Zustimmung unterzeichnet. Um dem Machtkampf innerhalb des Tokugawa-Clans zu beenden und der Kritik an der Regierung Herr zu werden, ließ Ii Kritiker hinrichten und unliebsame Daimyo unter Hausarrest stellen. Seinen Gegnern gelang es aber, ihn 1860 zu ermorden. Danach provozierten die radikalen Kräfte, die unter der Parole „verehrt den Kaiser und vertreibt die Barbaren" *(sonnō jōi)* Ausländer angriffen, westliche Vergeltungsmaßnahmen, unter anderem die See-Bombardierung von Kagoshima im Jahre 1863.

Die Schwäche des Schogunats wurde schließlich von den alten Feinden der Tokugawa, den Daimyaten Satsuma und Chōshū, zu einem Putsch genutzt. Deren nach westlichem Vorbild aufgebaute Streitkräfte entschieden 1868 den Machtkampf, der mit dem Rücktritt des letzten Schoguns Yoshinobu und der offiziellen Rückgabe der Regierungsgewalt an den Kaiser endete. Dieser Vorgang wird bis heute als „Meiji-Restauration" *(meiji ishin)* bezeichnet, doch ist dieser Begriff irreführend, da es sich nur formal um eine Restauration der Kaiserherrschaft handelte. Tatsächlich wurde Japan in den folgenden Jahrzehnten von den sogenannten Meiji-Oligarchen regiert, einer kleinen Gruppe von Reformern aus Satsuma und Chōshū. Unter ihrer Herrschaft fand der wohl radikalste Umbau von Regierung und Gesellschaft statt, den das Land in seiner langen Geschichte bis zu diesem Zeitpunkt erlebt hatte. Japan wurde zu einem modernen Zentralstaat nach westlichem Vorbild gemacht, der mit dem Westen auf Augenhöhe agieren und die ungleichen Verträge revidieren wollte. 1871 wurden die Daimyate aufgelöst und durch Präfekturen ersetzt, an deren Spitze von der Zentralregierung ernannte Gouverneure standen. Damit endete die Herrschaft der Daimyo, die man als Entschädigung dem Adelsstand zuordnete. Alle anderen Stände wurden aufgelöst, ihre Angehörigen galten nun als untereinander

gleichgestellte Bürger. Westlichen Vorbildern folgend errichtete
man nun Ministerien, hob nationale Streitkräfte aus, führte den
Wehrdienst, eine allgemeine Schul- und Steuerpflicht sowie den
gregorianischen Kalender ein.

Von der Hinwendung zum Westen war jedoch nicht nur
der Staat, sondern auch die Kultur betroffen. Die Japaner
begannen, Teile der westlichen Kultur von Essen über Mode
bis hin zu Architektur der nun als unzivilisiert und unterlegen
geltenden japanischen Kultur vorzuziehen. Nur zweimal regte
sich Opposition. Der nach Unstimmigkeiten über den Umgang
mit Korea aus der Regierung ausgeschiedene SAIGO Takamori
war der Protagonist der Satsuma-Rebellion *(seinan sensō)* von
1877. Mit seinem Aufstand wandte sich Saigo erfolglos gegen
die vollständige „Degradierung" der Samurai zu normalen
Bürgern. Eine zweite Oppositionsbewegung, die sogenannte
„Bewegung für Freiheit und Bürgerrechte" *(jiyū minken undō)*,
hatte etwas mehr Erfolg. Der starke Widerhall der Forderungen
dieser Bewegung, die unter anderen von ehemaligen Regierungsmitgliedern getragen wurde, nach Parlamentarismus und
Konstitutionalismus zwang die Führer des Meiji-Staates zu
handeln. So erhielt Japan 1889 seine erste moderne Verfassung
und ein parlamentarisches System.

Der Meiji-Staat war dennoch kein demokratisches oder gar
freiheitliches, sondern vielmehr ein autoritäres Gebilde mit dem
Kaiser als Souverän an der Spitze. Dies sollte auch die „Bewegung
für Freiheit und Bürgerrechte" bald zu spüren bekommen. Um
die Opposition nicht zu stark werden zu lassen, wurden Gesetze
erlassen, die darauf abzielten, den Handlungsspielraum der aus
der Bewegung hervorgegangenen ersten politischen Parteien
einzuschränken. Obwohl die Parteien in der Folgezeit ein fester
Bestandteil des politischen Systems werden sollten, wurden sie
von vielen Oligarchen, allen voran dem Vater der japanischen
Armee, YAMAGATA Aritomo (1838-1922), mit Skepsis und Arg-
wohn betrachtet. Während der nach der historischen Periode
(1912-1926) benannten „Taishō-Demokratie" entstand ein

Zweiparteiensystem, in dem sich Seiyūkai und Minseitō in der Regierungsverantwortung ablösten. In dieser Zeit wurde zudem allen Männern ab 25 Jahren das Wahlrecht erteilt.

Die Parteien trugen jedoch selbst dazu bei, ihr Ansehen in der Bevölkerung zu beschädigen. So „tauschten" sie beispielsweise von ihnen kontrollierte staatliche Subventionen gegen Wahlkampfunterstützung durch Firmen in den Wahlkreisen ein (eine Methode, die auch in der Nachkriegszeit erfolgreich zur Anwendung kam; siehe Kapitel 6). Außerdem stellte die jeweilige Oppositionspartei oft die gleichen Forderungen an die Regierung wie das parteienfeindliche Militär. So trugen die Parteien ihren Teil zur Stärkung von Armee und Marine bei und besiegelten letztlich ihr eigenes Schicksal. Rechtsradikale, in den meisten Fällen junge Soldaten, ermordeten zahlreiche führende Politiker wie Hara Takashi (1856-1921), Inukai Tsuyoshi (1855-1932) und Takahashi Korekiyo (1854-1936), alle drei ehemals Premierminister. Hinzu kam, dass Korruptionsskandale und die Folgen der Weltwirtschaftskrise den Unmut der Bevölkerung gegen die Parteien anwachsen ließen.

Außenpolitisch folgte auf die innenpolitische Konsolidierung und Modernisierung ab den 1880er Jahren eine ebenfalls dem Westen nachempfundene imperialistische Expansion. 1895 und 1905 schlug Japan Qing-China und Russland, 1910 wurde Korea annektiert. Nach dem Ende der Taishō-Demokratie wurden politische Organisationen entmachtet bzw. gleichgeschaltet, während das Militär mehr und mehr die Geschicke des Landes bestimmte. Diese Entwicklung ging einher mit stetig steigenden internationalen Spannungen. Ab 1931 besetzte die Armee erst die Mandschurei, bis Ende des Jahrzehnts weite Teile Chinas und 1941 Indochina. Nach internationalen Protesten trat Japan aus dem Völkerbund aus und verbündete sich mit den Achsenmächten Deutschland und Italien. Die Zeichen standen auf Konfrontation mit dem Westen. Als die USA ein Handelsembargo verhängten, wollten amerikafreundliche Politiker wie Prinz Konoe Fumimaro (1891-1945) verhandeln, scheiterten jedoch am Widerstand des Militärs.

Japan trat am 7. Dezember 1941 in den Zweiten Weltkrieg ein, indem es den US-amerikanischen Marinestützpunkt Pearl Harbor auf Hawaii angriff. Auf diesen erfolgreichen Überraschungsangriff folgte eine Siegesserie, die dem Kaiserreich die fast vollständige Kontrolle über den östlichen und südlichen Pazifikraum bescherte. Erst mit der Schlacht von Midway im Juni 1942 begann sich das Blatt zugunsten der Alliierten zu wenden. Ab dem Sommer des gleichen Jahres bewegte sich die Frontlinie im Pazifikkrieg stetig auf die japanischen Hauptinseln zu. Nach der Schlacht von Leyte Ende 1944 war die kaiserliche Marine fast vollständig vernichtet. Im Juni 1945 schließlich nahmen die US-Truppen die Hauptinsel der südlichsten Präfektur Japans, Okinawa, ein. Um den Widerstand endgültig zu brechen, warfen US-amerikanische Bomber am 6. und 9. August 1945 Atombomben über den südjapanischen Städten Hiroshima und Nagasaki ab. Zeitgleich erklärte Stalin dem Kaiserreich den Krieg und ließ die Rote Armee in die Mandschurei einmarschieren. Eine Woche später ergab sich das Kaiserreich in sein Schicksal und stimmte der bedingungslosen Kapitulation zu. In seiner berühmten Radioansprache bat Kaiser Hirohito sein Volk, „das Unerträgliche zu ertragen" (Hall 2000: 342). Inwieweit der Kaiserhof zuvor an der Führung des Landes beteiligt war, ist unter Experten umstritten. Bix (2002) argumentiert, dass der Tenno vor allem gegen Ende des Krieges eine aktive Rolle gespielt habe, während dies von anderen Forschern bezweifelt wird. Unabhängig davon bleibt jedoch festzuhalten, dass der brutale Expansionismus und Kolonialismus des japanischen Kaiserreiches Millionen von Menschenleben gekostet hat.

1.7 Japan nach dem Krieg

Auf die Niederlage folgte in Japan, wie auch in Deutschland, die Besatzung durch die Alliierten. Während in Deutschland die USA, Großbritannien, Frankreich und die UdSSR in ihren jeweiligen Besatzungszonen das Sagen hatten, oblag die Besatzung Japans faktisch den Vereinigten Staaten alleine. Zum „Supreme

Commander for the Allied Powers" (kurz: SCAP) und damit zum einflussreichsten Mann der Besatzungsbehörde wurde General Douglas MacArthur (1880-1964) ernannt. Nominell war er nicht nur der Regierung in Washington, sondern auch der mit den elf Kriegsgegnern Japans gebildeten „Far Eastern Commission" unterstellt, doch demonstrierte MacArthur des Öfteren eine große Unabhängigkeit in seinen Entscheidungen.

Dringlichste Aufgabe MacArthurs und seines Teams war die Entmachtung der alten Eliten und der Aufbau eines freien und demokratischen Staates, der den USA nicht noch einmal gefährlich werden sollte. Nachdem die japanische Regierung nicht willens war, eine neue, demokratische Verfassung zu präsentieren und stattdessen nur kosmetische Korrekturen an der Meiji-Verfassung vorschlug (Neumann 1982: 49-51), beauftragte MacArthur die für Regierungsfragen zuständige *„government section"* seiner Behörde, einen eigenen Entwurf zu erarbeiten. Dieser Entwurf wurde nach zähen Verhandlungen und einigen Änderungen schließlich von der japanischen Regierung akzeptiert, dem Parlament zur Abstimmung vorgelegt und angenommen. Nun waren Demokratie, universelle Grundrechte, die Gleichstellung von Mann und Frau sowie Pazifismus grundlegende Elemente der neuen Verfassung, die 1947 in Kraft trat. Der Kaiser war nur noch Symbol des Staates und der Einheit des Volkes (siehe Kapitel 2).

Auf japanischer Seite wurde die Politik während der Besatzungszeit vor allem von Yoshida Shigeru (1878-1967), dem „Adenauer Japans" (Ōtake 1986), bestimmt. Yoshida war ursprünglich Diplomat, wechselte nach dem Krieg aber in die Politik und bekleidete das Amt des Premierministers zweimal (Mai 1946 bis Mai 1947 sowie Oktober 1948 bis Dezember 1954). Anders als viele Parteigenossen kann er nicht als reaktionär, wohl aber als konservativ bezeichnet werden. Während seiner Amtszeit setzte er eine liberale Wirtschaftspolitik durch und zementierte nach der Wiedererlangung der staatlichen Souveränität pragmatisch die enge Bindung an die Schutzmacht USA (zur „Yoshida Doktrin" vgl. Kapitel 13). Nachdem mit Hatoyama Ichirō (Amtszeit

Dezember 1954 bis Dezember 1956) und KISHI Nobusuke
(Premierminister Februar 1957 bis Juli 1960)[3] zwei tendenzi-
ell reaktionäre Premierminister gescheitert waren, änderte die
regierende Liberaldemokratische Partei ihren politischen Kurs
grundlegend und schwenkte auf Yoshidas Linie um. Unter Kishis Nachfolger im obersten Staatsamt, IKEDA Hayato (Amtszeit
Juli 1960 bis November 1964) wurde so Wirtschaftswachstum
zur *ultima ratio* einer von Pragmatismus geprägten japanischen
Politik. Kontroverse, ideologisch besetzte Themen wie Verfassungsreform oder eine Revision des als zu unpatriotisch kritisierten
Erziehungsgrundgesetzes verschwanden für zwei Jahrzehnte fast
vollständig von der politischen Agenda (Winkler 2010: 9-11).
Bis 2009 sollte die LDP fast ununterbrochen Regierungspartei
bleiben (vgl. Kapitel 5).

---

3 Zwischen Hatoyama und Kishi hatte noch Ishibashi Tanzan das Amt des Staatschefs inne,
   doch musste er nach nur zwei Monaten aus gesundheitlichen Gründen zurücktreten.

2. Verfassung

Chris Winkler

2.1 Die Meiji-Verfassung als Grundlage des Kaiserreiches der Vorkriegszeit

Japan bekam seine erste Verfassung nach westlichem Vorbild im Jahre 1889. Der Druck der „Bewegung für Freiheit und Bürger-rechte" *(jiyū minken undō)*, welche seit den 1870er Jahren eine Verfassung und ein parlamentarisches System gefordert hatte (vgl. Kapitel 1), zwang die über das Thema gespaltenen Führer des jungen Meiji-Staates, ihrem Staat ein höchstes Gesetz nach dem Vorbild westlicher Verfassungen zu geben. So erarbeitete Premierminister ITŌ Hirobumi (1841-1909) in Zusammenar-beit mit den deutschen Verfassungsrechtlern Hermann RÖSSLER (1834-1894) und Albert MOSSE (1846-1925) die Verfassung des Kaiserreiches Japan *(dai nippon teikoku kenpō)*, auch Meiji-Verfassung *(meiji kenpō)* genannt.

Nach dem Vorbild der Verfassung des Königreiches Preu-ßen war der Tenno der Souverän, und nicht das Volk. Wie das preußische Pendant stattete auch die Meiji-Verfassung den Monarchen mit einer signifikanten Machtfülle aus. So war er u.a. Oberbefehlshaber der Streitkräfte (Artikel 11), ernannte und entließ die Mitglieder des Kabinetts (Artikel 10), die ihm und nicht dem Parlament verpflichtet waren. Weiterhin konnte der Kaiser über auswärtige Angelegenheiten bestimmen (Artikel 13), Notstandsverordnungen erlassen (Artikel 8, 70) und das Parlament einberufen und entlassen (Artikel 7).

Trotz dieser Machtfülle machte die Meiji-Verfassung aus dem Inhaber des Chrysanthementhrons keinen absoluten Herrscher. Wie der preußische König war auch der japanische Kaiser verpflich-tet, nach den Regeln der Verfassung zu walten und zu schalten. Ein Unterschied zur aufgeklärten Monarchie Preußens besteht allerdings in der bereits in Kapitel 1 angedeuteten Stellung des Tennos als Nachfahre der Sonnengöttin. Die Verfassung ist somit kein Vertrag zwischen Monarch und Untertanen, sondern vielmehr eine „milde Gabe" des „heiligen", „unverletzlichen" (Artikel 3) und als „Mensch-gewordener Gott" *(arahitogami)* verehrten Tennos. Zusammen mit der Vorschrift, dass die Kabinettsmitglieder den Kaiser beraten, dafür die Verantwortung tragen und alle kaiserlichen Edikte und Gesetze gegenzeichnen müssen (Artikel 55), bildet Artikel 3 die sogenannte *„mutōseki-*Klausel", welche den Kaiser von jeder politischen Verantwortung entbindet. Die hatten die Minister zu tragen.

Die neue Machtfülle kam einer radikalen Änderung der Position des Kaisers gleich, der über Jahrhunderte hinweg faktisch keinerlei politischen Einfluss besessen hatte. Der Bruch mit der Tradition des apolitischen Kaisertums *(fushinsei)* zwang die Meiji-Oligarchen dazu, eine weitere Tradition, die der exklusiv männlichen Thronfolge, zu erfinden. Dieser Schritt war der Tatsache geschuldet, dass der Kaiser von nun an nicht mehr isoliert im Kaiserpalast von Kyoto residierte, sondern ein in der Öffentlichkeit präsenter Souverän war. Eine Frau in dieser Position wäre nicht weniger als ein Paradox gewesen, weil Frauen im Meiji-Staat nicht wählen durften. Daher schlossen Artikel 2 der Verfassung und Artikel 1 des kaiserlichen Haushaltgesetzes *(kōshitsu tenpan)* Frauen von der Thronfolge aus, obwohl bis zu jenem Zeitpunkt eine Frau auf dem Chrysanthementhron zwar nicht die Regel, wohl aber eine Option für die Nachfolge war (Winkler 2010: 30-1).

Hierbei sei noch erwähnt, dass es sich beim kaiserlichen Haushaltgesetz mitnichten um ein normales Gesetz handelte. Vielmehr war es der Verfassung rechtlich gleichgestellt und der Kontrolle durch das Parlament entzogen (Artikel 74). Es regelte die Angelegenheiten des kaiserlichen Hauses, bspw. Thronfolge und Finanzen. Das kaiserliche Haushaltsgesetz ist nicht nur wegen seiner herausragenden Stellung im damaligen Rechtssystem von Bedeutung, sondern auch deshalb, weil mit ihm zum ersten Mal in der japanischen Geschichte wichtige, das Kaiserhaus betreffende Angelegenheiten, vor allem die der Thronfolge, durch ein niedergelegtes Gesetz bestimmt wurden. Bis 1889 wurde die Thronfolge auf der Grundlage mündlich überlieferter Traditionen geregelt.

Die Verfassung garantierte den Menschen zum ersten Mal in der japanischen Geschichte verschiedene Bürgerrechte, u.a. Meinungs- und Versammlungsfreiheit (Artikel 29), das Recht auf Eigentum (Artikel 27) sowie Religionsfreiheit (Artikel 28). All diese Rechte standen allerdings unter einem sogenannten „Vorbehalt des Gesetzes", d.h., sie konnten jederzeit durch ein Gesetz eingeschränkt werden. Des Weiteren wurden diese Grundrechte durch andere Artikel der Verfassung bzw. Regierungsrichtlinien beschnitten. So untergrub Artikel 3 der Meiji-Verfassung beispielsweise das Recht auf freie Meinungsäußerung, indem er, wie bereits eingangs erwähnt, den Kaiser als sakrosankt erklärte und somit Kritik am Souverän zu einem Vergehen machte. Auch der Religionsfreiheit (Artikel 28) waren enge Grenzen gesetzt, da die Regierung den Schintoismus nicht als Religion interpretierte und ihn somit über die übrigen Religionen stellen konnte.

Mit Kapitel 3 erfüllte sich die Forderung der „Bewegung für Freiheit und Bürgerrechte" nach einem gewählten Parlament. Dieses bestand aus einem Ober- und Unterhaus (Artikel 33). Während in ersterem nur Adelige und vom Kaiser ernannte Abgeordnete saßen (Artikel 34), waren die Mandatsträger des Unterhauses gewählte Repräsentanten (Artikel 35). Gesetze sowie der jährliche Staatshaushalt mussten vom Parlament abgesegnet werden (Artikel 37, 64). Die Abgeordneten wurden auf Basis eines strengen Zensuswahlrechts gewählt. Lediglich sehr wohlhabenden Männern über 25 Jahren wurde ein aktives Wahlrecht zugesprochen. So war bei der ersten Parlamentswahl 1889 nur ein Prozent der Bevölkerung wahlberechtigt (Gordon 2009: 92). In der Folgezeit wurde der Pool der Wahlberechtigten schrittweise erweitert, indem der Zensusbetrag schrittweise gesenkt wurde. 1925 schließlich wurde ein allgemeines Wahlrecht für Männer über 25 Jahren eingeführt.

Neben dem Kaiser kennt die Meiji-Verfassung noch zwei weitere Exekutivorgane, und zwar die Minister und die geheimen Staatsräte (Artikel 55-56). Der 1888 gegründete Geheime Staatsrat *(sūmitsuin)* fungierte als Beratergremium des Kaisers. Der Begriff „Kabinett" war jedoch in der Meiji-Verfassung ebenso wenig zu finden wie das Wort „Partei". Anders als die Nachkriegsverfassung stattete die Meiji-Verfassung den Premierminister auch nicht mit besonderen Befugnissen aus, sondern kannte lediglich faktisch gleichgestellte Minister. Obwohl das erste Parteienkabinett unter ŌKUMA Shigenobu (1838-1922) bereits acht Jahre nach Inkrafttreten der Verfassung zu Stande kam, sind die Parteien nicht in der Verfassung verankert. Vor dem Hintergrund, dass Parteien in Japan, wie auch im Deutschen Reich Bismarcks, von den Eliten mit sehr viel Skepsis und Ablehnung betrachtet wurden, war dies jedoch kaum verwunderlich.

In der Verfassungswirklichkeit spielten neben den beiden genannten Gremien noch zwei weitere politische Akteure herausragende Rollen im Konzert der Exekutivorgane. Dies waren zum einen die sogenannten Genrō, auch bekannt als Meiji-Oligarchen. Neun Männer, mit einer Ausnahme allesamt aus den 1868 siegreichen Daimyaten Satsuma und Chōshū, hatten diese Stellung bis zum Ende der Meiji-Zeit inne. In ihrer Funktion als Berater empfahlen sie dem Kaiser u.a., wen er zum Premierminister ernennen sollte. Zum anderen war da das aus Heer und Marine bestehende mächtige Militär, welches sich bis 1945 erfolgreich jeglicher zivilen Kontrolle entzog und bis 1945 etwa die Hälfte aller Premierminister stellte.

Auch, weil bereits der Gedanke, die Meiji-Verfassung zu ändern, als ein „Greuel" (Berger 1977: 28) galt, blieb sie bis zum Zusammenbruch des Kaiserreiches unangetastet. Eine Revision wäre ohnehin nur durch eine vom Kaiser ausgehende Initiative, sprich einen kaiserlichen Erlass möglich gewesen. Danach hätte ein Reformvorschlag noch einer Zweidrittelmehrheit in beiden Kammern des Parlaments bedurft (Artikel 73). Folglich wurde die Meiji-Verfassung nur einmal geändert, und zwar nach dem

Zweiten Weltkrieg. Die neue japanische Regierung erklärte die weitestgehend von den US-amerikanischen Besatzungsbehörden vorgegebene Nachkriegsverfassung schlicht zu einer reformierten Version der Meiji-Verfassung (s.u.).

2.2 Die Nachkriegsverfassung: Demokratie, Menschenrechte und Pazifismus

Noch bevor die Besatzungsbehörden unter dem Oberbefehl des „Supreme Commander of Allied Powers" Douglas MacArthur ihre Arbeit aufnahmen, war der japanischen Führung klar, dass die US-Amerikaner eine Revision der Meiji-Verfassung fordern würden. Da Japans konservative Eliten allerdings fürchteten, dass radikale Reformen hin zu einem demokratischen Rechtsstaat zwangsläufig zu „Chaos, Verwirrung und Kommunismus" (Dower 1999: 376) führen würden, wollten sie die Änderungen an der Verfassung so gering wie möglich halten. Die Entwürfe von Innenminister MATSUMOTO Jōji und dem Verfassungsrechtler SASAKI Sōichi mit ihren „kosmetischen Reparaturen" (Neumann 1982: 49-51) spiegeln diese im wahrsten Sinne des Wortes konservative Haltung der japanischen Eliten gegenüber einer Verfassungsreform sehr deutlich wider. Die US-amerikanischen Besatzer verloren schließlich die Geduld mit ihrem japanischen Gegenüber und verfassten innerhalb kurzer Zeit einen Entwurf, der die Grundlage für die neue Verfassung bilden sollte.

Wie wir in der Folge sehen werden, sind die Vor- und Nachkriegsverfassung grundverschieden. Sie ähneln sich lediglich im Aufbau. So werden in beiden Gesetzestexten zuerst die Funktion und die Aufgaben des Kaisers definiert, gefolgt von den Rechten und Pflichten der Bürger, der Legislative, der Exekutive, der Jurisdiktion, den Staatsfinanzen und abschließend den Ergänzungsklauseln. In der Nachkriegsverfassung findet sich darüber hinaus noch der Verzicht auf Krieg als ein Mittel zur Lösung internationaler Konflikte (Abschnitt 2), Vorgaben zur lokalen Selbstverwaltung der Kommunen (Abschnitt 8) sowie Regelungen,

welche den Status der Verfassung als höchstes Gesetz betreffen
(Abschnitt 10).

Diese Ähnlichkeiten können jedoch nicht darüber hinwegtäuschen, dass die Verfassung von 1946 einen radikalen Bruch mit
den Grundsätzen ihrer Vorgängerin darstellt. Dieser wird bereits
bei einem kurzen Blick auf die drei wichtigsten Prinzipien, d.h.
Volkssouveränität, Pazifismus und Grundrechte, deutlich. So
wurde die japanische Verfassung auch konsequenterweise im
Namen des japanischen Volkes (vgl. Präambel) und nicht etwa,
wie ihre Vorgängerin, im Namen des Kaisers erlassen, auch wenn
man kritisch anmerken könnte, dass sie in weiten Teilen eine
Kreation der US-amerikanischen Besatzungsmacht ist.

Gemäß Artikel 1 liegt die Souveränität beim japanischen
Volk. Der Kaiser wurde wieder zu dem apolitischen Symbol, das
er bereits vor 1868 gewesen war. Ob er nun nur „Symbol" oder
„Staatsoberhaupt" (*genshu*, ähnlich dem deutschen Bundesprä-
sidenten) ist, darüber verliert die Verfassung kein Wort. Dies hat
dazu geführt, dass es verschiedene Interpretationen seines Status
gibt. Progressive Verfassungsrechtler sehen den Premierminister
als Staatsoberhaupt (vgl. Tsujimura 2004: 83-4), während viele
konservative Juristen und Politiker die Meinung vertreten, dass
der Kaiser bereits unter der jetzigen Verfassung als Staatsoberhaupt
angesehen werden könnte, da er Japan ja bereits im Ausland vertrete
(vgl. Kobayashi 1992: 121). Selbst ein ehemaliger Vorsitzender
der traditionell zurückhaltenden Rechtsabteilung des Kabinetts
hat eingeräumt, dass letztere Interpretation durchaus denkbar
ist. Dies hänge aber von der jeweiligen Definition des Begriffes
„Staatsoberhaupt" ab (Ōhara 1997: 26-27). Jenseits von dieser
Debatte ist die rein repräsentative Funktion des Tennos jedoch
unumstritten. Zwar ernennt er den Premierminister und den
Präsidenten des Obersten Gerichtes (Artikel 6) oder lobt Kabi-
nettsminister an (Artikel 7), doch handelt es sich dabei lediglich
um formelle Akte, welche auf vorrangegangenen Kabinetts- und
Parlamentsentscheidungen beruhen. Regierungsgewalt besitzt der
Kaiser nicht (Artikel 4).

Die wohl bekannteste und zugleich umstrittenste Regelung der japanischen Verfassung ist der Artikel 9, auch bekannt als „Friedensklausel" *(peace clause)*. Artikel 9 besteht aus zwei Paragraphen. Als Reaktion auf den imperialistischen Expansionismus Japans verkündet Paragraph 1 das Streben des japanischen Volkes nach „einem auf Recht und Gerechtigkeit basierenden internationalen Frieden". Danach wird explizit der Verzicht auf „Krieg als ein souveränes Recht der Nation" sowie der Verzicht auf die „Androhung oder Ausübung von (militärischer Gewalt) zur Lösung internationaler Konflikte" erwähnt. Der zweite Paragraph verbietet den Besitz von Land-, Luft- und Seestreitkräften, um die in Paragraph 1 vorgegebenen Ziele zu erreichen.

Mit der Schaffung der Selbstverteidigungsstreitkräfte (SVS, *jieitai*) im Jahre 1954 (deren Vorgängerorganisation, die Polizeireserve, war bereits 1950 auf Anordnung der Besatzungsbehörden ins Leben gerufen worden) entstand auf den ersten Blick ein klarer Widerspruch zwischen Verfassungstheorie und Verfassungswirklichkeit. Seit dieser Zeit debattieren Politiker und Rechtswissenschaftler kontrovers darüber, ob die SVS nun verfassungskonform oder verfassungswidrig sind. Die offizielle Auslegung lautet wie folgt: Paragraph 2 verbietet lediglich den Besitz von Streitkräften zu der in Paragraph 1 abgelehnten Führung von Angriffskriegen oder der Androhung militärischer Gewalt zur Lösung internationaler Konflikte. Von Landesverteidigung ist nicht die Rede, daher sehen die japanische Regierung sowie viele Verfassungsrechtler keinen Widerspruch zwischen der realen Existenz der exklusiv für den Verteidigungsfall aufgestellten Streitkräfte und der Friedensklausel (Hasler 2005: 130-32).

Weitaus problematischer gestaltet sich die Frage der Auslandseinsätze. Ursprünglich wurde die Entsendung der SVS ins Ausland als inkompatibel mit der Verfassungstheorie betrachtet. Diese Auslegung wurde jedoch Anfang der 1990er Jahre unter starkem US-amerikanischem Druck revidiert. Seitdem wurden die Streitkräfte auf Basis von verschiedenen Gesetzen (z.B. dem UN-Kooperationsgesetz von 1992) in verschiedene Krisengebiete entsendet. Das geschah in den meisten Fällen (Kambodscha, Mozambique, Osttimor, Nepal u.a.) im Rahmen von UN-Missionen. Wesentlich umstrittener sind dagegen Missionen, welche nicht durch ein Mandat der Vereinten Nationen gedeckt sind. So war der von 2003 bis 2009 andauernde Irak-Einsatz der Selbstverteidigungsstreitkräfte als Teil der „Koalition der Willigen" in höchstem Maße umstritten und wurde weithin als „verfassungswidrig" eingestuft (siehe Abschnitt 13).

Der rechtliche Vorbehalt der Meiji-Verfassung wurde abge-schafft. So werden die Grundrechte in den Artikeln 11 und 97 als „inhärent, unverletzlich und universell" definiert. Artikel 13 verlangt, dass das „Recht auf Leben, Freiheit und Streben nach Glück bei der Gesetzgebung und anderen Angelegenheiten der Staatsführung als oberster Grundsatz zu achten" (Neumann 1982: 188) ist. Artikel 14 und 24 schließlich stellen beide Geschlechter gesetzlich gleich. Nach der Abschaffung des alten, patriarchisch geprägten bürgerlichen Gesetzbuches verfügt Artikel 24, dass Mann und Frau nur in gemeinsamem Einverständnis eine Ehe eingehen und in dieser ehelichen Gemeinschaft beide gleiche Rechte besitzen und als Individuen zu respektieren seien.

Ein weiterer wichtiger Bestandteil von Abschnitt 3 ist Artikel 20. Er garantiert nicht nur Religionsfreiheit, sondern auch die strikte Trennung von Staat und Religion bis hin zum Verbot des Religionsunterrichts. Bedenkt man die oben beschriebene herausragende Stellung des Staats-Schintoismus bis 1945, so ist klar, dass Artikel 20 mit dem Ziel in die Verfassung aufgenommen wurde, die Bevorzugung einer bestimmten Glaubensrichtung sowie die Diskriminierung anderer Religionen durch den Staat zu unterbinden (vgl. Abschnitt 10).

In Abschnitt 4 sind die Grundlagen des Parlamentarismus niedergelegt. So wird das Parlament explizit zum höchsten Staats- und einzigen Organ der Legislative erklärt (Artikel 41; vgl. dazu Kapitel 3). Das Kabinett stellt die Spitze der Exekutive dar. Anders als ihre Vorgängerin versteht die Verfassung den Premierminister als *primus inter pares*, d.h. eindeutig als „Kopf" des Kabinetts (Artikel 66) und damit als mächtigsten Mann im Staate. Er ist für alle Staatsangelegenheiten inklusive der Außenpolitik verantwortlich und hat die Befugnis, Minister zu entlassen (Artikel 68, 73) oder das Unterhaus aufzulösen und damit Neuwahlen herbeizuführen. Gemäß Artikel 67 wird ein Mitglied des Parlaments mit einfacher Mehrheit in beiden Häusern zum Premierminister gewählt. Sollten die Wahlen in Ober- und Unterhaus zu unterschiedlichen Resultaten führen und ein Vermittlungsausschuss keine Einigung herbeiführen können, wird der vom Unterhaus nominierte Kandidat zum Premierminister. So wurde 1998 OBUCHI Keizō Staatschef, obwohl der damalige Oppositionsführer (und spätere Premierminister) KAN Naoto die Wahl im Oberhaus gewonnen hatte (Ishikawa 2004: 195). Ein neu gewählter Premierminister erhält seine Ernennungsurkunde aus der Hand des Kaisers (Artikel 6).

Um den aus der Vorkriegszeit bekannten exzessiven Einfluss des Militärs im und auf das Kabinett von vorneherein zu unterbinden, verlangt Artikel 66, dass der Premierminister sowie alle Mitglieder des Kabinetts Zivilisten sind. Des Weiteren ist das Kabinett, anders als in der Vorkriegszeit, dem Parlament gegenüber verpflichtet, und nicht etwa dem Kaiser (Artikel 66). Im Falle eines erfolgreichen Misstrauensvotums hat das gesamte Kabinett zurückzutreten, es sei denn, der Premierminister entscheidet sich, das Unterhaus innerhalb von zehn Tagen aufzulösen (Artikel 69) und Neuwahlen abhalten zu lassen.

Anders als die Meiji-Verfassung, die nur Gerichte kannte, welche im Namen des Kaisers Recht sprachen (Meiji-Verfassung, Artikel 57), haben die Eltern der japanischen Verfassung einen obersten Gerichtshof als letzte richterliche Instanz geschaffen. Artikel 76 untersagt zudem explizit das Einrichten von außerordentlichen Tribunalen, wie sie in Artikel 60 der Meiji-Verfassung vorgesehen waren, sowie richterliche Entscheidungen durch die Exekutive. Die Richter haben nach freiem Gewissen und ausschließlich auf Basis der Verfassung und anderer Gesetze Recht zu sprechen. Damit wird die Unabhängigkeit der Judikative von der Exekutive untermauert und die Gewaltenteilung betont. Artikel 79 gibt zudem dem japanischen Volk als Souverän die Möglichkeit, über die Richter des Obersten Gerichtshofes abzustimmen. Sollte sich bei dieser Bewertung, die zusammen mit der zur Ernennung zeitnahesten Unterhauswahl durchgeführt wird, eine Mehrheit gegen einen Richter aussprechen, so ist dieser zu entlassen. In der Praxis ist bisher noch kein Richter auf diese Weise abgewählt worden und Kritiker zweifeln die Tauglichkeit dieses Verfahrens an.

Obwohl bereits mehr als sechs Jahrzehnte alt, wurde die japanische Verfassung bisher kein einziges Mal verändert. Der Grund hierfür liegt in den sehr hohen Hürden, die die Eltern der Verfassung in Artikel 96 festgelegt haben. Demnach müssen, anders als etwa in der Bundesrepublik, einer Änderung nicht nur zwei Drittel der Abgeordneten beider Häuser des Parlaments, sondern auch eine einfache Mehrheit der Bevölkerung zustimmen. Um den Willen des Volkes zu erfragen, ist ein nationales Referendum vorgesehen.

2.3 Die Reformdebatte

Die japanische Verfassung ist seit ihrem Inkrafttreten ein umstrittenes Dokument. Auch, wenn seit jeher Artikel 9 im Mittelpunkt der Aufmerksamkeit steht, werden vor allem von konservativer Seite zahlreiche andere Kritikpunkte vorgebracht. So wird oft beklagt, dass das Gesetz den Japanern letztlich durch die amerikanische Besatzung oktroyiert wurde und es ihm somit an demokratischer Legitimation mangele. Zudem gebe es ein extremes Missverhältnis zwischen Rechten und Pflichten. Die Verfassung sei ungenau, weil sie beispielsweise nicht klar definiere, ob der Premierminister oder der Kaiser Staatsoberhaupt sei. Auch der Begriff „Allgemeinwohl" *(kōkyō no fukushi)* bleibe unerklärt und böte somit zu weite Interpretationsspielräume. Darüber hinaus fehle ein Verfassungsgerichtshof ähnlich dem Bundesverfassungsgericht.

Aus diesen und anderen Gründen gab es bereits einige Anläufe, die Verfassung zu ändern. In den 1950er Jahren versuchten die Premierminister Hatoyama Ichirō und Kishi Nobusuke, das ungeliebte Gesetz zu revidieren. Allerdings verfügte die LDP nicht über die notwendige Zweidrittelmehrheit in beiden Kammern des Parlaments. Aus diesem Grund strichen Kishis Nachfolger das Thema pragmatisch von der Tagesordnung. Erst in den 1980er Jahren tauchte es erneut auf der politischen Agenda auf. Allerdings mussten die Befürworter, unter ihnen der damalige Premierminister Nakasone Yasuhiro (1982-1987), schnell erkennen, dass sich weder in der Bevölkerung noch in der eigenen Partei eine Mehrheit für das Reformvorhaben fand (Winkler 2010: 12). Dies begann sich erst in den 1990er Jahren zu ändern. Vor dem Hintergrund massiver geopolitischer Veränderungen, konkret dem Ende des Ost-West-Konflikts (der Kalte Krieg ist eine Austragungsform des OWK gewesen), einer Vielzahl von Auslandseinsätzen der Selbstverteidigungsstreitkräfte sowie der Bedrohung durch Nordkorea, wurde die Kompatibilität von Artikel 9 mit den sich verändernden außen- und sicherheitspolitischen Realitäten mehr denn je in Frage gestellt. Dies äußerte sich unter anderen in der Publikation von mehr als zwei Dutzend ausformulierten Verfassungsreformentwürfen und unzähligen weiteren, weniger konkreten Vorschlägen, wie die Verfassung den veränderten Realitäten angepasst werden sollte. Zum Vergleich: In den 1980er Jahren gab es nur drei solcher Entwürfe (vgl. Winkler 2010).

2005 stellte die LDP ihren Verfassungsreformentwurf vor und im darauffolgenden Jahr wurde mit Abe Shinzō einer der stärksten Verfechter des Vorhabens Premierminister. Auch die Stimmung in der Bevölkerung veränderte sich beträchtlich. Während Mitte der 1980er noch fast 80 % der Befragten sich in Meinungsumfragen gegen eine Änderung des Artikels 9 ausgesprochen hatten, fand sich im Jahre 2004 eine Zweidrittelmehrheit für eine Revision (Asahi Shimbun 1985: 1; Winkler 2010: xiv). All diese Faktoren führten dazu, dass viele Beobachter eine Revision der Verfassung innerhalb von wenigen Jahren für möglich hielten (vgl. Tamura 2006: 166). 2007 tat Abe den ersten Schritt auf diesem Weg, indem er das Gesetz über das Referendum (welches gemäß Artikel 96 bei einer Änderung notwendig würde) durch das Parlament brachte. Mit der verheerenden Niederlage der LDP bei den Oberhauswahlen im Sommer des gleichen Jahres und dem darauf folgenden Rücktritt Abes endeten die Reform-bestrebungen allerdings abrupt. Abes Nachfolger im Amt des Premierministers machten keine Anstalten, das Thema erneut auf die politische Agenda zu setzen. Es ist daher durchaus denkbar, dass die japanische Verfassung auch ihren 70. Geburtstag noch in unveränderter Form erleben wird.

3. Gesetzgebung

Axel Klein

Die gesetzgeberische Kompetenz liegt in Japan laut Verfassung
einzig beim nationalen Parlament. Es besteht aus einem Reprä-
sentantenhaus (*shūgiin*, auch „Unterhaus" genannt) mit 480 und
einem Haus der Räte (*sangiin*, Oberhaus) mit 242 Abgeordneten. Die Institutionen und Verfahrensregeln des japanischen
Parlaments ähneln in vielerlei Hinsicht denen des Deutschen
Bundestags. Allerdings ist die Art, in der die Regeln mit Leben
gefüllt werden, recht unterschiedlich. Auch eine seit Mitte der
1990er Jahre intensiv in Japan geführte Diskussion darüber, wie
man Parlamentariern mehr Einfluss und Initiative bei der Gesetzgebung verleihen soll und auf welche Art man die Dominanz
der Ministerialbürokratie in diesem Bereich zurückdrängen kann,
wird in Deutschland kaum geführt.

3.1 Gesetzentwürfe und Ausschüsse

Zur Vorlage eines Gesetzentwurfs sind formell der Premierminister
als Vertreter des Kabinetts sowie die Mitglieder des Parlaments
berechtigt. In der Praxis stammen deutlich mehr Entwürfe aus dem
Kabinett, sie sind zudem weitreichender in ihren Auswirkungen
und werden zu sehr viel größerem Anteil tatsächlich verabschiedet.
Für einzelne Abgeordnete sind nicht nur die formellen Hürden
für die Einbringung eines Gesetzentwurfes recht hoch, sondern
auch die informellen, ein wesentlicher Grund, weshalb es nur
wenige erfolgreiche Initiativen gibt (Beispiele sind die Gesetze
für Mutterschaftsurlaub und Verbraucherkredite). In der Demokratischen Partei untersagte der damalige Generalsekretär OZAWA
Ichirō während der ersten Monate nach Übernahme der Regierungsverantwortung im August 2009 sogar allen Abgeordneten,
eigene Gesetzentwürfe zu erstellen bzw. entsprechende Initiativen

zu ergreifen. Ihm war es wichtig, dass seine Partei ein geeintes Bild abgeben und die Gesetzentwürfe aus dem Kabinett kommen würden. Mit Ozawas Rücktritt im Juni 2010 und dem Amtsantritt von Premierminister KAN Naoto wurde diese Regelung jedoch zurückgenommen und die innerparteilichen Gremien, die sich mit der Erstellung von Gesetzen befassten, wiederbelebt.

Mit Ausnahme des Haushaltsgesetzes, das zuerst beim Unterhaus eingebracht werden muss, steht es den Initiatoren eines Entwurfes frei, in welcher Kammer sie zuerst aktiv werden. Die Vorlage wird in der Regel direkt an den zuständigen Ausschuss weitergeleitet. Die Arbeit in diesen Ausschüssen bildet den wichtigsten Teil des Gesetzgebungsprozesses, zumal nur eine Lesung im Plenum der jeweiligen Kammer erfolgt. 2011 betrug die Zahl der ständigen Ausschüsse sowohl im Unter- als auch im Oberhaus 17, allerdings ist diese Zahl nicht in der Verfassung festgeschrieben und kann von jeder Regierung geändert werden. Grundsätzlich decken sich die den Ausschüssen zugeteilten Fachbereiche aber mit denen der zugehörigen Ministerien. Daneben verfügt jede Kammer des nationalen Parlaments über die Möglichkeit, Sonderausschüsse einzurichten. Fragen, die von dem jeweiligen Haus einer besonderen Diskussion für würdig empfunden werden und/oder aber solche, die nicht in Bereiche der ständigen Ausschüsse fallen, werden hier behandelt. Schon viele Jahre existieren die Sonderausschüsse für „politische Moral und Änderung des Wahlgesetzes" und der für „Okinawa und die Nördlichen Territorien".

Die Aufgaben, die in Deutschland parlamentarische Untersuchungsausschüsse übernehmen, können in Japan zumindest in der Theorie von den ständigen Ausschüssen übernommen werden, allerdings muss dazu die Mehrheit der Mitglieder zustimmen. Dadurch ist die Regierungsmehrheit hier genauso vor allzu großer Neugier der Opposition geschützt wie auch im Falle des „parlamentarischen Zeugengesetzes" *(giin shōgen hō)*. Das ermöglicht es dem Parlament auf der Grundlage eines Mehrheitsbeschlusses, Einzelpersonen unter Eid zu stellen und zu befragen. In der Zeit zwischen 1948 und 2010 sind 58 Personen auf diese Art vernommen worden.[4]

In einigen Verdachtsfällen sind vom japanischen Parlament eigens Sonderausschüsse etabliert worden. So rief man in den 1970er Jahren den „Sonderausschuss für das Lockheed-Problem" ins Leben, der sich mit der Bestechung einiger Regierungspolitiker im Zusammenhang mit dem Ankauf von Flugzeugen für eine staatliche Fluglinie befasste. Allerdings kann aufgrund der hohen formellen Hürden für die Einrichtung eines solchen Ausschusses auch hier nicht von einem zuverlässigen Instrument der Opposition gesprochen werden, mit dem eine Kontrollfunktion über die Regierung ausgeübt werden kann. In der parlamentarischen Praxis weigert sich die Opposition deshalb häufig, an Ausschuss- oder Plenumssitzungen teilzunehmen, wenn sie einen Abgeordneten der Regierungspartei(en) für verdächtig hält, gegen ein Gesetz verstoßen oder auch nur seinem Amt unangemessene Aussagen getätigt zu haben. Je nach Mehrheitsverhältnissen kann sich die Regierung dann gezwungen sehen, Kabinettsmitglieder oder andere Amtsträger ihrer Aufgaben zu entbinden und sie zu „opfern", um die Kooperation der Opposition zurückzugewinnen. In strafrechtlich relevanten Fällen bleibt die Aufklärung von Sachverhalten dann der Staatsanwaltschaft überlassen.

Die wesentliche Aufgabe parlamentarischer Ausschüsse besteht selbstredend darin, Gesetzentwürfe zu diskutieren und unter Umständen zu ändern. Das abschließende Abstimmungsergebnis ist für das Parlament nicht bindend, sondern besitzt lediglich Empfehlungscharakter. Da die Mehrheitsverhältnisse in den Ausschüssen jedoch denen des Parlaments entsprechen, wird die Entscheidung der Ausschüsse in der Regel auch vom Parlament übernommen. Die Vorlage wird dann zusammen mit einem Bericht an den Vorsitzenden des Hauses weitergeleitet, der eine

---

4   Nur in drei der 58 Fälle lag der jeweiligen Vorladung keine einstimmige parlamentarische Entscheidung zugrunde. Es bedarf ungewöhnlich heftiger Konflikte zwischen Parteien, um die informelle Übereinkunft zu brechen, nach der solche Vorladungen einstimmig ausgesprochen werden sollen.

entsprechende Parlamentsaussprache veranlasst und anschließend über den Entwurf abstimmen lässt. Im Falle der Zustimmung wird die Vorlage an die andere Kammer des Parlaments weitergeleitet, wo ebenfalls Veränderungen vorgenommen werden können oder eine direkte Abstimmung erfolgt. Wird auch hier positiv entschieden, wird das Gesetz über das Kabinett dem Kaiser vorgelegt und abschließend verkündet.

Entscheidet das Oberhaus über eine im Unterhaus angenommene Gesetzesvorlage nicht innerhalb von 60 Tagen, gilt sie als von dort angenommen. Wird die Vorlage aber im Oberhaus abgelehnt bzw. trifft das Oberhaus eine von der des Unterhauses abweichende Entscheidung, so wird die ursprüngliche Vorlage trotzdem Gesetz, wenn ihr das Unterhaus in einer erneuten Abstimmung mit einer Zweidrittelmehrheit zustimmt. Eine Ausnahme dieser Regelung bildet lediglich der Staatshaushalt, der auch ohne Zustimmung des Oberhauses in Kraft treten kann. Allerdings gelten für die mit dem Haushalt in engem Zusammenhang stehenden Nebengesetze wiederum die Standardwege. In Fällen der Unstimmigkeit zwischen beiden Kammern kann als letztes parlamentarisches Instrument ein Vermittlungsausschuss eingerichtet werden.

Die *ordentliche* Sitzungsperiode beginnt im Januar und dauert 150 Tage.[5] Da Gesetzesvorlagen, die bis zum Ende dieser Sitzungsperiode nicht verabschiedet werden, in der Regel erneut den legislativen Prozess durchlaufen müssen, kommt es zuweilen vor, dass eine Verlängerung beantragt wird. Hierüber entscheidet das Parlament mit einfacher Mehrheit, wobei das Unterhaus ein eventuelles Veto des Oberhauses überstimmen kann. Meist gibt es zudem nach Ende der ordentlichen Sitzungsperiode weitere legislative Aufgaben, so dass in der Zeit von Sommer bis Herbst ein oder zwei so genannte außerordentliche Sitzungsperioden im Parlament stattfinden, die entweder vom Kabinett einberu-

---

5   Zum Vergleich: Der Deutsche Bundestag tritt für 20 bis 23 Wochen pro Jahr zusammen, um seine legislativen Aufgaben zu erfüllen. Dieser Zeitraum ist etwa um ein Drittel kürzer als im Falle Japans.

fen oder aber von einem Viertel oder mehr der Abgeordneten beider Häuser beantragt werden können.[6] Abbildung 3 fasst in vereinfachter Darstellung den formellen Ablauf des Gesetzgebungsprozesses zusammen.

Abb. 3: Vereinfachte Darstellung des Gesetzgebungsprozesses

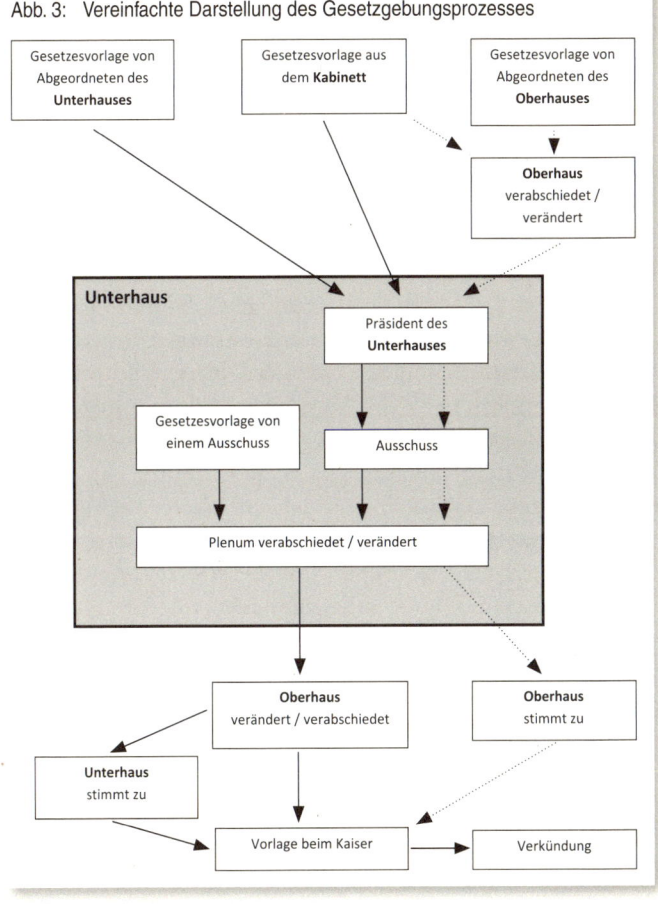

6   Solche „außerordentlichen Sitzungsperioden" werden zudem nach Ober- und Unterhauswahlen einberufen, im Falle der letztgenannten Kammer aber nur, wenn die vorherige Legislaturperiode vollständig abgelaufen ist.

3.2 Das Zweikammersystem

Die Verfassung sieht vor, dass die Kompetenzen des Unterhauses größer sind als die des Oberhauses (vgl. Kapitel 2). Folglich ist es für eine Partei oder ein politisches Lager das vorrangige Ziel, bei Unterhauswahlen eine Mehrheit zu erzielen. Die gesetzgeberische Arbeit des Regierungslagers wird allerdings immens erschwert, wenn keine Oberhausmehrheit zur Verfügung steht. Erstmals musste die LDP 1989 diese Erfahrung machen. Aufgrund eines weitreichenden Korruptionsfalles vor allem in den eigenen Reihen, der Einführung einer unpopulären Mehrwertsteuer, einem Premierminister, dessen außereheliche Bekanntschaft sich der Presse anvertraute, und einer populären Oppositionsführerin verloren die dauerregierenden Liberaldemokraten die Mehrheit im Oberhaus und waren dort fortan auf die Hilfe von anderen Parteien angewiesen. So rückte die zweite Kammer des nationalen Parlaments erstmals längerfristig in den Blickpunkt, war doch die Opposition nun in der Lage, über diesen formellen und öffentlichen Kanal Gesetzentwürfe der liberaldemokratischen Regierungen zu beeinflussen bzw. zu blockieren.

Der Begriff des „verdrehten Parlaments" *(nejire kokkai)* wurde nun geschaffen und der damit gemeinte Zustand beklagt. Ist eine Regierung gezwungen, fast alle ihrer Gesetzesvorhaben mit der Opposition abzustimmen und kann sie dabei zu Kompromissen und allerlei Zugeständnissen gezwungen werden, wird der Gesetzgebungsprozess erheblich verlangsamt. Die LDP bemühte sich auch deshalb in einer ähnlichen Situation 1999 erfolgreich um Koalitionspartner. Nachdem diese Koalition bei der Oberhauswahl 2007 aber ebenfalls ihre Mehrheit verloren hatte, wurde das Regieren erneut schwieriger. Allerdings waren es die gleichen Liberaldemokraten, die sich als Opposition nach der Oberhauswahl 2010 zufrieden darüber zeigten, dass es erneut zu einem „verdrehten Parlament" gekommen war, denn nun konnten sie die regierende Demokratische Partei aus der Opposition heraus unter Druck setzen. Zum besseren Verständnis der Lage seien hier die Mitgliederzahlen der Unter- und Oberhausfraktionen nach den jeweils letzten Parlamentswahlen grafisch dargestellt:

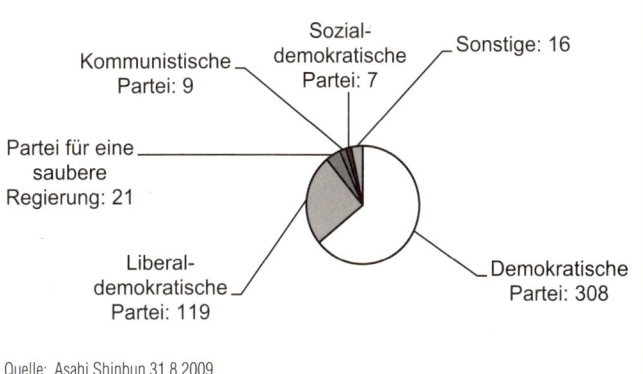

Abb. 4a: Größe der Fraktionen nach der Unterhauswahl 2009

Sozial-
demokratische
Partei: 7

Sonstige: 16

Kommunistische
Partei: 9

Partei für eine
saubere
Regierung: 21

Liberal-
demokratische
Partei: 119

Demokratische
Partei: 308

Quelle: Asahi Shinbun 31.8.2009

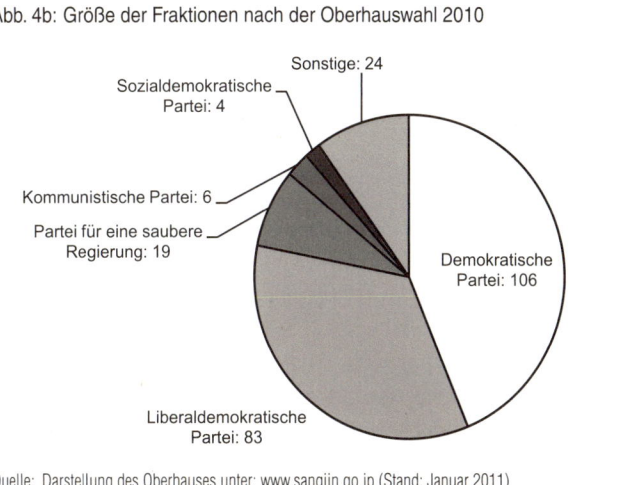

Abb. 4b: Größe der Fraktionen nach der Oberhauswahl 2010

Sonstige: 24

Sozialdemokratische
Partei: 4

Kommunistische Partei: 6

Partei für eine saubere
Regierung: 19

Demokratische
Partei: 106

Liberaldemokratische
Partei: 83

Quelle: Darstellung des Oberhauses unter: www.sangiin.go.jp (Stand: Januar 2011)

Wegen der hohen Parteidisziplin und aufgrund der Obstruktions-
möglichkeiten der Opposition wird nicht nur über eine Reform,
sondern auch grundsätzlich über die Existenzberechtigung
der zweiten Kammer diskutiert. Bei der Entscheidung für ein
Zweikammerparlament war ursprünglich nicht so sehr eine parlamentarische Vertretung der Präfekturen das Ziel, sondern man
hoffte, dass Oberhausabgeordnete ohne Fraktionszwang neutrale
und kompetente Bewertungen der Arbeit und Gesetzentwürfe
des Unterhauses vornehmen könnten. Auch deshalb wurde
Oberhausmitgliedern ein sechsjähriger Verbleib im Parlament
garantiert (Fukumoto 2003: 143). Die Ergebnisse der ersten
Nachkriegswahlen erfüllten diese Hoffnungen in beträchtlichem
Maße, doch mit den Jahren übernahmen die Parteien die Kontrolle dieser Kammer (Abe, Shindō et al. 1994: 16). Debatten im
Oberhaus waren nun meist nur Wiederholungen der politischen
Auseinandersetzungen des Unterhauses. Nachdem die Wahlsysteme beider Teile des nationalen Parlaments seit 1994 zudem
sehr ähnlich sind, lässt sich auch aus der elektoralen Herkunft
der Mitglieder beider Kammern keine Existenzberechtigung für
das Oberhaus herleiten. Allerdings spielen die alle drei Jahre
erfolgenden Wahlen weiterhin eine Rolle in den strategischen
Überlegungen der Parteien, denn der nicht durch Parlamentsauflösungen manipulierbare Zeitpunkt der Oberhauswahlgänge
führt dazu, dass sich Unzufriedenheit mit Regierungen deutlicher
in Mandaten manifestieren kann.

Anders als im Falle des Oberhauses sieht die Verfassung an
zwei Stellen Wege für eine Auflösung des Unterhauses vor. Mit
diesem Instrument soll es im Falle von Parlamentskrisen möglich
sein, durch Neuwahlen eine stabile Mehrheit herbeizuführen.
Artikel 69 zwingt das Kabinett, nach einem erfolgreichen
Misstrauensvotum oder einem missglückten Vertrauensvotum
vollständig zurückzutreten oder aber innerhalb von zehn Tagen
das Unterhaus aufzulösen.[7] In der Vergangenheit ist dies lediglich

---

7   Auflagen, wie sie das in der Bundesrepublik Deutschland geltende konstruktive Misstrau-
    ensvotum macht, sind hier nicht zu finden.

viermal geschehen, obwohl diese Vorgehensweise von zahlreichen japanischen Rechtswissenschaftlern als einziger von der Verfassung zugelassener Weg bewertet wird (Katō 2002: 60).

Artikel 7, der die Staatsaufgaben des Kaisers beinhaltet, sieht vor, dass der Tenno das Unterhaus „auf Anraten und mit Genehmigung des Kabinetts" auflöst. In der Praxis wird daraus eine freie Entscheidungsmöglichkeit für das Kabinett und vor allem den Premierminister abgeleitet. 19 der 23 Unterhausauflösungen, die bis 2010 erfolgten, fanden auf diesem Wege statt. Dem verfassungsmäßigen Ideal zufolge geschähen solche Auflösungen etwa dann, wenn sich die Konstellation einer Regierungskoalition entscheidend geändert hat und in diesem Zuge ein neuer Premierminister gewählt worden ist. Auch im Falle einer bedeutenden politischen Frage ließe sich rechtfertigen, durch eine Unterhausauflösung die Wählerschaft um ihre Meinung zu fragen. In der Realität jedoch wird dieses parlamentarische Mittel meist dann genutzt, wenn das Regierungslager einen günstigen Wahlausgang erwarten und so erneut eine volle Legislaturperiode gewinnen kann (vgl. Katō 2002: 59-74).

3.3 Opposition und parlamentarischer Protest

Wenn es für die Opposition nicht zu einer Mehrheit im Oberhaus reicht, lässt ihr das parlamentarische System Japans keinen entscheidenden Einfluss auf die Gesetzgebung. Ihr verbleibt nur die Möglichkeit, über Öffentlichkeitsarbeit politische Alternativen zu präsentieren und Kritik an der Regierung zu üben. Die Sozialistische Partei Japans füllte ihre Oppositionsrolle während der langen Phase der LDP-Dominanz meist so aus, dass sie sich die Zustimmung für bestimmte Gesetzentwürfe oder zumindest das Unterlassen zeitraubenden, lauten Protestes in Hinterzimmern abhandeln ließ. Diese Art der „Konsensfindung", die auch mit Hilfe von finanziellen Zuwendungen betrieben wurde, ist mit dem Wachsen der Demokratischen Partei und dem Entstehen des Zweiparteiensystems verschwunden. Trotzdem griffen Oppositionsparteien zuweilen noch auf Instrumente parlamentarischen Protestes zurück, die schon in den ersten Nachkriegsjahren zu beobachten waren und der politischen Kultur Japans ein im Vergleich der Industriestaaten eigenes Charakteristikum verleihen.

Bei der Debatte eines Reformgesetzes zum Rentensystem im Oberhausausschuss für Gesundheit, Arbeit und Soziales im Juni 2004 bemühte sich die Opposition beispielsweise, die abschließende Abstimmung zu verzögern und dadurch den Gesetzentwurf zum Scheitern zu bringen. Eine Verlängerung der Parlamentsperiode war ausgeschlossen, da im Juli Oberhauswahlen stattfinden mussten. Da diejenigen Gesetzentwürfe, die nicht innerhalb der Sitzungsperiode von beiden Häusern verabschiedet werden, zu scheitern drohten, entschieden sich Vertreter der Regierungsparteien, eine vorzeitige Beendigung der Ausschussdebatte herbeizuführen, um den Gesetzentwurf rasch dem Plenum des Oberhauses vorlegen zu können. Sie stellten beim liberaldemokratischen Ausschussvorsitzenden den Antrag auf Beendigung der Debatte und auf abschließende Abstimmung. Abgeordnete der DPJ versuchten daraufhin, dem Vorsitzenden das Mikrofon zu entwenden, damit er nicht zur Abstimmung aufrufen konnte, während Liberaldemokraten unter Körpereinsatz das Mikrofon schützten. In dem entstehenden Menschenknäuel gelang es dem Vorsitzenden, zur Abstimmung aufzurufen, der Antrag auf Beendigung der Ausschussdebatte wurde angenommen und sofort anschließend der Gesetzentwurf zur Weiterleitung an das Oberhausplenum verabschiedet.

Die Opposition stellte daraufhin Misstrauensanträge sowohl gegen den Ausschussvorsitzenden als auch dessen Kollegen des Unterhausausschusses für Gesundheit, Arbeit und Soziales, da der zwölf Jahre nicht in die Rentenpflichtversicherung eingezahlt hatte. Da Misstrauensanträge in der Tagesordnung Vorrang vor Gesetzesvorlagen haben, musste sich das Oberhausplenum nun zunächst mit diesem Vorgang befassen. Für seine Begründungsrede nahm sich der Vertreter der DPJ drei Stunden Zeit, seine Oppositionskollegen aus SDP und KPJ sprachen insgesamt vier

Stunden. Im Unterhaus wurde währenddessen über den Misstrauensantrag gegen den Vorsitzenden des Sozialausschusses debattiert und abgestimmt. Dabei wandten die Oppositionspolitiker die so genannte „Ochsenschritttaktik" *(gyūho senryaku)* an. Sie bewegten sich so langsam wie Ochsen im Reisefeld von ihren Sitzplätzen zu der Wahlurne des Plenums. Der Vorsitzende des Unterhauses erklärte die Abstimmung nach zwei Stunden für beendet und den Misstrauensantrag für gescheitert, obwohl noch nicht alle Oppositionspolitiker ihre Stimmkarte abgegeben hatten.

Dann reichte die Opposition Misstrauensanträge gegen die Gesundheitsministerin und den Oberhausvorsitzenden ein. Letzterer musste das Plenum verlassen, während über ihn abgestimmt werden sollte. An seiner Stelle übernahm nun der stellvertretende Vorsitzende die Leitung des Plenums. Er gehörte der DPJ an, vertagte die Sitzung umgehend und verließ anschließend mit der Opposition den Saal. Daraufhin betrat der Oberhausvorsitzende, abgeschirmt von Parlamentsdienern, erneut das Plenum und erklärte die Entscheidung seines Stellvertreters für ungültig. Die Misstrauensanträge gegen ihn und die Gesundheitsministerin wurden abgelehnt und das Reformgesetz zum Rentensystem verabschiedet. Die Opposition kündigte nun einen Misstrauensantrag gegen den Premierminister für die Zeit nach seiner Rückkehr von einem Staatsbesuch an, doch hatte sie da den Kampf gegen die Uhr und die Regierung bereits verloren (Asahi Shimbun 5.6.-9.6.2004).

Diese Art der Oppositionsarbeit beruht auf zwei Annahmen. Die erste geht (zu Recht) davon aus, dass in der politischen Kultur Japans das Überstimmen einer Minderheit dann negativ besetzt ist, wenn man ihr vorher nicht ausreichend Gehör schenkt und eventuell sogar Zugeständnisse anbietet. Wie viel Ausschussberatung als „ausreichend" betrachtet wird und wie groß die Zugeständnisse sein sollten, wird selbstredend von den politischen Gegnern völlig unterschiedlich bewertet. Die Opposition verfolgt in solchen Fällen vor allem das Ziel, die Aufmerksamkeit der Öffentlichkeit auf die Regierung und ihr vermeintlich rücksichts-

loses „Durchboxen" *(kyōko)* von Gesetzentwürfen zu lenken. Der
Regierung wird schnell der Vorwurf gemacht, eine Diktatur der
Mehrheit zu betreiben.

Die zweite Annahme, die diesen Strategien zugrunde liegt,
besagt, dass nur mit solchen Protestaktionen der Bevölkerung
demonstriert werden könne, wie entschieden sich die Opposition
gegen Regierungsvorhaben und für das Wohl des Landes ein-
setze. Dieser Perspektive zufolge stellen sachpolitische Debatten
den Unterschied zwischen Regierung und Opposition nicht
deutlich genug heraus. Parlamentarische Ausschüsse erregten
wenig öffentliches Interesse, solange nicht medienwirksame
Ereignisse geschähen. Die beschriebenen Protestformen, denen
die Medien in der Vergangenheit oft große Aufmerksamkeit
schenkten, stellen folglich eine kalkulierte Form oppositioneller
Selbstdarstellung dar.

Kapitel 8 verdeutlicht, warum sich keine Regierung rechtlich
gegen diese Verzögerungstaktiken der Opposition zur Wehr gesetzt
hat. Sicher ist, dass selbst innerhalb der Parteien umstritten ist,
wie sehr diese Arten des Protestes in der Vergangenheit Sympa-
thie für die Opposition hervorriefen. Über die letzten Jahre ist
die Zahl solcher Proteste gesunken, sie kommen nur noch in
außergewöhnlichen parlamentarischen Situationen zur Anwendung. Vor allem jüngere Abgeordnete bevorzugen mittlerweile
Protestmethoden, die sich an sachlicheren Verhaltensnormen
und politischen Inhalten orientieren. Auch aufgrund des seit
Ende der 1990er Jahre bestehenden Zweiparteiensystems findet
der Wettbewerb zwischen Regierungs- und Oppositionslager
zunehmend auf der Ebene themenbezogener Auseinandersetzungen statt, obwohl die Verwendung von Misstrauensanträgen
gegen Regierungsmitglieder ein wichtiges parlamentarisches
Protestmittel der Opposition geblieben ist.

Diese Tendenz spiegelt sich auch in den Parlamentsausschüssen
wider, in denen Konfrontationen wie die oben beschriebenen
selten geworden sind. Die Arbeit hier besteht im Wesentlichen
aus einer erklärenden Lesung des zu beratenden Gesetzentwurfes.

Der Fachminister, die parlamentarischen Staatssekretäre und zuständigen Ministerialbürokraten stellen sich in diesem Forum der Opposition, wobei die Regierungspolitiker über die meiste Zeit nach 1945 nicht über ausreichende Fachkompetenz verfügten, um Detailfragen zu beantworten. Der Mangel an Sachkenntnis ist nicht verwunderlich, da die durchschnittliche Verweildauer eines Abgeordneten in einem Ministeramt nur etwas mehr als ein Jahr betrug. Für die Opposition war es nicht schwierig, aus der Unsicherheit der Kabinettsmitglieder politisches Kapital zu schlagen. Viele Minister riskierten deshalb nicht, das Wort zu ergreifen und überließen die Ausschussberatungen einer kritisch, oft provokant fragenden Opposition und sachlich, apolitisch oder ausweichend antwortenden Ministerialbürokraten.

Ein wichtiger Teil parlamentarischer Reformen des Jahres 1999 war das „Gesetz zur Belebung des Parlaments". Es sollte die dominante Rolle der Ministerialbeamten beschneiden, deren Zahl in Ausschusssitzungen minimieren und die Funktion der Abgeordneten stärken. Bis zu dieser Reform konnte das Kabinett Bürokraten aus den zuständigen Ministerien formell zu Regierungsmitgliedern ernennen und den Ministern in Ausschüssen zur Seite stellen. Nach der Reform sollten Kabinettsmitglieder nun nach Möglichkeit selber das Wort ergreifen und Fragen der Opposition beantworten (Hani 1999). Tatsächlich ist die Zahl der Antworten durch die 26 parlamentarischen Staatssekretäre, die sich nun ebenfalls intensiv in die jeweils zu diskutierenden Sachfragen einarbeiten sollen, deutlich gestiegen, die der bei Ausschusssitzungen anwesenden Ministerialbürokraten gleichzeitig um die Hälfte gesunken. Obwohl sich Verhalten und Kompetenz der Minister selber zwar nur in einigen Fällen verändert haben, ist zweifelsfrei ein Stück „parlamentarischer Emanzipation" der gewählten Volksvertreter erreicht worden.

4. Regierung und Verwaltung

Axel Klein

4.1 Der Premierminister

Der Premierminister und sein Kabinett sowie die Ministerien und andere Verwaltungsorgane, die der politischen Führung des Landes zuarbeiten, bilden die Zentralregierung Japans. Die Rahmenbedingungen, unter denen sie agieren, sind zu großen Teilen in der Verfassung festgelegt. Sie besagen, dass der Premierminister vom und aus den Reihen des Parlaments gewählt wird. Seine Kompetenzen beinhalten die Ernennung und Entlassung von Kabinettsmitgliedern sowie die Aufhebung ihrer Immunität im Falle strafrechtlicher Ermittlungen. Der Premierminister muss alle Gesetzentwürfe seines Kabinetts gegenzeichnen und nur er kann sie beim Parlament für das Kabinett einbringen. Er erstattet dem Parlament Bericht zu Angelegenheiten von nationaler Bedeutung, entscheidet laut Kabinettsgesetz bei Konflikten zwischen Ministern und verfügt dadurch über eine Art der Richtlinienkompetenz. Berücksichtigt man zudem sein Recht, das Unterhaus aufzulösen, ergibt sich eine formelle Entscheidungsfülle, die beträchtlichen Raum für die Durchsetzung politischer Führungsansprüche bietet.[8]

Bisher haben die meisten Premierminister, die übrigens immer auch Vorsitzende ihrer Partei waren, ihre Regierung jedoch nicht in einer Art geführt, wie es – zuweilen wenig reflektiert – von einer „starken" Führungspersönlichkeit in „westlichem" Sinne erwartet würde. Die konsequente Durchsetzung politischer Vorstellungen unter Inkaufnahme offener Konflikte auch gegen Widerstand in der eigenen Partei gehörte selten zum politischen Stil japanischer Regierungschefs. Für diesen Umstand werden unter anderem kultursoziologische Erklärungen herangezogen, denen zufolge Konsenssuche und Kompromisse, Einbindung

---

8 Der Premierminister hat auch das Oberkommando über die Selbstverteidigungsstreitkräfte inne.

betroffener Gruppen sowie intensives Austarieren der Interessen dem japanischen Ideal einer möglichst konfliktfreien Entscheidungsfindung sehr viel näherkommen und damit auch eher im Management-Repertoire japanischer Regierungschefs zu finden sind. In der Tat helfen diese Faktoren, den Regierungsstil japanischer Premierminister zu verstehen, aber sie sind selbstredend je nach Persönlichkeit des Staatschefs unterschiedlich ausgeprägt und werden häufig politischen Realitäten und strukturellen Erfordernissen angepasst bzw. untergeordnet. Damit wird auch verständlich, warum sich ein Führungsstil über die Amtszeit eines Premierministers durchaus verändern kann.

Nachvollziehbar ist das zum Beispiel an KOIZUMI Jun'ichirō, Premierminister von 2001 bis 2006. Er wurde während seiner Amtszeit häufiger mit dem Vorwurf des Diktatorentums konfrontiert, gab er sich doch zuweilen offen kompromisslos bei der Verfolgung seiner Ziele. Fielen seine Zustimmungswerte bei Wählerumfragen aber, so zeigte er sich deutlich nachgiebiger im Umgang mit seinen innerparteilichen Konkurrenten.

Die größte Konfrontation, die er ausfocht, war ein Gesetzentwurf zur Privatisierung der staatlichen Post. Die immensen Spareinlagen, die Japans Bürger dort angesammelt hatten, finanzierten nicht nur einen großen Teil der jährlichen Neuverschuldung des Staates, sondern stellten u.a. Kapital für das so genannte staatliche „Investitions- und Finanzierungsprogramm" dar. Im Jahre 2001 hatte das den Umfang des Staatsetats erreicht und galt als „Zweiter Haushalt", der aber keiner parlamentarischen Kontrolle unterlag. Eine Vielzahl von Regierungsinstitutionen bezog hieraus ihre Finanzierung, unter anderem auch die „Japanische Entwicklungsbank", die diese Gelder in öffentliche Infrastruktur- und Investitionsprogramme leitete (Amyx, Takenaka et al. 2005: 26-28) und damit Liberaldemokraten zur Verfügung stand, um Unternehmen in den Wahlkreisen mit Aufträgen zu versorgen. Die Postprivatisierung hätte diesen ergiebigen Geldhahn zugedreht und rief vor allem deshalb Widerstand hervor.

Allerdings war die beschriebene Art der oft sehr partikularistischen und nicht selten mit untransparenten Vergabeverfahren zugewiesenen „Regionalförderung" zu wesentlichen Teilen verantwortlich für die hohe Verschuldung der öffentlichen Hand sowie der schlechten Erträge öffentlicher Anleihen. Gleichzeitig wurden zahlreiche Infrastrukturprojekte von zweifelhaftem Nutzen unternommen, die auch heute noch in vielen Teilen Japans zu finden sind. Eine Reihe von Finanzskandalen bezeugen, dass immer wieder Teile der öffentlichen Investitionsmittel von den ausführenden Unternehmen illegal an die Abgeordneten zurückflossen. Hochrangige Politiker wie Ozawa Ichirō, der 1993 die LDP verlassen hatte und dann 2003 nach verschiedenen Zwischenstationen bei der DPJ gelandet war, verfügten in ihren Wahlkreisen und oftmals auch den dazugehörenden Präfekturen über so viel informellen Einfluss, dass öffentliche Aufträge meist nur an Firmen vergeben wurden, die sich dem Politiker durch Spenden gesonnen zeigten.

Ein zweiter Grund für den Widerstand gegen die Privatisierung der Post lag in der engen Verbindung zahlreicher LDP-Politiker zu verschiedenen Verbänden von Postangestellten, die eine wichtige Quelle für organisierte Wählerstimmen darstellten (vgl. Kapitel 6.3). Die Angestellten der Post fürchteten, durch die Privatisierung ihren Arbeitsplatz zu verlieren und waren zudem davon überzeugt, dass eine neue Post AG zahlreiche unrentable Postämter in den ländlichen Gebieten schließen und damit der vornehmlich älteren Bevölkerung dieser Landesteile den einzigen Zugang zu Bankdienstleistungen nehmen würde.

Einige Liberaldemokraten trieben den Protest gegen die Privatisierungspläne wohl auch mit der Absicht voran, den Premierminister zu Fall zu bringen. Der erhöhte öffentlichkeitswirksam den Druck auf die Reformgegner und ließ es schließlich auf eine Abstimmung im Parlament ankommen. Während der Gesetzentwurf trotz 37 Gegenstimmen und 14 Enthaltungen aus der LDP noch knapp das Unterhaus passierte, scheiterte er im Oberhaus an 22 „Nein"-Stimmen liberaldemokratischer Abgeordneter. Daraufhin löste Koizumi das Unterhaus auf und rief Neuwahlen aus. Denjenigen LDP-Abgeordneten, die gegen das Privatisierungsgesetz gestimmt hatten, verweigerte die Parteiführung die offizielle Kandidatur und zwang diese Politiker so, parteilos bzw. als Mitglied neu gegründeter Parteien anzutreten. Gleichzeitig nominierte die LDP-Führung neue Kandidaten in den Wahlkreisen der Reformgegner. Die Massenmedien bezeichneten diese neuen Kandidaten als „Attentäter" *(shikaku)* Koizumis, denn abgesichert durch einen hohen Listenplatz und ausgestattet mit erheblichen Finanzmitteln aus der Parteikasse sollten sie gemäß der medialen Metapher den Gegnern Koizumis das parlamentarische Leben nehmen.

Dem Premierminister gelang es, den Wahlkampf auf das Thema Postreform zu fokussieren. Seine Person sowie die Wahlkämpfe zwischen „Attentätern" und „Rebellen" dominierten die Berichterstattung der Medien, deren Vertreter sich später selbstkritisch zeigten und ihre starke Fokussierung auf die Konfrontation unter Liberaldemokraten als Fehler bewerteten. Die Opposition wurde durch diese einseitige Berichterstattung kaum noch wahrgenommen. Am 11. September 2005 gewann die LDP 296 von 480 Unterhausmandaten und damit mehr als 60 % der Sitze. Koizumi hatte zahlreiche Gegner seiner Person und Politik aus der Partei gedrängt. Im Oktober 2005 wurde der Gesetzentwurf zur Postprivatisierung von beiden Kammern des nationalen Parlaments mit Regierungsmehrheit verabschiedet. Der alte und neue Regierungschef hatte eine große Konfrontation offen ausgetragen, die zahlreiche politische Opfer gefordert und heftige Kritik provoziert hatte. Sicherlich stellt er damit einen außergewöhnlichen Fall dar und kann deshalb die grundsätzliche Behauptung nicht entkräften, es könne im politischen System Japans kaum „starke" Führungspersönlichkeiten geben. Für das Verständnis der Machtbefugnisse und Möglichkeiten des japanischen Premierministers hat sich aber eine Betrachtung jedes einzelnen Falles als sinnvoller erwiesen als eine verallgemeinernde Aussage.

4.2 Das Kabinett und die Ministerien

Das Kabinett, dem der Premierminister vorsitzt, gilt laut Verfassung
als höchstes Exekutivorgan der Regierung. Formell betrachtet
gehen aus ihm Gesetzentwürfe hervor, es leitet die Ministerien,
regelt innere und äußere Angelegenheiten des Staates und bereitet
den Staatshaushalt vor. Eine weitere Aufgabe besteht darin, den
Kaiser bei der Ausübung seiner formell-politischen Aufgaben zu
beraten. Die beschränken sich vor allem darauf, den Premierminister gemäß der Vorgabe des Parlaments zu ernennen, Gesetze und
Verfassungsänderungen zu verkünden, die Sitzungsperioden des
Parlaments zu eröffnen, Unterhausauflösungen zu unterzeichnen
oder Unterhauswahlen auszurufen. All dies geschieht nicht auf
Initiative des Tenno, der nur noch das Symbol des Staates und
der Einheit des Volkes ist, sondern auf verbindlichen Vorschlag
und in Verantwortung des Kabinetts (vgl. Kapitel 2).

Das muss zu mehr als der Hälfte aus gewählten Volksvertretern
bestehen, wobei es in der Praxis selten geschieht, dass parla-
mentsexterne Personen zu Ministern ernannt werden. Während
der langen Regierungszeit der LDP wurde über Ansprüche auf
Kabinettsposten auf der Basis des Senioritätsprinzips und unter
erheblicher Einflussnahme der innerparteilichen Faktionen entschieden (vgl. Kapitel 5.1.1). Ein wesentliches Kriterium war dabei
die Zahl der Legislaturperioden, die ein Kandidat im Parlament
verbracht hatte. Feldman (2000: 42) und Yamaguchi (2001: 83)
bezifferten die Zahl der gewonnenen Unterhauswahlen, die einen
LDP-Abgeordneten Ende der 1990er Jahre gemäß Parteilogik für
einen Ministerposten qualifizierten, auf fünf. Wie oben bereits
erwähnt, war das Ergebnis dieser ungeschriebenen Karrieregarantie
ein regelmäßiger Austausch von Ministern. Zwischen 1955 und
1993 betrug die durchschnittliche Verweildauer eines Politikers
in einem Kabinettsposten wenig mehr als ein Jahr (Abe, Shindō
et al. 1994: 30), danach verkürzte sie sich sogar noch etwas. Aus
diesen häufigen Wechseln entstand die Notwendigkeit, vom
ersten, zweiten oder gar dritten Kabinett eines Premierministers

zu sprechen, denn in der Regel befanden sich am Ende seiner Amtszeit andere Personen in den Regierungsämtern als zu Beginn.

Hier wird deutlich, dass die legislative Dominanz der japanischen Regierungsverwaltung zu beträchtlichem Ausmaß durch die LDP und ihre Karrieremechanismen ermöglicht wurde. Es war aber ebenfalls die LDP, die 1999 durch eine Reform des Kabinettsgesetzes und der Einrichtung eines Kabinettsbüros *(naikakufu)* erreichen wollte, die Kompetenzen und Einflussmöglichkeiten der einzelnen Minister zu stärken (HARCG 2001: 2). Eine weitere Reformmaßnahme sicherte dem Premierminister ein Vorschlagsrecht für die Tagesordnung der Kabinettsitzungen. Bis zur Reform hatten die beamteten Staatssekretäre der Ministerien die Besprechungsinhalte der Kabinettssitzungen festgelegt. Dadurch stand die politische Agenda, mit der sich die Minister dann befassten, weitgehend fest. Mit der Reform erhoffte man sich nun eine „Belebung der Diskussion zwischen den Kabinettsmitgliedern" (Hashimoto, Iida et al. 2002: 70). Auch, weil diese Maßnahmen nicht ihr Ziel erreichten, strich die Demokratische Partei nach ihrer Regierungsübernahme 2009 die vorbereitenden Zusammenkünfte der Staatssekretäre völlig.

Während die Zahl der Minister im alten Kabinettsgesetz noch 20 betrug, sind in der aktuellen Fassung nur noch elf vorgesehen, wobei gleichzeitig für Bedarfsfälle zusätzliche Minister ernannt werden können. Betrachtet man die Aufgaben, mit denen diese Sonderminister betraut werden, wird deutlich, dass es sich zuweilen um ein buntes Portfolio handelt, das ein Kabinettsmitglied gleichzeitig mit Regionalförderung in Okinawa und Nordjapan, Lebensmittelsicherheit, Innovationspolitik und Maßnahmen gegen niedrige Geburtenraten beauftragen kann. Die folgende Aufstellung zählt beispielhaft alle elf Ministerien und die Aufgabenbereiche der Sonderminister auf, wie sie unter dem zweiten Kabinett von Premierminister Kan (ab 17.9.2010) existierten. Bei diesen Sonderministern ist zu beachten, dass sich die Zusammensetzung ihrer Aufgabenbereiche meist mit jeder Kabinettsumbildung ändert.

Abb. 5:   Die Ministerien sowie Portfolios der Sonderminister[9]

Ministerium für öffentliche Verwaltung, Inneres, Post und Telekommunika-
tion *(sōmu shō)*;
Ministerium für Justiz *(hōmu shō)*;
Ministerium für Auswärtige Angelegenheiten *(gaimu shō)*;
Ministerium für Finanzen *(zaimu shō)*;
Ministerium für Erziehung, Kultur, Sport, Wissenschaft und Technologie
(monbu kagaku shō);
Ministerium für Gesundheit, Arbeit und Soziales *(kōsei rōdō shō)*;
Ministerium für Landwirtschaft, Forsten und Fischerei *(nōrin suisan shō)*
Ministerium für Wirtschaft, Handel und Industrie *(keizai sangyō shō)*;
Ministerium für Land, Infrastruktur und Transport *(kokudo kōtsū shō)*;
Ministerium für Umwelt *(kankyō shō)*;
Ministerium für Verteidigung *(bōei shō)*;

Sonderminister für Verbraucherfragen und Lebensmittelsicherheit, Maßnah-
men gegen die niedrige Geburtenrate, Gleichstellungsfragen;
Sonderminister für das Finanzsystem und die Reform des Postwesens;
Sonderminister für Raumfahrt, Wirtschafts- und Finanzpolitik, Wissen-
schafts- und Technologiepolitik;
Sonderminister für Staatsstrategie und „Neue Öffentlichkeit";
Sonderminister für Verwaltungsreform und Reform des Beamtenwesens

Wie bereits deutlich geworden ist, war die Rolle, die die Regierungsbürokratie bei der Interessenaggregation und der Ini-
tiierung von Gesetzentwürfen einnahm, beachtlich (vgl. auch
Kevenhörster 2010: 285-290). Ursächlich dafür war aber nicht
nur die oben beschriebene Haltung der LDP, sondern auch, dass
die Ministerien nach Kriegsende gegenüber den Parteien über
den Vorteil verfügten, als erste funktionsfähig zu sein. Historiker weisen darauf hin, dass es kaum einen Bereich innerhalb
des japanischen Staatsgebildes gegeben hat, in dem eine derart
hohe institutionelle und personelle Kontinuität von Kriegs- zu
Nachkriegszeit zu finden ist. Die Regierungsadministration hatte
somit einen entscheidenden Startvorsprung bei der Etablierung
ihrer Kompetenzen und Einflussbereiche.

---

9 Stand: November 2010, Quelle: www.kantei.go.jp/jp/kan/meibo/daijin/index.html.

Dabei prägte die Regierungsbürokratie ein Selbstverständnis, das dem 19. Jahrhundert entstammte und bis zum Ende des 20. Jahrhunderts kaum hinterfragt wurde (Noguchi 1995). Staatsdiener – und nicht gewählte Abgeordnete – galten als tatsächliche Führungselite des Landes. Ikuta (1995: VII-VIII) liefert in seiner Studie zur japanischen Ministerialbürokratie Aussagen, die verdeutlichen, welche Dominanz man diesen Akteuren bezüglich der Führung Japans bis in die 1990er Jahre hinein beimaß. Zuweilen erinnern seine Beschreibungen sogar an die der Ministerialbürokratie Preußens im 19. Jahrhundert, die während der Meiji-Restauration als strukturelles Vorbild für den Aufbau der japanischen Administration diente. Ikuta schreibt, Bürokraten hätten den Staat seit Einführung des Kabinettsystems 1885 *de facto* gelenkt. Nach dem Krieg habe es der japanischen Öffentlichkeit ein Gefühl der Sicherheit gegeben zu wissen, dass die akademische Elite des Landes in den Ministerien selbstlos und moralisch tadellos die Regierung kontrolliere.

Vor diesem Hintergrund ist es nicht verwunderlich, dass die Ministerien zunehmend eigene Ziele und Interessen verfolgten. Sie waren Akteure, die selbst Politik machen wollten und auch machen konnten, und verstanden sich immer weniger als neutrale Dienstleister der Regierungspartei(en) und des Parlaments. Zwar gehen Modelle der Politikwissenschaft zu Regierungsbürokratien grundsätzlich davon aus, dass Ministerien in Industriestaaten ihren eignen Nutzen vergrößern und wichtige Informationen monopolisieren wollen, doch sind diese Tendenzen im Falle Japans sicherlich stärker ausgeprägt als in Demokratien, in denen die Regierungsverantwortung häufiger zwischen Parteien wechselt und die Fluktuation in Regierungsämtern kleiner ist.

Ein Beispiel für diese Einschätzung stellt die Informationsbereitschaft japanischer Ministerien dar. Anfragen bzw. Forderungen von Parlamentariern nach Offenlegung von Dokumenten oder anderen Formen von Daten sind in der Vergangenheit von Ministeriumsseite zuweilen ablehnend oder äußerst passiv beantwortet worden. Besonders dann, wenn solche Forderungen nicht von der

LDP stammten, zeigte sich die Ministeriumsseite oft unwillig, ihrer Pflicht nachzukommen. Der Eindruck war nicht von der Hand zu weisen, dass manche Ministerien die eigenen Interessen oder die der LDP über ihre staatlichen Aufgaben stellten. Seit der Regierungsübernahme durch die Demokratische Partei sind deshalb einige bis dato geheim gehaltene Vorgänge bekannt geworden.[10]

Doch in den 1990er Jahren nahm das einst so hohe Ansehen der Ministerien Schaden. Spätestens mit der Invasion Kuwaits durch den Irak im August 1990 und der daraus entstehenden sicherheitspolitischen Krise wurde die Überforderung der administrativen Führung Japans deutlich. Die gleichzeitig vor allem die LDP lähmende Aufdeckung politischer Korruptionsfälle verschärfte die Lage. Als sich diese Wogen zu glätten schienen, brach 1993 das Parteiensystem auseinander und erstmals mussten die Regierungsbeamten unter Ministern ihre Arbeit verrichten, die nicht der LDP angehörten und zum Teil ungewillt waren, die bestehenden Mechanismen unverändert zu akzeptieren (vgl. Klein 2006).

Hatten die Ministerien bis dahin nur gelegentlich und auch nur in unteren Laufbahnen mit Korruptionsfälle in den eigenen Reihen zu kämpfen, häuften sich nun auch Berichte über Fälle, in die Spitzenbürokraten – vor allem des Finanzministeriums – verwickelt waren. Eine Reihe von ehemals geachteten Regierungsbeamten brachte sich durch Veruntreuung von Geldern und anrüchige Verbindungen zu Lobbygruppen um ihren guten Ruf (Sakaiya 1994). In die anschwellende Kritik reihten sich zunehmend Berichte über das so genannte „Herabsteigen vom Himmel" *(amakudari)* ein. Die japanische Regierungsbürokratie produziert durch ihr Festhalten am Senioritätsprinzip sehr viel mehr Ansprüche auf hohe Posten, als sie erfüllen kann. Die Karriereplanung dort funktioniert deshalb nur unter der Prämisse,

---

10 Unter anderem, dass entgegen die jahrzehntelangen öffentlichen Beteuerungen zahlreicher liberaldemokratischer Premierminister doch atomwaffenbestückte Kriegsschiffe der USA Okinawa angelaufen hatten.

dass zumindest den Beamten, die keine Chance auf Spitzenpositionen haben, eine zweite Laufbahn offen steht. So wechseln zahlreiche von ihnen lange vor Erreichen des Pensionsalters in Unternehmen bzw. in staatliche oder halbstaatliche Institutionen, die mit den Ministerien verbunden sind. Sie steigen vom Himmel des Ministeriums herab in die irdische Welt der Unternehmen.

Problematisch ist dieser Arbeitsplatzwechsel vor allem deshalb, weil für zahlreiche Staatsdiener während ihrer aktiven Zeit dadurch konkrete Anreize entstehen, sich wohlwollend um die Wirtschaftszweige bzw. konkreten Unternehmen zu bemühen, die später als neue Arbeitgeber in Frage kommen. Beamte des Finanzministeriums können beispielsweise zu Banken und Wertpapierhäusern Beziehungen pflegen, die des Gesundheitsministeriums zu Unternehmen der Pharmaindustrie und die des Ministeriums für Landwirtschaft, Forsten und Fischerei zur Nahrungsmittelindustrie. Auch der Betreiber der Atomkraftwerke in Fukushima, TEPCO, hatte zwei ehemalige Ministerialbeamte in seinen Führungsgremien. Zwar hat die Zahl der vom Himmel Herabsteigenden über die letzten Jahre abgenommen (zu Beginn der 1990er Jahre waren es knapp 3000, 2009 noch etwas mehr als 1100), doch das Thema bleibt akut bei Nachrichtenredaktionen und Politikern. Die Demokratische Partei versprach in ihrem Wahlprogramm 2009 immerhin die vollständige „Ausrottung" des *amakudari*.

Seit die Ministerien Mitte der 1990er Jahre einmal als Prügelknabe ausgemacht waren, befassten sich die Medien auch verstärkt mit den Konfliktlinien, die quer durch die Regierungsbürokratie verliefen. Es wurde über Antagonismen sowohl innerhalb als auch zwischen den Behörden berichtet, wobei sich interministerielle Kontroversen besonders bei der Erstellung des Staatshaushaltes durch das Finanzministerium beobachten ließen, da die Haushaltsentwürfe der einzelnen Ministerien beim Finanzministerium eingereicht und nicht zuerst über den jeweiligen Minister dem Kabinett vorgelegt werden mussten. Großer Konkurrenzdruck um Einfluss und Kompetenz sowie Prestigedenken führten hier und an anderen Stellen nicht nur zu hoher Ineffizienz, sondern störten generell die Kooperation zwischen den administrativen Einheiten (Ikuta 1995: 53).

Das Bestreben der Parlamentarier, sich von der so genannten „Führung durch die Bürokratie" zu emanzipieren und den legislativen Prozess selbst zu bestimmen, wurde zu einem durch alle Parteien strapazierten Wahlkampf- und Profilierungsthema. Man ging (wohl zu Recht) davon aus, dass die Kritik an der Regierungsverwaltung bei den Wählerinnen und Wählern auf große Zustimmung träfe, allerdings entwickelte sich der Diskurs erst einmal ins andere Extrem. An die Stelle einer breiten Wertschätzung trat nun eine negative Generalkritik an der Regierungsbürokratie. Über mehr als ein Jahr versuchten Minister der DPJ, die Hilfe und damit den Einfluss der Verwaltung auf politische Entscheidungen zu reduzieren. Nur die an der Spitze des Ministeriums eingesetzten und vom Volk gewählten Politiker sollten Entscheidungen treffen, selbst hochrangige Ministerialbeamte blieben ausgeschlossen. Die Komplexität und Fülle der staatlichen Aufgaben aber überforderte die neuen Machthaber sichtlich und ließ sie eine Reihe von Fehlern begehen. Auch deshalb wird die DPJ-Führung früher oder später wieder von dieser extremen Haltung abrücken müssen, denn sie beeinträchtigt die Funktionsfähigkeit des Regierungsapparats erheblich. Welche Form der Kooperation danach entstehen wird, bleibt abzuwarten.

5. Parteiensystem

Axel Klein

Über Jahrzehnte war das Parteiensystem in Japan von der Dominanz der Liberaldemokratischen Partei (LDP, *jiyū minshu tō*) und der Schwäche der Opposition geprägt. Zwischen 1955 und 1993 stellte die LDP ununterbrochen die Regierung, während die Sozialistische Partei Japans (SPJ, *nihon shakai tō*) als größte Konkurrentin meist nur über etwa halb so viele Parlamentssitze verfügte. Es bedurfte des Zusammentreffens mehrerer außergewöhnlicher Ereignisse, um diese Konstellation zu verändern. Durch das Ende des Ost-West-Konflikts in Europa und den Golfkrieg 1991 entstanden auch für die japanischen Regierungen neue Herausforderungen, die nicht mit den alten Mechanismen bewältigt werden konnten. Zunächst wurden innerhalb weniger Jahre zwei politische Finanzskandale bekannt, in die zahlreiche Parlamentarier aller Parteien mit Ausnahme der Kommunisten verwickelt waren. Als die Führung der LDP auch daraufhin keine ernsthaften Reformbemühungen unternahm, verließen viele Liberaldemokraten ihre Partei. Es kam zu einigen Parteineugründungen und in der Folge zu einer Koalition von sieben Parteien, die die LDP im August 1993 für knapp ein Jahr auf die Oppositionsbänke verdrängte.

Der liberaldemokratische Wille zur Macht erwies sich jedoch als so groß, dass man sogar eine Koalition mit dem ehemaligen Gegner SPJ in Kauf nahm, um ab Juni 1994 die Regierungsverantwortung zurückzuerlangen. 1995 schlossen sich einige Oppositionsparteien zur Neuen Fortschrittspartei (NFP, *shinshin tō*) zusammen und versuchten auch mit Blick auf die Strukturen des neuen Wahlsystems der LDP Paroli zu bieten, doch scheiterte dieser Versuch und die NFP löste sich Ende 1997 wieder auf. Das setzte einen letzten Umformungsprozess in Gang und so mündeten die wechselhaften 1990er Jahre in eine Dekade, in der sich die wesentlichen Grundlagen des auch heute noch bestehenden Parteiensystems herausbildeten (vgl. Klein 2006). Die folgenden Seiten werden zunächst die relevanten Parteien und ihre wesentlichen Charakteristika vorstellen, anschließend die Beziehungen zwischen den Parteien darlegen und schließlich einen Aspekt berühren, der für das Verständnis des politischen Systems Japans unverzichtbar ist: die Finanzierung der Parteien und ihrer Politiker.

5.1 Die Parteien

Ein Parteiensystem, in dem über etwa fünf Jahrzehnte nur eine Partei die Regierungen stellt, entwickelt selbstredend eine Reihe von Charakteristika, die in Demokratien mit wechselnden Parlamentsmehrheiten nicht zu finden sind. So musste sich über Jahrzehnte jeder Neuling im politischen Geschäft der Liberaldemokratischen Partei anschließen, wollte er einmal politische Entscheidungen mit beeinflussen oder gar einen Regierungsposten übernehmen. Dadurch wuchs die schon bei ihrer Gründung 1955 vorhandene politische Heterogenität der LDP weiter, was sich wiederum in recht vagen politischen Grundprinzipien widerspiegelte. Bedingt durch das bis 1994 gültige Unterhauswahlsystem erwiesen sich individuelle Politiker bei ihren Aktivitäten im Wahlkreis zudem als recht eigenständige Akteure. Der Vergleich mit Franchise-Nehmern und der LDP als Franchise-Geber bot sich an (Saitō Jun). Allerdings waren diese Politiker oft nicht einfach von der Parteispitze austauschbar, sondern in vielen Fällen fest mit ihrem Wahlkreis verwachsen. Wie die Parteiwechsel zahlreicher Volksvertreter in den 1990er Jahren zeigten, schien die Parteizugehörigkeit für Politiker sogar eher austauschbar, als es Politiker für die Parteien waren.

Alleine aufgrund dieser Umstände fällt die Einordnung der LDP in das klassische Links-rechts-Schema schwer. Auch die 1996 gegründete Demokratische Partei Japans (DPJ, *minshu tō*) verstand sich in erster Linie als veränderungsbereite Alternative zur LDP und entsprang nicht einer programmatisch oder gar ideologisch kohärenten Übereinkunft ihrer Mitglieder. Da sie zudem 1998 und 2003 jeweils eine größere Gruppe von Politikern anderer Parteien aufnahm, gilt auch für die DPJ, dass je nach Politikfeld eine erhebliche Heterogenität zu Tage trat. Lediglich die Kommunistische Partei Japans (KPJ, *nihon kyōsan tō*) sowie mit Abstrichen die SPJ bzw. ihre Nachfolgerin, die Sozialdemokratische Partei (SDP, *shakai minshu tō*), können als recht homogen und „links" kategorisiert werden (vgl. Klein 2006).

Eine Partei, die Stimmberechtigte am rechten Wählerrand fischt, hat sich in Japan bisher ebenso wenig entwickelt wie eine Umweltpartei.[11] Letzteres ist sicherlich auch dadurch bedingt, dass Bürgerinitiativen und Protestgruppen mit ihren Anliegen nur lokal und zeitlich begrenzt tätig werden und sich bisher nicht zu einer nationalen Bewegung zusammengeschlossen haben. Die seit den späten 1980er Jahren populäre und im politischen Wettbewerb strapazierte „Ideologie" der Reform wiederum, die bei allen japanischen Parteien zu finden ist, darf nicht mit einer im klassischen Sinne linken bzw. „progressiven" Grundrichtung verwechselt werden, sondern verdeutlicht eher das weit verbreitete Gefühl der Erneuerungsbedürftigkeit der gesellschaftlichen, wirtschaftlichen und politischen Strukturen des Landes. In welche Richtung diese Reformen gehen sollen, ist zwischen und in den Parteien allerdings umstritten.

5.1.1 Liberaldemokratische Partei (LDP)

Die deutlich artikulierte Furcht der Wirtschaft vor einer starken Sozialistischen Partei und einem eventuell daraus resultierenden sozialistischen Japan setzte die konservativen Führungspolitiker der frühen 1950er Jahre unter Druck, ihre persönlichen Antipathien der Gründung einer großen, wirtschaftsfreundlichen Partei

---

11 2002 entstand aus der Neuen Vorreiterpartei *(shintô sakigake)* die „Grüne Konferenz" *(midori no kaigi)*. Dieser Versuch, eine Umweltpartei zu etablieren, startete sogar mit Oberhausabgeordneten, denn zwei Parlamentarier der Neuen Vorreiterpartei gehörten nun zur „Grünen Konferenz". Allerdings verloren sie ihr Mandat bei der nächsten Wahl und die Umweltpartei löste sich auf.

unterzuordnen. Unterstützt durch die ehemalige Besatzungsmacht USA folgten die Spitzen der Liberalen und der Demokratischen Partei dieser Forderung und riefen 1955 die LDP *(jiyū minshu tō)* ins Leben.

Sieht man einmal von Formulierungen ab, die sich auf das Ende des Zweiten Weltkriegs und den Wiederaufbau des Landes beziehen, dominierten in den zur Gründung der Partei verabschiedeten Prinzipien zunächst Bekenntnisse zur demokratischen Staatsform, zum parlamentarischen System und den Menschenrechten. Gleichzeitig wurde Kritik an der US-amerikanischen Besatzungspolitik laut, die Patriotismus und Staat geschwächt habe. Auch deshalb setzten konservative Spitzenpolitiker wie Hatoyama Ichirō (Premierminister von Dez. 1954 bis Dez. 1956) und Kishi Nobusuke (Premierminister von Feb. 1957 bis Juli 1960) das Thema Verfassungsreform (erfolglos) auf ihre Agenda. In ihrem kurzen Grundsatzprogramm bezeichnete die LDP den Aufbau eines Wohlfahrtsstaates durch weitgreifende Wirtschaftspolitik als zentrales Ziel, wobei die Realität schnell zeigte, dass es bis zum Ende der 1960er Jahre weniger um Wohlfahrt und sehr viel mehr um Wirtschaft ging. Bis heute vertritt die Partei die Ansicht, dass erst eine wirtschaftsfreundliche Politik den Kuchen schaffen kann, der dann an die Bevölkerung zwecks Wohlstandsvermehrung verteilt werden kann.

Ein nicht zu unterschätzender Grund für diese Haltung war die finanzielle Abhängigkeit der Partei von Spenden aus Unternehmen und Wirtschaftsverbänden. Während die politischen Überzeugungen der LDP-Politiker recht heterogen waren, legen doch die immensen Geldflüsse, die den Weg von den Konzernen und Firmen in die Kassen der Partei und einzelner Politiker gefunden haben, nahe, dass es für die LDP alleine dadurch bereits einen großen Anreiz für eine wirtschaftsfreundliche Politik sowohl auf nationaler als auch lokaler Ebene gab. Beide Seiten profitierten in großem Maße von diesem Arrangement, der Bevölkerung blieben ähnliche Einflussmöglichkeiten auf die Regierungspolitik verwehrt.

Sicherheitspolitisch waren sich die LDP und die US-amerikanischen Regierungen über die Jahrzehnte darüber einig, dass Japan unter dem militärischen Schutz der USA stehen und den amerikanischen Truppen dafür als Basis für ihre asiatischen Operationen und Sicherheitsstrategien dienen sollte (vgl. Kapitel 13). Für die LDP erübrigte sich damit weitgehend die Beschäftigung mit außenpolitischen Fragen, was der sehr nach innen gerichteten Arbeitsweise des politischen Betriebs entgegenkam.

Ein Symptom dieser Beschäftigung mit sich selbst stellte die große Aufmerksamkeit dar, die die Seilschaften innerhalb der LDP in der Öffentlichkeit, den Medien und auch in der Politikwissenschaft genossen. Die sogenannten *habatsu* (Faktionen) waren informelle Gruppierungen, die sich durch eine hohe Loyalität und Abstimmungsdisziplin auszeichneten. Im Gegenzug für die Gefolgschaft der Mitglieder versorgten die Führungsfiguren der Faktionen ihre Politiker mit Finanzmitteln und Posten (vgl. auch Kevenhörster 2010: 290-300). Keinesfalls aber verband ein politisches Programm die Mitglieder einer *habatsu*. Über Jahrzehnte war es Aufgabe jedes Premierministers, zwischen den Interessen der meist fünf bis sieben Faktionen zu vermitteln, Kabinetts- und Parteiämter proportional zu verteilen und bei Entscheidungen aller Art die Faktionsführer zu befragen. Aufgrund der Schwäche anderer Parteien spielten sich die entscheidenden politischen Auseinandersetzungen des Landes somit innerhalb der LDP und nicht zwischen Regierung und Oppositionslager ab. Konflikte zwischen den *habatsu* dominierten auch deshalb häufig die politische Berichterstattung des Landes, während die Beschäftigung mit konkreten politischen Themen häufig zu kurz kam.

Eine zweite Besonderheit der LDP stellte der hohe Anteil an Parlamentariern dar, die Söhne, Neffen oder Sekretäre von ehemaligen Politikern waren. Diese sogenannten „Erbabgeordneten" *(seshū giin)* machten zuweilen ein Drittel aller liberaldemokratischen Parlamentarier auf nationaler Ebene aus. Mit dem Ausscheiden ihres Vorgängers konnten sie meist dessen Kontakte und lokale Unterstützungsorganisationen übernehmen. In der

im Vergleich zur Bundesrepublik Deutschland sehr lokal- und
personenorientierten Wahlkampfkultur Japans „erbten" sie den
Wahlkreis und hatten große Chancen, auch ein Mandat zu gewinnen. Einer in diesem Sinne besonders „politischen" Familie
entstammt beispielsweise der ehemalige Premierminister ABE
Shinzō, dessen Großvater mütterlicherseits, KISHI Nobusuke,
ebenso Premierminister war wie der Großonkel SATŌ Eisaku
(Amtszeit 1964-1972). Abes Vater Shintarō brachte es immerhin
zum Außenminister, starb dann aber 1991, kurz bevor er hätte
Regierungschef werden sollen. Auch wenn es sich bei Abes Fall
um ein Extrem handelt, bleibt doch unbestritten, dass Politik
unter der LDP zu beträchtlichem Maße zu einem „Familienge-
schäft" wurde. Erbabgeordnete waren ein zentraler Beleg für die
Abgeschlossenheit des politischen Betriebs, der es Neulingen auf
verschiedene Weise erschwerte, Fuß zu fassen.

1993 geriet die LDP erstmals in ihrer Geschichte in die
Opposition, worauf sie mit der Erstellung eines neuen, aber
wieder recht kurzen Grundsatzprogramms reagierte. Diesen
1995 veröffentlichten Leitlinien zufolge verstand sie sich nun als
Partei des Liberalismus, als demokratische Reformpartei sowie als
pazifistische Partei, die antrete, den Weltfrieden und die Umwelt
zu schützen. Die Unverbindlichkeit dieses Grundsatzprogramms
erlaubte der Partei weiterhin, sowohl mit dem Erzrivalen der
vorherigen Jahrzehnte, der SPJ, als später auch mit der zuvor
zu einer Gefahr für Japans Verfassung erklärten „Partei für eine
saubere Regierung" (s.u.) zu koalieren.

Trotz dieser machterhaltenden Strategien war die LDP aber
immer stärker Veränderungsdruck ausgesetzt. Klientelpolitik und
die Wählerstimmen großer Organisationen waren lange Jahre
die Basis für die Erfolge der Partei, doch reichten sie nun nicht
mehr aus, um die Dominanz zu sichern. Um vor allem die wachsende Gruppe der wahlentscheidenden Nicht-Stammwähler[12] zu
erreichen, bemühte man immer wieder Reformversprechen, ein

---

12 Vgl. dazu Kapitel 6.3.

Mittel, das sich bereits in den 1990er Jahren zuweilen als effektiv erwiesen hatte. Diese Strategie funktionierte bei der Unterhauswahl 2005, setzte die Partei aber so unter Druck, dass nicht nur zahlreiche Liberaldemokraten austraten, sondern die Partei auch recht bald wieder in alte Bahnen zurückkehrte (vgl. Kapitel 4.1). Auch deshalb geriet die LDP 2009 in die Opposition.

In öffentlichkeitswirksamer Selbsterkenntnis versprach man der Wählerschaft, sich als Partei zu reformieren und LDP-Chef TANIGAKI Sadakazu erklärte dieses Unterfangen schon beim Parteitag 2011 für erfolgreich. Es gebe keine Faktionskämpfe mehr, Vergehen gegen Spendengesetze seien nur noch bei der DPJ zu finden und die Kandidaten für die nächste Unterhauswahl seien im Durchschnitt wesentlich jünger als noch 2009. Das neue Parteiprogramm trug den Titel „Erneuern wir Japan. Machen wir es zu einem Spitzenland". Es beinhaltete sieben Schwerpunkte (darunter Konjunkturpolitik, Förderung der ländlichen Gebiete, eine Reform der Sozialversicherungen sowie Stärkung der Landesverteidigung), blieb aber inhaltlich meist vage. Den meisten Raum nahm Kritik an der DPJ ein. Dass Japans Wähler diese Kritik teilten, war dann auch mehr als ihr Glaube an eine erneuerte LDP dafür ursächlich, dass Meinungsumfragen die Liberaldemokraten Anfang 2011 wieder knapp vor der Regierungspartei sahen.

5.1.2 Demokratische Partei Japans (DPJ)

Die Demokratische Partei *(minshu tō)* ist vergleichsweise jung, verstand sich aber von Beginn an vor allem als eine reformfreudige Alternative zur LDP. Zwei Jahre nach ihrer Gründung 1996 fusionierte die DPJ mit mehreren kleinen Parteien, 2003 schloss sich dann die Liberale Partei *(jiyū tō)* unter OZAWA Ichirō an. Damit wies die DPJ zwar informelle Gruppierungen ähnlich der Faktionen der LDP auf, doch nahmen die aufgrund von personeller Fluktuation und größerer programmatischer Homogenität nicht in ähnlichem Maße Einfluss auf die innerparteilichen Geschehnisse wie die liberaldemokratischen Seilschaften.

Die Demokratische Partei sah die Ursachen für die zahlreichen im Land herrschenden Missstände vor allem in der Dominanz der LDP, der Regierungsbürokratie und der Verkrustung der Entscheidungsstrukturen. Politik müsse sich nach den Menschen des Landes richten und nicht die Interessen von Wirtschaft und Liberaldemokratischer Partei in den Vordergrund stellen. Die Wahlprogramme der DPJ zeichnen sich folglich bis heute durch das Vorhaben aus, die während der vielen Jahre der LDP-Dominanz entstandenen Vorteile und Vergünstigungen für bestimmte Interessengruppen abzubauen und Politik für die breite Masse der „Normalbürger" zu machen. Der sozialen Absicherung wird die gleiche Bedeutung beigemessen wie einer Stärkung der Konjunktur sowie stabileren Staatsfinanzen.

Der Umstand, dass diese drei Ziele Maßnahmen verlangen, die kaum miteinander vereinbar sind, hat die DPJ seit ihrer Regierungsübernahme 2009 regelmäßig in Erklärungsnot gebracht. Das Wahlprogramm, das der Partei 2009 zu einem beeindruckenden Sieg bei der Unterhauswahl verhalf und sie erstmals Regierungsverantwortung übernehmen ließ, versprach fast allen Bevölkerungsschichten finanzielle Entlastungen. Das Spektrum reichte von einer deutlichen Kindergelderhöhung über ein garantiertes Mindesteinkommen für Landwirte bis zu einer Abschaffung der Autobahngebühren, wobei die Finanzierung vor allem durch die Streichung von „verschwenderischen" Projekten und Interessenpolitik der bisherigen LDP-Regierungen erfolgen sollte. Diese Geldquellen erwiesen sich jedoch rasch als zu klein und ein Großteil der Wahlversprechen wurde entweder abgeändert, reduziert oder ganz zurückgenommen.

Die DPJ musste auch erkennen, dass der gigantische Schuldenberg, den ihr die Vorgängerregierungen hinterlassen hatte, kaum Spielraum für einen Ausbau des sozialen Netzes ließ. So fand sich die DPJ in einer Situation, in der ihr die Enttäuschung ihrer ehemals erwartungsfrohen Wähler entgegenschlug, obwohl sie für einen Großteil der Missstände nicht verantwortlich war. Verschlimmert wurde die Lage der Partei dadurch, dass sie aufgrund mangelnder Erfahrung und ihrer im Wahlkampf angekündigten harten Haltung gegen die Ministerialbürokratie nur unzureichend in der Lage war, die Regierungsgeschäfte effektiv zu erledigen. Dazu gesellten sich politische Fehler einzelner Kabinettsmitglieder, die von den zunehmend kritisch berichtenden Massenmedien für eine Bevölkerung aufbereitet wurden, die sich nun zusehends auch von der DPJ abwendete.

Die lokalen Strukturen der Partei sind nicht so weit entwickelt wie die der LDP. Ähnliches gilt für die Zahl der Mitglieder. Während die lange Zeit dominanten Liberaldemokraten zwar über die letzten Jahre zahlreiche Austritte verkraften mussten, gehörten ihr 2008 nach eigenen Angaben immer noch knapp über eine Million Menschen an (2000: 2,3 Mio.).[13] Im Falle der DPJ sind es nur 40 000 zuzüglich etwa 200 000 sogenannte „Unterstützer", die zu einem ermäßigten Beitrag mit beschränkten Rechten der Demokratischen Partei angehören.

5.1.3 Partei für eine saubere Regierung (PSR)

Die Partei für eine saubere Regierung *(kōmei tō)* gilt als einzige relevante religiöse Partei Japans, weil sie 1964 von der buddhistischen Glaubensgemeinschaft „Sōka Gakkai" ins Leben gerufen wurde und seitdem massiv von den Mitgliedern der Organisation unterstützt wird. Betrachtet man allerdings nur das Parteiprogramm, dann findet sich keine Grundlage für die Kategorie „religiös". Von der in ihrer Anfangszeit propagierten „buddhistischen Demokratie" *(buppō minshushugi)* ist seit 1970 nichts mehr zu finden (vgl. Kapitel 8). Geblieben ist die besondere Aufmerksamkeit für die „einfachen" Arbeiter in Städten, die in Klein- und Mittelbetrieben weniger soziale Absicherung genießen, sowie einige fast sozialdemokratisch anmutende Programmelemente, die vor allem die zahlreichen und sehr aktiven Hausfrauen der Sōka Gakkai ansprechen.

Wie bei den anderen Parteien enthält auch das Grundsatz-

---

13 Stand 2008. Die LDP veröffentlichte weder für 2009 noch 2010 neue Zahlen, was Spekulationen über einen fortschreitenden Mitgliederverlust nährte (vgl. Mainichi Shinbun 24.1.2011).

programm der PSR zahlreiche Aussagen, die so allgemein ge-
halten sind, dass ihnen kaum widersprochen werden kann. Ihre
Kernbegriffe lauten „Politik des Mittelweges" und „menschliche
Politik, die das Leben und Dasein als höchstes Gut achtet". Die
PSR sieht die Notwendigkeit zu helfen, aus einem „Jahrhundert
der Angst" eines der Hoffnung zu machen. Hart arbeitende
Menschen müssten von ihrem Umfeld geschätzt werden, die
„Stärke der Menschen" müsse erhalten bleiben. Nur so könne
dem „Patienten Japan" wieder auf die Beine geholfen werden.

Makroökonomische oder finanzpolitische Initiativen finden
sich bei der PSR selten. Sie wendet sich gerne im Detail den Pro-
blemen zu, die ihrer Wählerschaft das Alltagsleben erschweren,
doch beschäftigt man sich kaum mit komplexeren Themen. Eine
der wenigen Ausnahmen sind Initiativen zur Bekämpfung von
politischer Korruption und für eine Verschärfung der Gesetze,
die die Wahlkreispflege betreffen. Da die Kōmeitō mit der Sōka
Gakkai über eine bei Wahlkämpfen hochgradig mobilisierbare
und ohne finanzielle Gegenleistung helfende Anhängerschaft
verfügt, fallen bei ihr aber auch nicht die gleichen Kosten an,
wie es bei den Konkurrenten der anderen Parteien der Fall ist.
Insofern kann sie sich leichter als moralische Wächterin über
Parteien und Politiker profilieren.

5.1.4 Kommunistische Partei Japans (KPJ)

Seit 1961 versteht die Kommunistische Partei Japans *(nihon kyōsan
tō)* das „Manifest für Freiheit und Demokratie" als Grundlage
ihres Handelns. Nach einer 1996 erfolgten Überarbeitung finden
sich darin nun zahlreiche Elemente kommunistischen Gedanken-
guts, die aber jeweils an die japanischen Verhältnisse angepasst
worden sind. Einleitend heißt es unter anderem, das Bestreben
des japanischen Volkes und eine der zentralen Aufgaben der KPJ
sei weiterhin die Verteidigung von Freiheit und Demokratie gegen alle Arten der Unterdrückung in der heutigen Gesellschaft.
Schuld an der Krise von Demokratie und Freiheit im Lande seien
die reaktionären Regierungen, die in totaler Unterwerfung unter

US-amerikanischen Imperialismus und alleine für Großkonzerne
Politik betrieben. Zahlreiche Übel, die die japanische Gesellschaft
gegenwärtig plagten, seien auf diese Politik zurückzuführen.

Ergänzend zu ihrem Manifest folgt die KPJ seit ihrem Parteitag im Januar 2004 einem neuen Grundsatzprogramm. Darin
bestätigt sie die Ansicht, dass die ehemals geforderte sozialistische
Revolution gegenwärtig ungeeignet sei und stattdessen eine *demokratische* Revolution angestrebt werden müsse, um die wirkliche
Unabhängigkeit Japans und eine demokratische Erneuerung
von Politik, Wirtschaft und Gesellschaft zu erreichen. Die Partei
bekennt sich in diesem Programm zur Verfassung und dem darin
festgelegten parlamentarischen System, zu einem Mehrparteien-
system und zur Verbindlichkeit von Mehrheitsentscheidungen.
Sie tritt für die Gleichstellung der Geschlechter, Arbeiterrechte,
Religionsfreiheit und die Trennung von Staat und Religion ein.

Ein Kernpunkt des Grundsatzprogramms ist die Ablehnung der
„Kontrolle Japans durch den US-amerikanischen Imperialismus".
Der Sicherheitsvertrag zwischen beiden Ländern wird verurteilt
und der Abzug aller US-amerikanischen Truppen verlangt. Danach solle sich Japan keinerlei Militärbündnis mehr anschließen,
sondern freundschaftliche Beziehungen zu allen Ländern der Welt
aufbauen. Teil dieser Haltung ist selbstredend die Forderung nach
Auflösung der Selbstverteidigungsstreitkräfte, deren Existenz
nach Ansicht der KPJ gegen Artikel 9 der Verfassung verstößt.

In der tagespolitischen Auseinandersetzung präsentiert sich
die KPJ seit den 1980er Jahren vor allem als pragmatische Partei, die sich für eine Verbesserung der Lebensbedingungen der
Menschen einsetzt. Wie die PSR wählt sie dabei einzelne, aktuelle
Sachfragen aus, die den Alltag der Wähler direkt betreffen. So
rückt sie beispielsweise die Mehrwertsteuer oder Beitragserhö-
hungen zu Renten- oder Krankenversicherung in den Mittelpunkt
ihrer politischen Kampagnen. Bis in die 1990er Jahre hinein
profitierte die KPJ zudem davon, sich als Sammelbecken von
Proteststimmen zu eignen. Mit der Entstehung eines Zweiparteiensystems und der Existenz anderer kleiner Parteien ist dieser

Vorteil jedoch weitestgehend verloren gegangen. Auch deshalb
kann die KPJ heutzutage kaum noch zu den relevanten Parteien
Japans gezählt werden.

5.1.5 Sozialdemokratische Partei (SDP)

Die Sozialistische Partei Japans (SPJ, *nihon shakai tō*) konnte nur
einige Jahre nach ihrer Gründung 1955 einen Konkurrenzkampf
auf Augenhöhe mit der LDP führen, bevor sie der größte Akteur
eines permanenten Oppositionsblocks wurde. Die Punkte ihres
Grundsatzprogramms, die ihr neben der sozialistischen Ideologie
Profil gaben, waren die Ablehnung des Sicherheitsvertrages mit
den USA, die Bewertung der japanischen Selbstverteidigungsstreitkräfte als verfassungswidrig und die Forderung nach deren
Abschaffung sowie die Ablehnung der beiden Staatssymbole *hi
no maru* (Nationalflagge) und *kimi ga yo* (Nationalhymne).

Mit der Chance auf Regierungsbeteiligung gab die SPJ in
den 1990er Jahren nicht nur ihren Namen, sondern auch all die
profilgebenden Grundsätze, und, wie sich später zeigen sollte, den
Großteil ihrer Wählerschaft auf. Sie nannte sich nun „Sozialdemokratische Partei" *(shakai minshu tō)*, doch der Versuch, sich
in eine solche Partei westeuropäischen Stils zu verwandeln, ließ
sie bei jeder Wahl weiter in der politischen Bedeutungslosigkeit
versinken, so dass sie sich schließlich im Jahre 2000 wieder ihrer
ursprünglichen Programmatik annäherte.

Als Zielgruppe ihrer Politik versteht die Partei die arbeitenden
Menschen und die sozial Benachteiligten. Vor diesem Hintergrund
verlangt sie u.a. ein „gerechtes" Renten- und Gesundheitssystem.
Als Reaktion auf die profitorientierte Ellenbogengesellschaft
und die von Menschenhand erzeugte Bedrohung der Umwelt
fordert die Partei von den Bürgern, stärker in Einklang mit der
Natur zu leben. Deshalb will man gemeinsam mit den regionalen
Bürgerbewegungen und den internationalen Nicht-Regierungs-
organisationen auch zum Schutze der Umwelt aktiv werden. Die
SDP zeigte sich zudem neben der KPJ als einzige Partei schon
vor der durch das Erdbeben 2011 ausgelösten Nuklearkrise von

Fukoshima äußerst kritisch bezüglich der Sicherheit japanischer Atomkraftwerke.

2009 bot sich der auf wenige Parlamentssitze geschrumpften Partei die Möglichkeit, mit der DPJ eine Regierungskoalition zu bilden. Zwar rückte sie dadurch wieder häufiger ins Licht der Öffentlichkeit, doch dauerte es nicht lange, bis ein Konflikt zwischen ihr und dem großen Koalitionspartner über die Umsiedlung in Okinawa stationierter US-amerikanischer Truppen die Entscheidung erzwang, ob Machterhalt und der Verbleib in der Koalition einer konsequenten programmatischen Haltung vorzuziehen sei. Auch unter dem Eindruck der traumatischen 1990er Jahre, in denen die Partei von der größten Akteurin im Oppositionslager zu einer politisch fast bedeutungslosen Gruppierung mutierte, entschied man sich letztlich für politische Standhaftigkeit und verließ die Koalition. Wie die KPJ verfügt die Partei damit allerdings weder über die Aussicht auf politische Gestaltungsmöglichkeiten noch über Attraktivität, um neue Parteimitglieder anwerben zu können. Ihre Möglichkeiten, als Mehrheitsbeschafferin im Rahmen einer Koalition an Bedeutung zu gewinnen, sind gering.

5.1.6 Sonstige Parteien

Seit Beginn der 1990er Jahre kam es zu zahlreichen Parteineugründungen. Eine Liste mit den Namen dieser neuen Parteien würde deutlich über 20 Einträge führen (vgl. Klein 2006: 178). Mit wenigen Ausnahmen waren aber bei den Zusammenschlüssen nicht programmatische oder gar ideologische Kriterien Ausschlag gebend, sondern die konkreten Optionen (welche Politiker waren „auf dem Markt") sowie persönliche Beziehungen und Vertrauensverhältnisse zwischen den Akteuren. Dieser Umstand führte immer wieder dazu, dass sich Bündnisse bildeten, die nur eine kleine gemeinsame (sach)politische Basis teilten, die sich aber sowohl in Bezug auf gegenseitiges Vertrauen ihrer Mitglieder als auch mit Blick auf die Übernahme politischer Macht als sinnvoll erweisen sollten.

So wurde beispielsweise „Japans Partei des Sonnenaufgangs"
(*tachiagare nippon*, wörtlich: „Steh auf, Japan") im April 2010
von zwei ehemaligen Liberaldemokraten ins Leben gerufen, die zu
vielen Sachthemen sehr unterschiedliche Auffassungen vertraten.
Sie teilten zwar die Frustration mit der Entwicklung der LDP,
doch blieb ihr Programm weitgehend auf vage und patriotische
Aussagen beschränkt. Schon 2011 kehrte einer der beiden Gründer
seiner neuen Partei den Rücken und wurde Sonderminister im
zweiten Kabinett von Kan Naoto. Auch die „Partei für Alle" *(mina
no tō)*, im August 2009 von einem ehemaligen Liberaldemokraten
und Erbabgeordneten gegründet, vertrat im Wesentlichen nur ein
Thema (Kritik an der Regierungsverwaltung) und war ansonsten
bei der Anwerbung von Kandidaten nicht sehr wählerisch.[14]

Die bisherigen Erfahrungen mit der Entwicklung neuer Parteien in Japan lassen vermuten, dass sie auch in Zukunft keine
wichtige Rolle im politischen System des Landes übernehmen
werden. Mit Ausnahme der Demokratischen Partei hat es keine
von ihnen geschafft, mehrere Jahre zu überleben und größere
politische Relevanz zu erlangen. Da es bei der Gründung solcher
Parteien nicht um Ideologie und wenig um gemeinsame politische
Standpunkte geht, brechen sie auch einfacher wieder auseinander.
Der einzige „Klebstoff", der sie längerfristig zusammenhalten kann,
ist Regierungsbeteiligung. Die „Neue Partei des Volkes" *(kokumin
shintō)*, die 2005 von ehemaligen Liberaldemokraten alleine zu
dem Zweck gegründet wurde, ihnen eine neue politische Heimat
zu bieten und den von ihren Stammwählern geforderten Kampf
gegen die Postprivatisierung fortzusetzen, ist zwar seit 2009 Teil
der Regierungskoalition, tritt aber nur in Zusammenhang mit
diesem einen Thema in Erscheinung. Ihr Fortbestand scheint
alles andere als gesichert.

---

14 Allerdings mussten die Kandidaten finanziell auf eigenen Füßen stehen, denn die Partei griff
ihnen trotz staatlicher Parteienfinanzierung nicht unter die Arme.

5.2 Das Parteiensystem

Die Ereignisse seit Beginn der 1990er Jahre haben gezeigt, dass sich der Zugang zur Macht meist als stärkerer Anreiz für Parteien erwiesen hat als scheinbar unüberbrückbare ideologische und politische Gegensätze. Somit haben (mit Ausnahme der KPJ) alle Akteure im japanischen Parteiensystem gezeigt, dass sie in allerlei Kombinationen miteinander kooperieren können. Besonders die LDP erwies sich ab 1994 als eine Regierungspartei, die bei der Wahl ihrer Koalitionspartner beweglich war. Zunächst schuf man sich die parlamentarische Mehrheit mit Hilfe des ehemaligen Hauptkonkurrenten SPJ. Dazu kamen die ehemaligen LDP-Politiker, die sich 1993 selbstständig gemacht und die „Neue Vorreiterpartei" gegründet hatten. Als diese beiden kleineren Parteien aus der Koalition ausschieden, bemühte sich die LDP zunächst hinter den Kulissen, dann zusehends öffentlich um die PSR, die man zwischen 1993 bis 1997 massiv als verfassungswidrige Manifestation der Verbindung von Religion und Politik verteufelt hatte (vgl. Kapitel 8). Neben dem Vorteil, den diese Entscheidung für die Mehrheitsverhältnisse im Parlament bedeutete, konnte die LDP nun auch von den hoch mobilisierbaren Wählern der PSR profitieren. Für die PSR wiederum bedeutete eine Allianz mit der LDP einen wichtigen Schutz vor den Auswirkungen des neuen Wahlsystems, dessen Einerwahlkreise große Parteien besserstellten (vgl. Kapitel 6). Der Protest, der sich vor allem innerhalb der LDP gegen dieses Bündnis entwickelte, hielt immerhin fast zwei Jahre, war dann aber nicht mehr zu vernehmen.

Für die LDP wirkte das Bündnis mit der PSR machtverlängernd. Im November 1963 hatten die Liberaldemokraten zum letzten Mal eine *absolute* Mehrheit der Stimmen auf sich vereinigen können. Seitdem profitierte die Partei von den Umrechnungsmechanismen der Wahlsysteme, von der Fragmentierung des Oppositionslagers, nachträglichen Beitritten erfolgreicher, aber ursprünglich parteiloser Kandidaten und letztlich von Koalitionen. Bis 2003 geschah all dies noch mit der *relativen* Mehrheit der Stimmen, doch in jenem Jahr erreichte die Partei auch diese Marke nicht mehr. 2005 gelang es der LDP zwar einmalig, den Trend umzukehren, doch war dies vor allem durch den als Kampf um Reformen dargestellten Konflikt zwischen Premierminister Koizumi und seinen liberaldemokratischen Gegnern möglich. 2009 schließlich verlor die LDP dann aber auch ihre Parlamentsmehrheit. Zum ersten Mal gewann mit der DPJ eine Oppositionspartei mehr Zweitstimmen (22,09 Mio. gegenüber 20,66 Mio/LDP) und mehr Mandate in der Verhältniswahl (72/DPJ gegenüber 69/ LDP). Abbildung 6 zeigt die Stimmanteile bei Unterhauswahlen von LDP und DPJ von 1996 bis zum Jahre 2009.

Auch im Oppositionslager war man bereit, für die Regierungs-übernahme einen Preis zu zahlen. Vor der Unterhauswahl 2003 fusionierten die Liberale Partei und die DPJ, obwohl auch hier die politischen Differenzen zwischen LP und Teilen der DPJ

Abb. 6: Stimmanteile (Verhältniswahl) von LDP und DPJ bei Unterhauswahlen (1996-2009)

Quelle: Ministerium für Inneres und Kommunikation 2011

nicht einfach zu lösen waren. Die nun nicht mehr existente LP lebte noch in Form einer Faktion innerhalb der DPJ weiter, und obwohl die Wahlerfolge der folgenden Jahre zu einer gewissen Homogenisierung der Partei beitrugen, blieben politische Differenzen in einer Reihe von Feldern unübersehbar.

Wie oben beschrieben, verlor die DPJ kurz nach ihrer Regierungsübernahme deutlich an Zustimmung in der Bevölkerung, allerdings konnte die LDP davon nicht profitieren. Stattdessen stieg in Meinungsumfragen die Zahl der Nicht- und Protestwähler. Nachdem die Koalition aus DPJ und der „Neuen Partei des Volkes" 2010 die Mehrheit im Oberhaus eingebüßt hatte, bemühte sich die Regierung unter Premierminister KAN Naoto, die Unterstützung der PSR zu gewinnen. Da sich zumindest die sozialpolitischen Vorstellungen beider Parteien in weiten Teilen glichen, wäre eine solche Kooperation in Einzelfragen auch durchaus glaubhaft zu vertreten gewesen, doch die PSR lehnte diese Form der Zusammenarbeit ab. Ihr Augenmerk lag darauf, an ihrem ehemaligen Koalitionspartner LDP festzuhalten und nicht von dem schlechten Stand der DPJ bei den Stimmberechtigten in Mitleidenschaft gezogen zu werden. Selbst nach dem verheerenden Erdbeben im März 2011 und der in dessen Folge auftretenden todbringenden Tsunami und Nuklearbedrohung weigerten sich LDP und PSR, dem Angebot der DPJ, einer großen Koalition zur Bewältigung der Krise beizutreten, nachzukommen.

5.3 Die Finanzierung der Parteien und ihrer Politiker

Betrachtet man die Themen, denen sich die japanischen Massenmedien und die Politikwissenschaft des Landes hauptsächlich zuwenden, erkennt man rasch, dass Politikfinanzierung eine sehr viel größere Rolle einnimmt, als es in der Regel in Deutschland der Fall ist. Bis einschließlich der Unterhauswahlen 1993 galt der Umstand, dass in den Mehrerwahlkreisen Kandidaten der gleichen Partei gegeneinander antraten, als wesentliche Ursache für hohen Finanzbedarf sowie politische Korruption. Konkurrenten aus der gleichen Partei konnten selbstredend nicht auf unterschiedliche Parteiprogramme zurückgreifen und versuchten sich stattdessen durch kostspielige Wahlkreispflege zu behaupten. Durch das seit 1994 gültige Wahlsystem gehören solche innerparteilichen Konkurrenzsituationen zwar der Vergangenheit an, doch blieb der Finanzbedarf weiterhin hoch, denn Kandidaten investierten nun zwar während des Wahlkampfes weniger, aber *außerhalb* der offiziellen Wahlkampfphase mehr Geld in die Wahlkreispflege. Die Ansicht, dass Finanzmittel für den Wahlerfolg von großer Bedeutung sind, hielt sich bei den politischen Akteuren unverändert.

Ein wesentliches Indiz dafür ist der Umgang mit der gesetzlichen Grundlage aller Finanzaktionen politischer Akteure, dem „Gesetz zur Regulierung politischer Gelder" (GRpG, *seiji shikin kisei hō*). Es wurde im April 1948 als Reaktion auf die ersten Nachkriegserfahrungen mit Wahlkampf und Demokratie verabschiedet und sollte Parteien und politischen Organisationen zur Dokumentation ihrer Einnahmen und Ausgaben sowie zur Offenlegung ihres Finanzgebarens zwingen (Yasuda, Takada 2000: 278-279). Allerdings scheiterte dieser Versuch, weil es den politischen Akteuren keine Probleme bereitete, Gesetzeslücken bei der Finanzbeschaffung zu nutzen. Von diesen Lücken gab es so viele, dass das GRpG bald als „Siebgesetz" *(zaru hō)* verspottet wurde (Iwai 1990: 72).

Die Aufgabe, mit Hilfe des GRpG gleiche und faire Wahlkämpfe unabhängig von den den Kandidaten zur Verfügung stehenden Finanzmittel sicherzustellen, erwies sich über die Jahrzehnte als zu groß für die politischen Akteure Japans. Die Geschichte des Gesetzes ist zwar gekennzeichnet durch wiederholte Reformen, die das Korruptionspotenzial scheinbar verringern sollten. Schärfere Veröffentlichungspflichten der Spender, niedrigere Spendenhöchstbeträge oder eine Reduzierung des erlaubten Empfängerkreises solcher Gelder waren drei der Parameter, die das Parlament immer wieder verstellte, um auf Korruptionsfälle und die Empörung der Öffentlichkeit zu reagieren. Doch verfestigte sich der Eindruck, dass die Mehrheit der liberaldemokratischen

Volksvertreter bei der Entwicklung konkreter Gesetzesänderungen meist schon wusste, wie sie auf anderem Wege an die gewünschten Finanzmittel gelangen konnte.

Bei der Reform des Jahres 1994 dienten beispielsweise ein Verbot von Spenden an einzelne Politiker, Strafverschärfungen und die Herabsetzung der Spendenhöchstgrenzen als Ansatzpunkte. So sollte es Politikern mit Inkrafttreten des reformierten Gesetzes am 1. Januar 1995 ursprünglich untersagt sein, auf ihre Person bezogene Spendengelder von juristischen Personen entgegenzunehmen. Zum einen wurde diese Reform aber auf Druck der LDP um fünf Jahre aufgeschoben, zum Zweiten ist es auch jetzt noch möglich, über Umwege Spenden an konkrete Politiker zu leiten.

Da Politiker Wahlkampf und Wahlkreisarbeit unter dem neuen Wahlsystem in erster Linie mit der Politik ihrer Partei leisten sollten, war Letztere auch angehalten, ihre Kandidaten zu finanzieren. Zu diesem Zweck war es Parteien weiterhin gestattet, so genannte „Organisationen für politische Gelder" *(seiji shikin dantai)* zu unterhalten. Natürliche Personen dürfen gegenwärtig bis zu ¥ 20 Mio. pro Jahr an solche Organisationen spenden (ca. € 167 000 bei Wechselkurs € 1,– / ¥ 120), juristische Personen dem Eigenkapital bzw. der Mitgliederzahl entsprechend einen Höchstbetrag zwischen ¥ 7,5 Mio. (€ 62 000) und ¥ 100 Mio. (€ 835 000). Zudem ist eine Veröffentlichungspflicht zu beachten, die bereits bei Spenden von ¥ 50 000 (€ 420) wirksam wird. Bei schwereren Verstößen gegen diese gesetzlichen Regelungen drohen die Aberkennung der Bürgerrechte und damit der Verlust des passiven Wahlrechts für fünf Jahre.

Ihre Finanzierung bestreiten Japans Parteien im Wesentlichen mit Hilfe staatlicher Subventionen, den Beiträgen ihrer Mitglieder, Spenden, Geschäftstätigkeiten sowie Einkünften aus Kapitalanlagen und Immobilien. Allerdings unterscheiden sich die Parteien in der Bedeutung, die jeder dieser Einnahmequellen zukommt. Die KPJ steht häufig an der Spitze derjenigen Parteien, die die höchsten Einnahmen (ohne staatliche Parteienfinanzierung) verbuchen, denn sie verfügt über vergleichsweise hohe Mitgliedsbeiträge und mit der „Akahata" (Rote Flagge) über eine gewinnbringende Tageszeitung. Für das Jahr 2009 wies ihr Finanzbericht Einnahmen in Höhe von ¥ 24,6 Mrd. (zum Wechselkurs vom 31.12.2009 ca. € 186 Mio.) aus. Platz zwei nahm die LDP ein (¥ 19,7 Mrd./ € 149 Mio.), gefolgt von DPJ (¥ 16,3 Mrd./€ 123 Mio.), PSR (¥ 13,5 Mrd./€ 102 Mio.), SDP (¥ 1,7 Mrd./€ 12,9 Mio.) und der Neuen Partei des Volkes (¥ 1,2 Mrd./€ 9 Mio.). Aufgrund der im gleichen Jahr stattfindenden Unterhauswahl gaben 2009 aber alle Parteien mehr Geld aus, als sie eingenommen hatten (Asahi Shimbun 2.12.2010).

Die Parteisubvention basiert auf dem „Gesetz zur staatlichen Parteienfinanzierung" (GStP, *seitō josei hō*). Es wurde bei seiner Schaffung zum einen mit der wichtigen Aufgabe begründet, die Parteien in einem demokratischen Staat ausüben, zum anderen mit dem Ziel gerechtfertigt, durch die Bereitstellung öffentlicher Gelder eine größere Unabhängigkeit der Parteien von privaten Geldgebern zu sichern und so die Korruptionsgefahr eindämmen zu können. Als Bedingung für die Anerkennung als Partei im Sinne des GStP müssen entweder insgesamt fünf oder mehr Abgeordnete in beiden Häusern des nationalen Parlaments vertreten oder aber bei der letzten Oberhaus- oder Unterhauswahl zwei oder mehr Prozent der Wählerstimmen gewonnen worden und mindestens ein Abgeordneter im nationalen Parlament vertreten sein.[15] Da es in Japan kein Parteiengesetz gibt, werden diese Kriterien übrigens auch in anderen Bereichen als Richtschnur bei der Frage verwendet, welche politische Gruppierung als Partei zu betrachten ist.

Der für Parteienfinanzierung zur Verfügung stehende Gesamtbetrag wird laut Gesetz durch Multiplikation der Bevölkerungszahl mit 250 errechnet. Zwischen 2010 und 2014 fließen somit jährlich knapp ¥ 32 Mrd. (knapp € 300 Mio. nach Wechselkurs 31.12.2010) aus dem Staatshaushalt in die Kassen der Parteien. Die Berechnung des genauen Betrags, den jede Partei erhält,

---

15 Diese Prozentangabe bezog sich entweder auf die Einerwahlkreise oder die Verhältniswahlkreise des Unterhauses oder aber die Mehrerwahlkreise oder die Verhältniswahlkreise des Oberhauses.

Abb. 7: Auszahlungsbeträge aus staatlicher Parteienfinanzierung 2010

Partei	Betrag in Yen	Betrag in Euro (nach Wechselkurs vom 31.12.2010)
Demokratische Partei	17,3 Mrd.	160 Mio.
Liberaldemokratische Partei	10,4 Mrd.	96 Mio.
Partei für eine saubere Regierung	2,4 Mrd.	22 Mio.
Sozialdemokratische Partei	0,8 Mrd.	7,4 Mio.
Neue Partei des Volkes	0,4 Mrd.	3,7 Mio.
Sonstige	0,7 Mrd.	6,5 Mio.
Summe	32 Mrd.	296 Mio.

Quelle: Ministerium für Inneres und Kommunikation (2010)

richtet sich alleine nach den Stimmengewinnen bzw. Mandats-anteilen in Ober- und Unterhaus.[16] Mitgliederzahlen oder andere Indikatoren, die die Verankerung der Parteien in der Gesellschaft anzeigen können, spielen keine Rolle. Die Verwendung der Gelder ist zudem ganz in das Ermessen der Parteien gestellt. Lediglich Ausgaben ab ¥ 50.000 müssen nachgewiesen und in einem jährlichen Bericht offen gelegt werden. Beispielhaft ist in der oben stehenden Tabelle der Auszahlungsbetrag der staatlichen Parteienfinanzierung aus dem Jahr 2010 aufgeführt.

Auch die Entwicklung der letzten Jahre belegt, dass trotz der Veränderungen, die durch neue gesetzliche Rahmenbedingungen und die Entwicklungen im Parteiensystem zweifelsfrei entstanden sind, der Appetit auf Finanzmittel bei der Mehrheit der politischen Akteure weiterhin besteht. Der Glaube, dass es immer besser ist, über größere Finanzmittel zu verfügen als die politische Konkurrenz, schwindet in Japan nicht und bestimmt, wenn auch in veränderter Form, weiterhin die Arbeit der politischen Akteure. Die einzigen Parteien, für die diese Feststellung in geringerem Maße gilt, sind gleichzeitig die einzigen beiden, die über eine

---

16 Die genaue Berechnungsmethode erläutert Sanchôme (2004: 94).

gut ausgebaute und recht hoch mobilisierbare Wählerschaft, die
bei Wahlkämpfen kostengünstig mithilft, verfügen: die KPJ und
die PSR. Es verwundert deshalb wenig, dass gerade diese beiden
Parteien sich häufig an der Spitze sehen, wenn es um die Aufklärung und Verfolgung neuer Finanzskandale in Japans Politik geht.

Fälle von Klüngelei, Vorteilsnahme und Bestechung sind über
die Jahrzehnte so häufig bekannt und von den Massenmedien
aufgearbeitet worden, dass neue „Skandale" selten große Über-
raschung oder Empörung auslösen, immer aber die Gewissheit
zu bestätigen scheinen, dass „Geld und Politik" *(seiji to kane)*
eine unlösbare Beziehung zum Schaden von Demokratie und
Bevölkerung unterhalten. Allerdings gilt auch hier festzuhalten,
dass mit dem Ende der LDP-Dominanz und dem Aufbrechen
der lange gewachsenen Verbindungen zwischen liberaldemokratischen Mandatsträgern, Regierungsbürokratie und Wirtschaft
mehr Transparenz und Kontrolle in die finanziellen Aktionen
politischer Akteure gekommen sind. Ob das aber Ausmaß und
Zahl der politischen „Skandale" reduziert, ist noch nicht zu sagen.

6. Wahlen

Axel Klein

6.1 Gesetzliche Rahmenbedingungen

Seit 1994 werden die Mandate des japanischen Unterhauses nach einem kombinierten System vergeben. 300 Einerwahlkreise (Entscheidungskriterium: reine Mehrheitswahl) stehen neben einer Listenwahl (Verhältniswahl) in elf großen Wahlkreisen, in denen insgesamt 180 Mandate zu gewinnen sind. Die Verhältniswahlstimmen jeder Partei werden durch das Höchstzahlverfahren von d'Hondt in Sitze umgerechnet. Jede(r) Stimmberechtigte verfügt folglich über zwei Stimmen, von denen eine einem Direktkandidaten, die andere einer Partei und ihrer starren Kandidatenliste gegeben werden kann. Anders als im personalisierten Verhältniswahlsystem des Deutschen Bundestages bleiben in Japan Mehrheits- und Verhältniswahl bei der Vergabe der Mandate an die Kandidaten wie durch einen Graben voneinander getrennt. Aus diesem Grunde hat sich in der deutschsprachigen Politikwissenschaft dafür der Begriff „Grabensystem" eingebürgert, während man im Japanischen von einem „Parallelsystem" *(heiritsu sei)* spricht.

Auch im Oberhaus findet ein Grabensystem Anwendung, allerdings unterscheidet es sich in einigen Punkten von dem des Unterhauses. Der Umstand, dass alle drei Jahre jeweils die Hälfte der Sitze zur Wahl steht, hat dabei erheblichen Einfluss auf die Wirkungsweise des Wahlsystems. Während in dieser zweiten Kammer des nationalen Parlaments insgesamt 96 der 242 Sitze über einen landesweiten Verhältniswahlkreis vergeben werden, sind es bei jeder Wahl tatsächlich nur 48. Ähnlich verhält es sich bei den Direktwahlkreisen: Da jeweils nur die Hälfte der Mandate zur Wahl steht, bewerben sich Kandidaten bei jedem Urnengang in 29 Einer-, 12 Zweier-, fünf Dreier- und einem Fünferwahlkreis, die den 47 Präfekturen des Landes entsprechen.

Die Position der Kandidaten auf den Parteilisten war bis zum November 2000 von der Partei festzulegen (*starre* Liste). Seit 2001 aber verfügen Stimmberechtigte über die Möglichkeit, mit ihrer Zweitstimme entweder eine Partei zu unterstützen oder aber den Namen eines konkreten Kandidaten einer Parteiliste auf ihren Wahlzettel zu schreiben und so Einfluss auf den Erfolg einzelner Verhältniswahlkandidaten zu nehmen (*flexible* Liste). Diese Wahlsystemreform wurde von der LDP initiiert, um Stimmberechtigten den Zwang zu nehmen, sich für eine Partei entscheiden zu müssen und diese so als ganze zu unterstützen. Das war für die Partei vor allem deshalb wichtig, weil sie aufgrund ihrer 1999 begonnenen Koalition mit der PSR mit der Kritik zahlreicher religiöser Organisationen zu kämpfen hatte, die aber trotzdem noch bereit waren, vereinzelte Liberaldemokraten zu unterstützen (vgl. Kapitel 5 und 10). Auch mit Blick auf die innerparteilich umstrittenen Reformpläne von Premierminister Koizumi war die Einführung der flexiblen Liste bedeutend. So konnte beispielsweise der Verband der Postamtsvorsteher seinen Mitgliedern 2004 nahelegen, den Liberaldemokraten HASEGAWA Kensei zu wählen, der sich innerhalb der LDP gegen die Postprivatisierung aussprach. Sein Wahlsieg bestätigte, dass die Einführung der flexiblen Kandidatenliste der LDP auf die erwartete Weise in die Karten spielte. Die folgende Abbildung fasst die wesentlichen Merkmale beider Wahlsysteme zusammen.

Wahlsysteme dieser Art sind nicht vor den Auswirkungen von Migrationserscheinungen und den dadurch verursachten Veränderungen im Stimmengewicht zwischen Wahlkreisen geschützt. Selbst die 2002 erfolgte Korrektur einiger Wahlkreis-grenzen des Unterhauses konnte nicht verhindern, dass noch neun Wahlkreise mehr als doppelt so viele Einwohner aufwiesen wie der bevölkerungsschwächste. Wie Kapitel 8 darlegt, waren derartige Missstände häufig Gegenstand von Gerichtsprozessen. Eine Korrektur der Unterhauswahlkreise hat laut Gesetz alle zehn Jahre jeweils auf der Grundlage der Daten der vorhergehenden Volkszählung zu erfolgen. Bei der Unterhauswahl 2009 betrug

Abb. 8: Überblick über die nationalen Wahlsysteme

	Unterhaus	Oberhaus
Sitzanzahl	480	242
passives Wahlrecht ab	25 J.	30 J.
aktives Wahlrecht ab	20 J.	20 J.
Stimmen pro Wähler	2	2
Wahlkreisgrößen:		
Verhältniswahl	6 – 30 (elf Wahlkreise, durchschnittliche Wahlkreisgröße: 16,36) starre Kandidatenlisten	96 (1 Wahlkreis) flexible Kandidatenlisten
Mehrheitswahl	1 (300 Wahlkreise)	2-10 (1-5) (47 Wahlkreise, durchschnittliche Wahlkreisgröße: 1,55*)
Dauer der Legislaturperiode	4 Jahre (Möglichkeit der frühzeitigen Auflösung)	6 Jahre

* Obwohl es sich nominell um Zweier-, Vierer-, Sechser- und einen Zehnerwahlkreis handelt, sind diese Angaben irreführend, wird doch bei jeder Wahl jeweils nur über die Hälfte der Gesamtmandate entschieden. Die effektive Durchschnittsgröße der Direktwahlkreise beträgt somit 1,55 (Division von 73 (146/2) durch 47 Wahlkreise).

das größte Stimmenungleichgewicht bereits 1 zu 2,3 und damit mehr als gesetzlich vorgesehen.

Neben den Wahlsystemen sind die gesetzlichen Regelungen von Bedeutung, die den Wahlkampf und die Strafen für Vergehen betreffen. Solche Vergehen werden immer wieder zur Anzeige gebracht, häufig von den politischen Gegnern. Für das Vorkommen dieser Gesetzesübertretungen waren meist zwei Gründe ursächlich: Zum einen litt das politische System unter struktureller Korruption (und leidet in schwächerer Form heute noch darunter), eine Behauptung, die durch die Vielzahl von bekannt gewordenen lokalen und nationalen Fällen seit Gründung des japanischen Parlaments 1889 nachvollziehbar ist. Eine Auflistung von Kawai (1994: 344) zeigt beispielsweise, dass in der Zeit von 1947 bis 1993 nur zwölf Jahre vergingen, in denen keine *neuen* politischen Korruptionsfälle aufgedeckt wurden. Mehr als die Hälfte aller Premierminister der Zeit nach 1945 war in Bestechungsfälle verwickelt und in den meisten Wahlkämpfen spielten „Korruptionsskandale" und die Forderung nach „sauberer" Politik eine wichtige Rolle (vgl. Mitchell 1996).

Die liberaldemokratischen Parlamentarier, die letztlich dank ihrer legislativen Mehrheit über die Gesetze zum Wahlkampf entscheiden konnten, waren über Jahrzehnte immer wieder damit befasst, reuig Veränderungen vorzunehmen, weil bekannt wurde, dass einzelne oder mehrere von ihnen in illegale Machenschaften verwickelt waren. Gleichzeitig wollten sie aber auch die geltenden Regeln nicht so drastisch verändern, dass ihrer Partei der Machterhalt nennenswert erschwert worden wäre. Gegenstand dieser halbherzigen Bemühungen war das in seiner ursprünglichen Form bereits 1950 verabschiedete „Wahlgesetz für öffentliche Ämter" *(kōshoku senkyo hō)*. Enthalten sind darin die Regelungen für alle Wahlen zu öffentlichen Positionen. Einschließlich der Sitze des Unterhauses wurden im Jahr 2005 etwa 75 000 Ämter durch Wahlen auf der Grundlage dieses Gesetzes vergeben, das zahlreiche Detailregelungen zu allen Bereichen des Wahlprozesses enthält.

Durch die zahlreichen Reformen und Ergänzungen wurden diese Gesetze über die Jahrzehnte so umfassend, dass die meisten Aktivitäten eines Kandidaten in seinem Wahlkreis reglementiert waren. Parteien konnten keine Werbezeit in Fernsehen oder Radio buchen, Kandidaten mussten sich mit fünf Minuten Sende- bzw. Sprechzeit begnügen, die ihnen von Seiten des staatlichen Senders NHK kostenfrei zur Verfügung gestellt wurden. Wahlplakate sind auch heute nur bis zu einer Größe von 273 x 73 cm erlaubt, Papierlaternen mit Werbeaufschrift dürfen eine Höhe von 85 cm und einen Durchmesser von 45 cm nicht überschreiten. Auch für die 20 000 erlaubten Handzettel für Wahlwerbezwecke gilt eine Größenbeschränkung von 29,7 x 21 cm (Igarashi 1992: 109).

Hausbesuche *(kobetsu hōmon)*, bei denen Kandidaten oder ihre Helfer an Wohnungstüren um Wählerstimmen werben, sind ebenfalls nicht erlaubt. Die Begründung lautet, dass dieses Wahlkampfinstrument Bestechung und Stimmenkauf Vorschub leiste. Außerdem könne es zu Belästigungen sowohl der Wahlkämpfer als auch der Wähler führen. Betrachtet man aber den Entstehungsprozess dieser Regelung, dann wird deutlich, dass sich LDP-Politiker hier vor allem gegen die „Partei für eine saubere Regierung" und ihre religiöse Mutterorganisation Sōka Gakkai schützen wollten, die mit hohem Personalaufwand recht wirkungsvoll Wähler durch Hausbesuche mobilisieren konnten. Selbstredend waren PSR und LDP politische Gegner, als das Verbot erlassen wurde.

Die Möglichkeiten, die Internet und Mobiltelefone im Wahlkampf bieten, werden durch die Wahlgesetze weitestgehend eingeschränkt. So dürfen Parteien und Politiker während der offiziellen Wahlkampfphase weder E-Mails versenden noch ihren Internet-Auftritt aktualisieren. Diese Beschränkungen waren für die LDP mit Blick auf ihre Wählerschaft lange vorteilhaft, wähnte sie doch die internetaffinen jüngeren Wählerschichten eher auf der Seite der politischen Gegner. Eine Reform dieser Regelung ist aber mit der Regierungsübernahme der DPJ auf die politische Agenda genommen worden.

Die erhebliche Einschränkung des Handlungsspielraums von Politikern führt zur zweiten Ursache für die hohe Zahl von Wahlvergehen. Tatsächlich findet man in Buchläden Literatur, die sich mit unbeabsichtigten „Wahlvergehen" befasst und helfen will, sie zu vermeiden. Der eigentliche Sinn des Wahlkampfes geriet bei der Fülle von Vorschriften in den Hintergrund. Der Umstand, dass auch viele Aktivitäten verboten oder stark eingeschränkt waren bzw. sind, die in der japanischen Gesellschaft als normal und üblich gelten, stellte für Kandidaten ein zusätzliches Problem dar. Sie mussten befürchten, ihren Wählern gegenüber nicht das vielleicht erwartete Maß an Gastfreundschaft und Aufmerksamkeit zeigen zu können. So ist es Wahlkämpfern seit 1994 verboten, Wählern Speisen und Getränke kostenlos anzubieten. Dies soll zwar auch die Ausgaben der Kandidaten reduzieren, vor allem aber mögliche Formen der

Bestechung unterbinden. Ausnahmen von dieser Regelung sind zum einen Grüner Tee und kleine Süßigkeiten, zum anderen ist es Kandidaten während der offiziellen Wahlkampfzeit erlaubt, für 15 Wahlhelfer oder Mitarbeiter je drei einfache Mahlzeiten pro Tag bereitzustellen. Bei der Wahl zwischen Erfüllung dieser Erwartungshaltung und Einhaltung der gesetzlichen Vorschriften entschieden sich viele Kandidaten gegen Letzteres, wohl auch, weil verbreitet Übereinstimmung darüber bestand, dass eine Wahl bei einer strikten Einhaltung der Gesetze nicht gewonnen werden könne (vgl. Abe, Shindō et al. 1994: 146-147).

Ein wichtiges Instrument im Kampf gegen Wahlvergehen stellt das so genannte „System der Mithaftung" *(renzasei)* dar. Es legt den Personenkreis fest, für dessen Wahlvergehen ein Kandidat mitverantwortlich gemacht werden kann. Die zentrale Idee dieses Gesetzes ist es, den Kandidaten selber an die Spitze der Bemühungen um einen „sauberen" Wahlkampf zu stellen. Die Drohung, ein Mandat und für fünf Jahre das Recht zu verlieren, in dem angestammten Wahlkreis antreten zu können, sollte ein starker Anreiz für Kandidierende sein, sich auch um Gesetzestreue bei Helfern und Mitarbeitern zu kümmern und tatsächlich hat die Verschärfung des Gesetzes 1994 Wirkung gezeigt.

6.2 Wahlkampf

Wahlkampf in Japan wurde von 1955 bis 1994 durch Konkurrenzsituationen zwischen Liberaldemokraten dominiert. Da das damals gültige Wahlsystem mehreren Kandidaten eines Wahlkreises den Gewinn eines Mandates ermöglichte, lohnte es sich vor allem für die LDP, mehr als einen Politiker pro Wahlkreis ins Rennen zu schicken. Eine Konsequenz war, dass Liberaldemokraten in ihren Wahlkämpfen gegen die eigenen Parteikollegen nicht auf das (ohnehin vage) Parteiprogramm verweisen konnten, sondern unter anderem so genannte „Dienstleistungswettkämpfe" *(sābisu gassen)* betrieben, in denen es galt, die Gunst und Stimme potenzieller Wähler durch Gefälligkeiten und Hilfestellung zu gewinnen.

Während dieses Erbe durch das neue Wahlsystem deutlich an
Wirkung verloren hat und zudem die Zahl derjenigen Politike-
rinnen und Politikern abnimmt, die unter den alten Bedingungen
Wahlkampf betrieben haben, profilieren sich aber unverändert
viele von ihnen über lokale Themen. Dabei geht es unter anderem
um Umgehungsstraßen, Dämme, Flughäfen, Schnellzuganbin-
dungen, medizinische Versorgung vor Ort oder Geld für einen
neuen Sportplatz. Natürlich sind diese Themen oft von Interesse
für die örtlichen Unternehmen. Der Bau von Straßen, Flussbe-
gradigungen, das Zubetonieren ganzer Hügelflanken zum Schutz
vor Erdrutschen und viele andere Vorhaben werden meist mit
Geldern finanziert, die ein Abgeordneter aus staatlichen Töpfen
in seinen Wahlkreis leiten kann. Für die Selbstdarstellung im
Wahlkampf sind solche Projekte von großem Wert. Die DPJ
wandte sich in ihrem Wahlprogramm 2010 von dieser Denkweise
ab und verwendete den Slogan „Von Beton zu den Menschen".
Für die LDP hingegen bestand kein Zweifel daran, dass auch die
Bauwirtschaft überleben müsse. So konterte die Partei mit dem
Motto „Sowohl Beton als auch Menschen".

Die liberaldemokratischen Kandidaten, denen keine lokalen
Parteiverbände oder Ähnliches zur Seite standen, mussten sich
selber Organisationen schaffen, die ihnen sowohl bei der Wahlkreisarbeit als auch während des Wahlkampfes dienlich sein
konnten. Diese Organisationen, so genannte *kōenkai*, die gänzlich
von dem jeweiligen Kandidaten finanziert wurden, bestanden
aus einem festen Mitarbeiterstamm, der im Wahlkreis und in
Tokyo tätig war. Um diesen Kern herum agierte eine Gruppe
lokaler Politiker, führender Persönlichkeiten aus Berufsverbänden,
Handelskammern und einflussreicher Multiplikatoren, die eine
große Zahl von Wählern erreichen konnten, sich umgekehrt
aber auch entsprechenden Einfluss gegenüber dem Kandidaten
zu sichern suchten.

Die Bemühungen der Kandidaten und ihrer Organisation
bestehen im Kern darin, Kontakt zu den Stimmberechtigten
herzustellen. Eine möglichst große Zahl von Wählern soll dazu

bewegt werden, zu irgendeinem Zeitpunkt die Angebote der
kōenkai in Anspruch zu nehmen. Von diesen Stimmberechtigten
wird dann erhofft, dass sie aus einem Gefühl der Verpflichtung
oder des Dankes heraus, oder aber, weil sie persönlich Kontakt
zu dem Kandidaten hatten, für ihn stimmen werden bzw. im
Freundes- und Verwandtenkreis positiv über ihn sprechen. Obwohl es keine belastbaren Untersuchungen zur Wirkung dieser
Form der Wahlkreispflege gibt, wird sie doch von fast allen Politikern so oder ähnlich betrieben. Alleine dieser Umstand deutet
darauf hin, dass diese Form der Wählerwerbung in Japan wirkt.

Kōenkai sind für Politiker auch deshalb wichtig, weil sie ihnen
eine gewisse Unabhängigkeit von der eigenen Partei gewährleisten.
In der Regel unterstützt der Ortsverein einer Partei deren offiziellen Kandidaten, doch sollte der Politiker diese Unterstützung
verlieren, kann er zumindest mit der Unterstützung seiner *kōenkai*
bei den nächsten Wahlen antreten. Es gibt eine Reihe von Fällen,
in denen solche Parteilosen gegen liberaldemokratische Kandidaten antraten, gewannen, dann nachträglich in die Fraktion der
LDP aufgenommen wurden und der Ortsverein der Partei seinen
Vorsitzenden wechselte.

Ein weiterer Grund für die Bedeutung der *kōenkai* ist der
Umstand, dass ein Teil der Wähler die Mitgliedschaft in bzw.
lose Anbindung an eine Unterstützungsorganisation einer for-
mellen Parteimitgliedschaft vorzieht. Während unter dem alten
Wahlsystem diese Unterstützungsvereinigungen meist dazu
dienten, die konservative Wählerschaft den Konkurrenten aus
der gleichen Partei abspenstig zu machen, werden nun verstärkt
Nicht-Stammwähler zum Ziel der Mobilisierungsbemühungen.
Dadurch ist die Rolle der *kōenkai* sogar gewachsen (Krauss und
Pekkanen 2004).

Kandidaten der Kommunistischen Partei konnten auf eine
vergleichsweise starke lokale Parteistruktur zurückgreifen, die
allerdings mit der Alterung der Mitglieder an Durchschlags-
kraft verliert. Die Partei für eine saubere Regierung ist von
ihrer religiösen Mutterorganisation abhängig, deren Mitglieder

hoch mobilisierbar und essentiell für die Wahlkämpfe der PSR-Kandidaten sind. Die Sozialistische Partei kooperierte mit Gewerkschaften, vor allem dem Dachverband der Gewerkschaften des öffentlichen Dienstes. Der stellte nicht nur Finanzmittel und Wahlkampfhelfer, sondern auch die meisten Wähler und einen Teil der Kandidaten (Otake 1990: 158). Seit Ende der 1990er Jahre jedoch unterstützen die meisten Gewerkschaften die DPJ.

Der Aufenthalt im eigenen Wahlkreis diente und dient Politikern auch heute noch vor allem dem Aufbau und Erhalt möglichst zahlreicher Kontakte zu den Wählern. Die Teilnahme an Hochzeiten, Beerdigungsfeiern, Schrein- oder Tempelfesten, Schulfeiern und Ähnlichem ist dabei eine Möglichkeit, dieses Ziel zu erreichen. Bei jeder Art von Veranstaltung, zu der Bürger des Wahlkreises eingeladen wurden, war es für Kandidaten selbstverständlich, Getränke und zumindest einen kleinen Imbiss anzubieten. Filmabende, Baseballspiele oder Reisen nach Tokyo kamen nicht ohne die Fürsorge für das leibliche Wohl der Teilnehmer aus. Das Geld dafür kam aus der Kasse des Kandidaten.

Die beschriebene Wahlkreisarbeit samt der Bedienung bestimmter Wählerschichten und Interessengruppen verschlang mehr als 90 % der Finanzmittel eines Kandidaten (Suzuki 1989: 187). Die japanische Sprache kennt nicht von ungefähr für diese stark auf Finanzmittel konzentrierte und durch sie erheblich beeinflusste Arbeit der Politiker einen eigenen Begriff, *kinken seiji*, der immer auch den Vorwurf der Bestechlichkeit und des Klüngels mit einschließt. Allerdings sind Wahlkämpfe heute längst nicht mehr so kostenintensiv wie früher. Ein Grund dafür ist ein seit 2003 verfügbares Wahlinstrument, das so genannte *manifesuto*, ein Parteiprogramm, das nach der japanischen Umschrift des Wortes „Manifest" bezeichnet wurde. Wahlprogramme waren erstmals vor der Unterhauswahl in jenem Jahr für breite Wählerschichten zugänglich, obwohl sie nur in Wahlkampfbüros einzelner Kandidaten und bei politischen Veranstaltungen verteilt werden durften. Die Entscheidung, die millionenfache Verteilung solcher Wahlprogramme zu erlauben, wurde auch

durch das Heranwachsen der DPJ zu einer potenziellen Regierungspartei gefördert. Zudem hoffte man zu Recht, dass durch
die Wahlprogramme Einfluss und Umfang von Dienstleistungen
und Gefälligkeiten als Wahlkampfinstrumente sinken würden.

Die Reaktion der Wähler auf die Parteiprogramme war zumindest anfangs positiv. Einer Umfrage des staatlichen Fernsehsenders
NHK[17] zufolge ließen sich zwei Drittel der Stimmberechtigten
von den Wahlprogrammen beeinflussen. Die Medien berichteten
umfangreich über dieses Wahlkampfmittel. Allerdings wurde
der Gewöhnungsbedarf der Stimmberechtigten an die ihnen bis
dahin recht fremde Form des politischen Wettbewerbs deutlich,
wenn sie feststellten, dass die Wahlversprechen nicht eins zu eins
umgesetzt wurden. Das stieß vielen auch deshalb auf, weil die
Parteien ihre Wahlprogramme häufig als Verträge mit dem Volk
bezeichnet hatten. Der in anderen Industriestaaten schon lange
fest zementierte Zynismus im Umgang mit Wahlversprechen
entwickelte sich in Japan dann aber recht zügig. Er hat dazu
beigetragen, dass die Begeisterung für Wahlprogramme ab 2010
erheblich abflaute.

Was bei Wahlkämpfen unverändert blieb, war das Bild, das
sich in den Straßen bot. Kleinbusse mit großen Lautsprecher-
anlagen auf dem Dach fuhren in gemächlichem Tempo mit den
immer gleichen einfachen Botschaften durch die Wahlkreise und
versuchten in erster Linie, den Namen des Kandidaten bekannter
zu machen. Auf öffentlichen Plätzen und Straßen fanden zahlreiche Wahlkampfreden statt, zuweilen auch in Gegenwart von
hochrangigen Parteipolitikern. Oft schienen die Kandidaten bei
ihren Reisen durch die Straßen des Wahlkreises geradezu auf der
„Jagd" nach Stimmberechtigten zu sein, um sie in einer Mischung
aus Handschütteln und Verbeugung um ihre Stimme zu bitten.
„Mini-Versammlungen" *(mini shūkai)* sollten Kandidaten und
Bürgern die Gelegenheit bieten, gemeinsam über die Probleme
des Wahlkreises und des Landes zu sprechen.

---

17 Nach „gendai kurôzu appu" (Bericht des staatlichen Fernsehsenders NHK mit dem Titel
„manifesuto senkyo" [Die Wahl der Wahlprogramme]), 11.11.2003.

Mit der Wählerwerbung im Vorlauf zur Unterhauswahl 2005 begann zudem die Professionalisierung des Medienwahlkampfes über das Fernsehen. Erst ab der Unterhauswahl 1996 war es Parteien erlaubt gewesen, Wahlwerbespots zu senden, doch die ersten Versuche machten einen biederen Eindruck. Ab 2005 wurden die Möglichkeiten des Mediums dann aber besser und intensiv genutzt, selbst US-amerikanische Werbeagenturen kamen zum Zug. Dabei sei erwähnt, dass kaum negative Kampagnen durchgeführt wurden. Politische Akteure scheinen davon überzeugt, dass es dem eigenen Ansehen eher schadet, wenn man auf die Fehler des Rivalen hinweist.

Einen weiteren Aspekt der wachsenden medialen Auseinandersetzung zwischen politischen Lagern bildet der Umstand, dass immer mehr Abgeordnete an Diskussionssendungen im Fernsehen teilnehmen und dort für ihre Sache werben. Diese Entwicklung bringt vor allem jüngere Politiker hervor, die zu medienerprobten Diskutanten werden. Allerdings stellen sie immer noch eine Minderheit dar. Die weitaus größere Zahl der Partei- und Volksvertreter fordert oder verspricht Weltfrieden, Konjunkturerholung, stabile Renten oder saubere Umwelt, ohne erkennen zu lassen, auf welche konkrete Art und Weise denn das Ziel erreicht werden soll. So kann man ihnen zwar nicht widersprechen, doch leidet der politische Diskurs deshalb vor allem an zu vielen Beiträgen, die der Beschreibung „ewig richtig, völlig nutzlos" entsprechen.

6.3 Die Stimmberechtigten

Die politikwissenschaftliche Untersuchung von Stimmberechtigten eines Landes hat in den meisten Industrienationen vier typische Gegensätze erkannt, die Wahlentscheidungen motivieren. Dabei handelte es sich um regionale oder ethnische Zuordnungen, religiöse Unterschiede, den Gegensatz von Landwirtschaft und Industrie sowie den zwischen sozialen Klassen. Im Falle Japans waren die ersten beiden nicht zu finden (Watanuki 1991: 49).

Während Bauern und Bewohner ländlicher Regionen ihre Stimme in überwiegender Mehrheit ebenso der LDP gaben wie Arbeiter in Klein- und Mittelbetrieben, setzten Industriearbeiter aus großen Betrieben und ein Teil des öffentlichen Dienstes eher auf linke Parteien. Sucht man in der japanischen Wählerschaft aber nach sozialen *cleavages* und einer dazugehörenden Partei, findet man wenig, was zur Erklärung des Wahlverhaltens substanziell beitragen kann (Richardson 1997: 19; vgl. Kapitel 11).

Lange Zeit war es mitgliederstarken Organisationen in Japan möglich, einen Großteil der ihnen angehörenden Wähler für einen bestimmten Kandidaten oder eine Partei zu mobilisieren, weshalb man von „Organisationsstimmen" *(soshiki hyō)* sprach. Vor allem für Politiker in größeren Städten wuchs die Bedeutung bereits existierender Organisationen und Vereine. Dabei reichte das Spektrum von großen Verbänden über religiöse Gruppen bis hin zu kleinen Sport- und Kulturvereinen. Kandidaten bemühten sich, die Unterstützung der Führung dieser Organisationen zu gewinnen, denn war dies einmal geglückt, wurde den Mitgliedern, die zuvor meist auf informelle Weise um ihre Meinung gefragt wurden, oft die Stimmabgabe für den entsprechenden Politiker nahegelegt. Die Wirksamkeit dieser Methode der Wählerwerbung nimmt ab, ist aber gerade in urbanen Räumen immer noch von großer Bedeutung für Kandidaten.

Wendet man sich der Parteienidentifikation zu, erkennt man bereits für die 1960er und 1970er Jahre, dass der Anteil der Stimmberechtigten, die sich als Stammwähler einer Partei betrachteten, in Japan zu den niedrigsten der industriellen Welt zählte (Richardson 1997: 22). Neben dem Misstrauen in eine vermeintlich korrupte Politikergilde und der Unzufriedenheit mit der politischen Leistung der Parteien war es während der Jahrzehnte der LDP-Dominanz auch zunehmend die Frustration der Anhänger der parlamentarischen Opposition, die bei Umfragen zur Parteiidentifikation niedrige Werte ergaben (Hashimoto 2001: 123). Diese nur gering ausgeprägte Parteienidentifikation ist im Falle des Unterhauses dadurch noch gefördert worden, dass Stimmberechtigte bis 1996 ohnehin keine Partei, sondern nur einen Direktkandidaten wählen konnten und die Person des Kandidaten so das zentrale Entscheidungskriterium bei der Stimmabgabe wurde.

In den urbanen Ballungsräumen wiederum fand sich der Großteil der so genannten Nicht-Stammwähler. Darunter fallen nicht nur Wechselwähler, sondern auch die Teile der Bevölkerung, die nur unregelmäßig oder fast gar keinen Gebrauch von ihrem Stimmrecht machen. Sie sind aufgrund der oft nur schwachen sozialen Bindungen an die lokale Gemeinschaft weniger in Netze persönlicher Beziehungen eingebunden und somit für Kandidierende schwerer zu erreichen. Mit Ausnahme der Unterhauswahl des Jahres 2005 entschieden sich Nicht-Stammwähler zum größten Teil für die DPJ, vor allem, weil sie für Neues in der Politik zu stehen schien und eben nicht die LDP war. 2005 konnte Premierminister Koizumi diesen Trend zwar einmalig umkehren, doch 2009 trugen die Nicht-Stammwähler ganz erheblich zum Regierungswechsel von LDP zu DPJ bei. Wie die Oberhauswahl 2010 zeigte, kann die beträchtliche Größe dieser Wählerschicht zukünftig zu erheblichen Ergebnisschwankungen von einer zur nächsten Wahl führen.

Seit den 1990er Jahren wird bei der Analyse japanischer Wähler stark auf deren Reformorientierung geachtet. Seit jener Zeit haben Schlagworte, die positive Veränderungen und Aufbrechen alter Strukturen suggerieren, großen Anteil an der Wahlkampfrhetorik aller Parteien. Immer mehr Bürgerinnen und Bürger zeigten sich übersättigt von der jahrzehntelangen Dauerherrschaft der LDP samt aller politischen Pathologien, die diese Dominanz mit sich brachte. So waren die Regierungswechsel der Jahre 1993 und 2009 auch weniger ein Vertrauensbeweis für die Oppositionsparteien als vielmehr eine Abwahl der Liberaldemokraten. Diese Aussicht hat bei der Unterhauswahl 2009 zu einem nochmaligen Anstieg der Wahlbeteiligung geführt. Wie Abb. 9 (S. 100) verdeutlicht, war bereits 2005 ein verstärktes Interesse an einer Unterhauswahl festzustellen, damals hervorgerufen durch den in den Massen-

medien intensiv verfolgten Kampf zwischen Koizumi und seinen
parteiinternen Gegnern. .

Für die Zukunft lassen sich zwei mögliche Entwicklungslinien
für die Wahlbeteiligung erkennen: Zum einen kann es, wie oben
erwähnt, aufgrund der hohen Zahl von Nicht-Stammwählern
zu recht starken Schwankungen der Wählergunst kommen.
Zum anderen kann die Enttäuschung über den 2009 erfolgten
Regierungswechsel von LDP zu DPJ dazu führen, dass die Poli-
tikverdrossenheit steigt und die Wahlbeteiligung weiter fällt. Ihren
bisherigen Tiefststand erreichte die 1996 mit 59,6 %.

Abb. 9: Wahlbeteiligung bei Unterhauswahlen (1955-2009)

Quellen: Ishikawa 1995: 223-235, Ministerium für Inneres und Kommunikation (2011)

7. Die regionale Dimension der Politik

Chris Winkler

Das japanische Gesetz kennt die folgenden regionalen bzw. lokalen Selbstverwaltungseinheiten: Präfektur, Stadt, Kleinstadt und Dorf. Eine Einheit mit mehr als 50 000 Einwohnern wird dabei als Stadt *(shi)* definiert. Das Land ist unterteilt in 47 Präfekturen sowie circa 1700 Städte und Gemeinden (Stand Anfang 2010; Ministerium für Inneres und Kommunikation). Die Präfekturen, aufgeteilt auf die sechs Regionen von Nord nach Süd, lauten wie folgt:

Hokkaidō/Tōhoku: Hokkaidō, Aomori, Iwate, Miyagi, Akita, Yamagata, Fukushima

Kantō: Ibaraki, Tochigi, Gunma, Saitama, Chiba, Tokio, Kanagawa

Koshinentsu/Hokuriku: Niigata, Toyama, Ishikawa, Fukui, Yamanashi, Nagano

Tōkai/Kinki: Gifu, Shizuoka, Aichi, Mie, Shiga, Kyoto, Osaka, Hyōgo, Nara, Wakayama

Chūgoku/Shikoku: Tottori, Shimane, Okayama, Hiroshima, Yamaguchi, Tokushima, Kagawa, Ehime, Kōchi

Kyūshū/Okinawa: Fukuoka, Nagasaki, Saga, Kumamoto, Ōita, Miyazaki, Kagoshima, Okinawa

Die Aufteilung des Landes in Präfekturen und Kommunen geht auf die Meiji-Restauration zurück (siehe Kapitel 1). Im Jahre 1871 wurden die bis dahin bestehenden Daimyate aufgelöst und in mehr als 300 Präfekturen überführt, die bis 1888 auf die gegenwärtige Zahl von 47 reduziert wurden. Noch drastischer fiel die Zusammenlegung von Städten und Gemeinden aus. Gab es 1888 noch mehr als 71 000 Gemeinden, so wurde deren Zahl durch eine Reihe von Neuordnungen auf 1700 reduziert (Abb. 10).

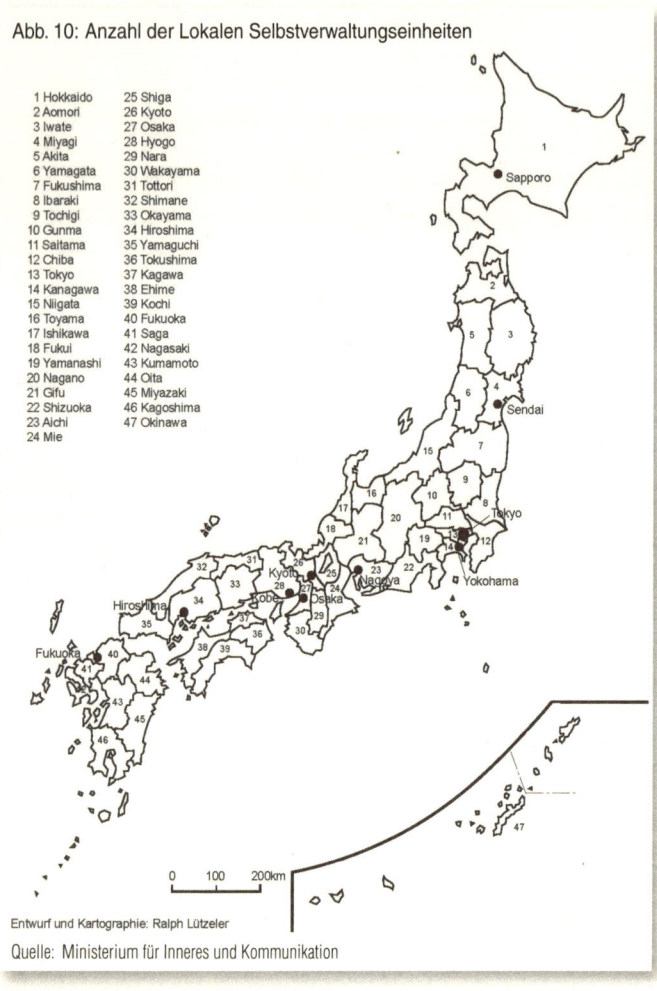

Abb. 10: Anzahl der Lokalen Selbstverwaltungseinheiten

1 Hokkaido	25 Shiga
2 Aomori	26 Kyoto
3 Iwate	27 Osaka
4 Miyagi	28 Hyogo
5 Akita	29 Nara
6 Yamagata	30 Wakayama
7 Fukushima	31 Tottori
8 Ibaraki	32 Shimane
9 Tochigi	33 Okayama
10 Gunma	34 Hiroshima
11 Saitama	35 Yamaguchi
12 Chiba	36 Tokushima
13 Tokyo	37 Kagawa
14 Kanagawa	38 Ehime
15 Niigata	39 Kochi
16 Toyama	40 Fukuoka
17 Ishikawa	41 Saga
18 Fukui	42 Nagasaki
19 Yamanashi	43 Kumamoto
20 Nagano	44 Oita
21 Gifu	45 Miyazaki
22 Shizuoka	46 Kagoshima
23 Aichi	47 Okinawa
24 Mie	

Entwurf und Kartographie: Ralph Lützeler

Quelle: Ministerium für Inneres und Kommunikation

Neben normalen Kommunen kennt die japanische Ordnung per Regierungserlass bestimmte Großstädte *(seirei shitei toshi)*. Das Gesetz schreibt vor, dass nur Städte mit mindestens 500 000 Einwohnern diesen Status erlagen können. Aufgrund ihrer Größe sind sie mit speziellen Befugnissen ausgestattet worden, die denen einer Präfektur ähneln. Gegenwärtig gibt es in Japan 19 solcher Städte, darunter die Millionenstädte Sapporo, Sendai, Saitama, Kawasaki, Yokohama, Nagoya, Kyoto, Osaka, Kobe, Hiroshima und Fukuoka.

7.1 Präfekturen und Kommunen als verlängerter Arm der Zentralregierung bis 1945

In der Vorkriegszeit stand an der Spitze jeder Präfektur ein von der Zentralregierung entsandter Gouverneur. Dieser war nicht etwa dem Parlament, sondern nur dem ihn ernennenden Innenminister Rechenschaft schuldig. Zudem vereinte er exekutive und legislative Funktionen in seiner Person. Per Zensuswahl gewählte Präfektur-Parlamente existierten zwar seit Anfang der 1880er Jahre, aber ihr Handlungsspielraum war durch die starke Position des Gouverneurs sowie das Instrument der Parlamentsauflösung, über welches der Innenminister verfügte, signifikant eingeschränkt. Erst Ende der 1920er Jahre wurde analog zu den Änderungen des nationalen Parlamentswahlsystems (siehe Kapitel 2) auch auf Präfektur-Ebene ein universelles Wahlrecht für Männer über 25 Jahre eingeführt. Im Gegensatz zu den vom Innenministerium ernannten Gouverneuren wurden Bürgermeister und Gemeinderäte auf kommunaler Ebene gewählt. Dies galt auch für Stadtparlamente, allerdings mit der Einschränkung, dass der Innenminister den Bürgermeister unter drei vom Stadtrat vorgeschlagenen Kandidaten auswählte (Muramatsu 1997: 58-59). Darüber hinaus bedurfte jede Entscheidung eines gewählten, kommunalen Parlaments der Zustimmung des Gouverneurs bzw. des Innenministeriums (Muramatsu 1997: 58-59; Tamura 2000: 40). Wie Tamura (2000: 42) festhält, hatte dieses sehr zentralistisch ausgerichtete System den Vorteil, dass es eine klare Hierarchiestruktur sowie Machtmonopolisierung durch die Zentralregierung erlaubte, um die Modernisierung nach westlichem Vorbild im ganzen Land effizient voranzutreiben. Auf der anderen Seite führte das

mangelende Bewusstsein der Menschen für die Möglichkeiten der
Selbstbestimmung dazu, dass die regionalen Selbstverwaltungen
lediglich als erweiterter Arm des Staates angesehen wurden und
folglich sich kaum demokratisches Interesse an politischer Mit-
gestaltung entwickeln konnte. Dies war selbstredend ganz im
Sinne der Meiji-Oligarchie, die Demokratie und Bürgerrechten
grundsätzlich skeptisch bis ablehnend gegenüberstand. An dieser Grundausrichtung sollte sich bis 1945 wenig ändern, auch
wenn während der Taishō-Demokratie der 1920er Jahre einige
Bestimmungen gelockert wurden, bevor der wachsende Einfluss
des Militärs zu weitgehenden Einschränkungen ab 1940 führte.

7.2 Lokale Selbstverwaltung in der Nachkriegszeit

Nach dem Krieg wurde lokale Selbstverwaltung wesentlich größer
geschrieben als noch vor 1945. Die japanische Regierung und
vor allem das Innenministerium wehrten sich zwar gegen eine
ihrer Ansicht nach zu große regionale und kommunale Autono-
mie, aber sie konnten sich nicht gegen die US-amerikanischen
Besatzungsbehörden durchsetzen. Deren Überzeugung nach
konnte die Demokratisierung Japans nur von unten, d.h. von
kommunaler Ebene aufwärts gelingen. Auf Basis dieses Grund-
satzes wurde beispielsweise die Polizeiorganisation dezentrali-
siert und in kommunale Einheiten aufgeteilt sowie Mitglieder
von Bildungsausschüssen auf kommunaler Ebene gewählt. Ein
Umdenken in der Besatzungspolitik unter dem Eindruck des beginnenden Kalten Krieges sowie organisatorische bzw. finanzielle
Schwierigkeiten erlaubten es den konservativen Regierungen der
1950er Jahre, diese Reformen teilweise zu revidieren. So wurde
die Polizeiorganisation beispielsweise wieder zentralisiert. Andere
Reformen der Besatzungszeit erwiesen sich hingegen als ungleich
beständiger. Präfektur-Gouverneure wie auch die Abgeordneten
in lokalen Parlamenten bzw. Stadt- und Gemeinderäten werden
direkt von der Bevölkerung gewählt und nicht mehr von der
Zentralregierung in Tokyo bestimmt. Wie bereits in Kapitel 2

angedeutet, stellen sich dadurch Legitimationsgrundlage und Kompetenzen der Präfekturen anders dar als vor 1945, auch wenn sich ihre Zahl und Größe kaum verändert hat.

Andererseits bestehen trotz des Systemwechsels nach 1945 weiterhin Abhängigkeiten organisatorischer und finanzieller Natur gegenüber der Zentralregierung. Der Terminus „30-prozentige Lokalverwaltungen" *(sanwari jichi)* ist zum einem Synonym für diese Abhängigkeiten geworden. Er weist darauf hin, dass lediglich 30 % ihrer Steuereinnahmen regionale bzw. kommunale Steuern sind und nur 30 % ihrer Arbeit nicht von der Zentralregierung delegiert wird. Zwar wurde dieses System der delegierten Aufgaben, welche lokale Stellen als verlängerter Arm Tokyos vor Ort auszuführen hatten, im Jahre 2000 abgeschafft (Ishida 2004: 216), dennoch sind die lokalen Selbstverwaltungen nach wie vor in starkem Maße finanziell abhängig von Geldern aus Tokyo. Diese Abhängigkeit wird von Regierungen und Ministerien in der Hauptstadt durchaus benutzt, um Druck auf widerspenstige Kommunen auszuüben.

Das mussten in jüngster Vergangenheit Kommunen, die sich gegen die Verlegung von Teilen der in Japan stationierten US-Streitkräfte auf Militärbasen in ihrem Gebiet sträubten, feststellen. So floss finanzielle Unterstützung an die beiden Städte Zama (Präfektur Kanagawa) und Iwakuni (Präfektur Yamaguchi) erst, nachdem diese ihren Widerstand gegen die Verlegung von Einheiten der US-Streitkräfte auf lokale Stützpunkte aufgegeben hatten (Asahi Shimbun 2008: 35). Zum Sinnbild für die prekäre Finanzlage der Kommunen wurde die in der nördlichsten Präfektur Hokkaido gelegene Stadt Yūbari. Diese musste 2007 de facto Konkurs anmelden und ist seitdem die gegenwärtig einzige lokale Körperschaft, deren Finanzen unter Kontrolle der Zentralregierung umstrukturiert werden. Es ist davon auszugehen, dass Yūbari nicht die letzte Stadt bleibt, der dieses Schicksal droht. Dies hat verschiedene Gründe, die auch aus Deutschland bekannt sind. Zu der Finanzlage kommen durch den demographischen Wandel verursachte Probleme (z.B. steigende Ausgaben für

Sozialausgaben als Folge der Überalterung) und die Landflucht als Folge fehlender Arbeitsplätze in den ländlichen Regionen.

7.3 Direkte Demokratie auf lokaler und regionaler Ebene

Das japanische Gesetz erlaubt dem Bürger auch eine direkte Partizipation am politischen Prozess. Ein Element direkter Demokratie, das (sieht man von dem Referendum im Rahmen eines Verfassungsänderungsverfahrens ab) auf nationaler Ebene nicht vorgesehen ist, sind Bürgerinitiativen. Voraussetzung hierfür ist das Sammeln der Unterschriften von mindestens 1/50 aller wahlberechtigten Bürger. Auf diese Weise können die Wähler auf direktem Wege den Erlass bzw. die Abschaffung von der lokalen Selbstverwaltung erlassenen Vorschriften verlangen. Des Weiteren können auf diese Weise die Untersuchung der Tätigkeiten der lokalen Exekutivorgane, die Auflösung des lokalen Parlaments oder die Entlassung eines einzelnen Abgeordneten sowie der Exekutivorgane, z.B. des Gouverneurs oder des Vizegouverneurs, verlangt werden. Für die erfolgreiche Einreichung der letzteren Initiativen bedarf es allerdings der Unterschriften von mindestens einem Drittel aller Wähler.

Diese Elemente direkter Demokratie sind jedoch, anders als beispielsweise in der Schweiz, nicht rechtlich bindend. So kann beispielsweise ein lokales Parlament das Erlassen oder Abschaffen einer Vorschrift ablehnen. Die Abberufung eines Abgeordneten oder eines Gouverneurs kommt erst durch eine einfache Mehrheit bei einem Referendum über die Entlassung zustande. So wurde beispielsweise der andauernde Konflikt zwischen dem ehemaligen Bürgermeister und dem Stadtrat von Akune (Präfektur Kagoshima) letztlich durch eine erfolgreiche Bürgerinitiative beendet. Auf die erfolgreiche Bürgerinitiative folgte ein Referendum, bei dem sich eine Mehrheit der Bürger für die Abberufung des Bürgermeisters aussprach. Dies ebnete den Weg für Neuwahlen im Januar 2011. Am Beispiel von Akune zeigt sich sehr schön, dass Bürgerinitiativen bzw. Referenden oftmals angestrengt werden, um Konflikte zwischen Stadtrat und Bürgermeister zu beenden. Weitere Auslöser von Bürgerinitiativen sind Umweltfragen (z.B. der Bau bzw. Betrieb von Atomkraftwerken) oder US-amerikanische Militärstützpunkte. Auch in diesen beiden Fällen bleibt der jeweilige Protest jedoch trotz nationalen Medieninteresses in der Regel eine regional wie zeitlich begrenzte Angelegenheit.

7.4 Reformbestrebungen

Die oben beschriebene Aufteilung Japans ist jedoch nicht unumstritten. Parallel zu den Fusionen auf lokaler Ebene steht seit langem die Forderung im Raum, auch auf regionaler Ebene eine Umstrukturierung hin zu größeren Verwaltungseinheiten vorzunehmen. Konkret bedeutet dies, die Präfekturen durch größere Bundesstaaten zu ersetzen. Durch diese Umstrukturierung soll die Dezentralisierung Japans vorangetrieben werden. Diese, so das Argument, sei notwendig, um den Regionen mehr Eigenständigkeit und somit Japan mehr Wettbewerbsfähigkeit zu verschaffen. Zudem könnten durch die Konzentration der regionalen Verwaltungen auf größere Einheiten den Bürgern staatlicher Service weiterhin zu vertretbaren Kosten angeboten werden. So schlug ein LDP-internes Komitee im Juli 2008 beispielsweise die Abschaffung der Präfekturen und die Aufteilung Japans in ca. zehn Bundesstaaten vor (LDP 2008). Dieses Konzept wird auch von den Wirtschaftsverbänden unterstützt, die sich dadurch einen schlankeren und effizienteren Staat inklusive niedrigerer Steuern versprechen. Auf der anderen Seite argumentieren Befürworter des traditionellen Zentralismus, wie der konservative Intellektuelle FUJIWARA Masahiko (2005: 84), dass Japan seinen Aufstieg zur Wirtschaftsmacht unter anderem der starken Zentralregierung und den Ministerien in Tokyo zu verdanken habe. Da konkrete Entwicklungen hin zu einer Umstrukturierung nicht erkennbar sind, ist und bleibt die Abschaffung der 150 Jahre alten Präfektur-Struktur und die Einführung eines bundesstaatlichen Systems vorerst eine Vision.

8. Justizsystem

Axel Klein

Für das Verständnis des politischen Japans sind vor allem zwei
Aspekte des Justizsystems von Bedeutung: die Judikative, also die
Recht sprechende Gewalt, sowie die Arbeit der Staatsanwaltschaft
bei der Ermittlung gegen Volksvertreter. Wie Kapitel 5.3 erläutert,
findet sich in der Geschichte des japanischen Parlamentarismus
eine beträchtliche Zahl von Fällen, in denen Politiker illegal
gehandelt haben und von der Justiz zur Verantwortung gezogen
worden sind. In den letzten Jahren hat sich daher auch hier eine
Diskussion über Unabhängigkeit und Ausmaß der „politischen
Einmischung" von Institutionen des Justizsystems entwickelt.

8.1 Der Oberste Gerichtshof als dritte Gewalt

Die US-amerikanischen Besatzungsbehörden haben in Artikel
76 der Japanischen Verfassung die Notwendigkeit eines unab-
hängigen Gerichtssystems festgeschrieben, an dessen Spitze der
Oberste Gerichtshof (OGH, *saikō saibansho*) steht, geformt nach
US-amerikanischem Muster und somit auch Revisionsgericht
in Straf- und Zivilrechtssachen. Im Unterschied zum deutschen
Bundesverfassungsgericht handelt es sich folglich beim OGH
nicht um ein ausschließliches Verfassungsgericht, das nur mit der
Klärung verfassungsrechtlicher Fragen befasst ist, sondern ähnelt in
seinem Aufgabenbereich eher dem deutschen Bundesgerichtshof.

Unterhalb des OGH, der im Tokyoter Regierungsviertel seinen
Sitz hat, weist das japanische Gerichtssystem acht Obergerichte
(kōtō saibansho) auf, unter denen wiederum 50 Distriktgerichte
(chihō saibansho) arbeiten. Parallel dazu gibt es ebenfalls 50 Fa-
miliengerichte *(kazoku saibansho)* und als unterste Instanz 438
Amtsgerichte *(kani saibansho)*. Da es keine Möglichkeit einer
direkten Verfassungsbeschwerde gibt, müssen Kläger den langen

und beschwerlichen Weg durch diese Rechtsinstanzen nehmen. Während in Deutschland dann direkt vor dem Bundesverfassungsgericht geklagt werden kann, wenn ein Bürger durch ein Gesetz direkt und gegenwärtig betroffen ist, ohne dass es noch eines besonderen Vollziehungsaktes bedarf (Säcker 2003), ist das in Japan nicht möglich. Bedenkt man zudem die im internationalen Vergleich geringe Zahl von Rechtsanwälten in Japan sowie eine wenig ausgeprägte Bereitschaft in der Bevölkerung, vor Gericht zu ziehen, lässt sich die geringe Zahl von Klagen vor dem OGH nachvollziehen.

Japan kennt auch kein Gesetz oder gar einen Verfassungsartikel, das bzw. der die gerichtliche Überprüfung von Staatsakten konkret regeln würde. Stattdessen haben Gerichtspraxis und rechtswissenschaftliche Debatte über die Frage entschieden, wie die Judikative ihre Kontrollfunktion ausfüllt (Kuriki 1998: 16). Die Überprüfung der Verfassungsmäßigkeit von Staatsakten wie z.B. Gesetzen erfolgt nur anlässlich eines konkreten Rechtsstreits, also eines Zivil-, Straf- oder Verwaltungsprozesses, in dem eine solche Überprüfung erforderlich ist.

Kommt es tatsächlich zu einem Verfahren vor dem OGH, so gilt das Urteil nur für den *konkreten* Fall („konkrete Normenkontrolle"). Eine *abstrakte*, das heißt über den konkreten Fall hinausgehende bzw. von ihm unabhängige, grundlegende Überprüfung des Gesetzes erfolgt nicht. Begründet wird die konkrete Normenkontrolle damit, dass der OGH nicht über die Strukturmerkmale einer besonderen Verfassungsgerichtsbarkeit verfüge und als Justizgericht nur mit Entscheidungen in konkreten Rechtsstreits betraut werden könne. Bezeichnend für die passive Haltung der japanischen Judikative ist der Hinweis zahlreicher Experten, dass im Falle einer abstrakten Normenkontrolle eine ungewünscht starke Politisierung der Gerichte erfolgen könnte. Diese Sorge hat dazu beigetragen, eine in hohem Maße *unpolitische* Rechtsprechung entstehen zu lassen. Folglich werden „politische" Fragen in fast allen Fällen an die Volksvertreter, also Kabinett und Parlament, weitergeleitet (Abe, Shiyake 1977: 611).

Auch deshalb gab es bis Ende 2010 lediglich sieben Gesetze, die tatsächlich durch ein Urteil des Obersten Gerichtshofes für verfassungswidrig erklärt wurden. In einer kleinen Zahl anderer Fälle vermied das Gericht ein solches Urteil mit dem Hinweis, der Gesetzgeber habe noch nicht die notwendige Zeit zur Korrektur der Missstände gehabt (Kuriki 1998: 21-22; Asahi Shinbun 15.9.2005). 1962 befand der OGH einen Teil des Zollgesetzes für verfassungswidrig, 1975 ein Gesetz, das Standorte von Apotheken vorschrieb. In beiden Fällen änderte das Parlament die entsprechenden Gesetze zügig. Als 1973 jedoch eine im Strafgesetz enthaltene Regelung für verfassungswidrig erklärt wurde, nach der die Tötung von Eltern und Großeltern (Aszendentenmorde) härter bestraft wurde als die anderer Menschen, verlangten vor allem liberaldemokratische Abgeordnete die Beibehaltung dieses Gesetzes, da es die Hochachtung gegenüber Eltern zum Ausdruck bringe. Obwohl die Staatsanwaltschaft anschließend nicht mehr auf das Gesetz zurückgriff, blieb es doch bestehen und wurde sogar durch ein Urteil des OGH 1974 indirekt bestätigt (Oda 1992a: 44).

Von hoher politischer Relevanz waren die Urteile, die das Stimmenungleichgewicht bei Ober- bzw. Unterhauswahlen betrafen. 1976 erklärten die Richter des Obersten Gerichtshofes das Stimmenungleichgewicht bei der Unterhauswahl 1972 für verfassungswidrig. Aufgrund von Migrationserscheinungen vertraten Abgeordnete wenig besiedelter Regionen eine immer geringere Zahl von Wählern, während in dicht bewohnten städtischen Wahlkreisen durchschnittlich sehr viel mehr Stimmberechtigte einen Mandatsträger ins Parlament entsandten. 1972 wies der größte Unterschied ein Missverhältnis von knapp eins zu fünf auf, doch wurde die Wahl nicht für ungültig erklärt. Der OGH forderte die Regierung lediglich auf, in „angemessener Zeit" Korrekturen vorzunehmen (Nomura 1987: 179).

Wie verschiedene Fälle in der Vergangenheit gezeigt haben, war der Widerstand innerhalb der LDP gegen solche Änderungen groß, denn solche Korrekturen berühren Kerninteressen der betroffenen Unterhausabgeordneten, können sie in letzter Konsequenz doch den Verlust des eigenen Mandats herbeiführen (vgl. Kapitel 6). So gab es bis 1986 auch keine Reaktion der Legislative auf das 1976 vom OGH gesprochene Urteil, wobei während dieser zehn Jahre noch zwei weitere Verfahren zugunsten der Kläger entschieden und die Mandatsverteilung für verfassungswidrig erklärt worden war (Oda 1992a: 43-44). Eine rasche Umverteilung der Mandate oder eine Korrektur der Wahlkreisgrenzen erfolgte nie, meist wurde das Parlament einfach um ein paar Sitze vergrößert.

Im Januar 2004 wurde wiederum die 2001 im Oberhaus herrschende Stimmenungleichheit von 1 zu 5,06 als verfassungskonform bewertet, zuvor war auch die Disparität von 1 zu 5,85 bei der Oberhauswahl 1986 für rechtens befunden worden. Über die Stimmenwertungleichheit von 1 zu 6,59, die bei der Oberhauswahl 1992 aufgetreten war, urteilten die Richter anders, sie galt als verfassungswidrig. Die Wahl wurde jedoch nicht für ungültig erklärt, sondern erneut der Gesetzgeber aufgefordert, den Missstand zu korrigieren (Japan Times 15.1.2004).

Im September 2005 urteilte der OGH auch über das Stimmenungleichgewicht, das in den Einerwahlkreisen des seit 1994 gültigen Wahlsystems des Unterhauses entstanden war. Verschiedene Anwälte hatten den Urnengang vom November 2003 angefochten, weil der bevölkerungsstärkste Einerwahlkreis 2,064-mal so viele Einwohner aufwies wie der bevölkerungsschwächste. Insgesamt lebten in neun dicht besiedelten Wahlkreisen jeweils mehr als doppelt so viele Menschen wie im Wahlkreis Tokushima 1. Der Kleine Senat des OGH leitete das Verfahren 2004 an den Großen Senat weiter, der es nach der Unterhausauflösung im August 2005 wieder an den Kleinen Senat zurückverwies. Da in der Zwischenzeit Neuwahlen stattgefunden hatten, wurden die Klagen nun für gegenstandslos erklärt (Yomiuri Shinbun 28.9.2005). Bei der Unterhauswahl 2009 betrug das größte Stimmenungleichgewicht 1 zu 2,3, woraufhin erneut Gruppen von Rechtsanwälten klagten. Da durch Migration und demographische Entwicklungen auch zukünftig Ungleichheiten dieser Art entstehen bzw. wachsen werden, wird es auch zukünftig weitere Klagen dieser Art geben.

Wie uneinheitlich die Rechtsprechung ausfällt, wurde besonders durch zwei Urteile des Obersten Gerichts in Tokyo deutlich.
Am Vormittag des 17. November 2010 entschied eine Kammer,
dass das Stimmenungleichgewicht von mehr als 1 zu 5, das bei
der Oberhauswahl 2007 herrschte, verfassungskonform sei.
Am Nachmittag jedoch kam eine andere Kammer des gleichen
Gerichts zu der Auffassung, dass genau dieses Ungleichgewicht
verfassungswidrig sei. Die Wahl wurde nicht für ungültig erklärt,
aber die Unzufriedenheit mit der Untätigkeit des Parlaments
sowie der Unberechenbarkeit der japanischen Rechtsprechung
kam deutlich zum Ausdruck (Asahi Shinbun 18.11.2010).

Auch das bis Ende 2010 letzte und insgesamt siebte Urteil des
OGH, das die Verfassungswidrigkeit eines Staatsaktes feststellte,
betraf das Wahlrecht. Im September 2005 entschieden die Richter,
dass im Ausland lebenden japanischen Staatsbürgern sowohl bei
Ober- als auch Unterhauswahlen nicht nur ein einzelnes Stimmrecht für die Parteiliste gegeben werden müsse, sondern auch
eine weitere Stimme für einen Direktkandidaten. Zuvor hatten
sowohl das Distriktgericht als auch das Obergericht in Tokyo diese
Klage mit dem Hinweis abgewiesen, eine Beurteilung dieser Frage
obliege dem Parlament. Der OGH forderte den Gesetzgeber nun
auf, eine entsprechende Korrektur in „angemessener Zeit" vorzunehmen, verstoße das Gesetz doch gegen die Artikel 15, 43 und
44 der Verfassung. Die Korrektur erfolgte bereits im Juni 2006.

Japans Oberste Richter verfügen zwar in der Theorie über ein
initiatives Überprüfungsrecht, doch sind sie nicht zu solch einer
Kontrolle verpflichtet. Stattdessen gehen sie weiterhin davon aus,
dass die Resultate des legislativen Prozesses mit der Verfassung in
Einklang stehen. Dabei wird auch auf die Rechtsabteilung des
Kabinetts *(naikaku hōseikyoku)* verwiesen, in der Gesetzesentwürfe
in ihrem Entstehungsprozess begleitet und grundsätzlich auf ihre
Verfassungsmäßigkeit hin überprüft werden sollen (Kuriki 1998:
16-17). Dem Gedanken, dass politischer Druck die Bedenken
einer solchen Regierungsstelle überwinden könnte, schenken
Japans Oberste Richter zumindest offiziell keine Aufmerksamkeit.

Auch so genannte „justizfreie Regierungsakte" überlässt man denjenigen politischen Staatsorganen, die dem Volkssouverän gegenüber verantwortlich sind. Dazu zählen Parlamentsauflösungen durch die Regierung oder auch die Landesverteidigung, die eng mit der Frage nach der Verfassungsmäßigkeit der Selbstverteidigungsstreitkräfte verbunden ist (Hillach 1974: 30-33). So erklärte zwar das Distriktgericht Tokyo im März 1959 die Stationierung US-amerikanischer Truppen auf japanischem Hoheitsgebiet für verfassungswidrig, doch hob der Oberste Gerichtshof dieses Urteil wieder mit dem Hinweis auf, eine solche Frage könne nur die Regierung bzw. das Parlament als Volksvertretung und Instanz für den Abschluss und die Ratifizierung internationaler Verträge entscheiden (Oda 1992a: 42). Vor diesem Hintergrund ist es wenig überraschend, dass bis heute auch noch kein Urteil zur Verfassungskonformität der Selbstverteidigungsstreitkräfte gefällt worden ist.

Es ist nicht abwegig anzunehmen, dass der Jahrzehnte währende Einfluss der liberaldemokratischen Regierungen auf die Besetzung der Richterposten die politische Passivität des OGH gefördert hat. Zwar legt der Präsident des Gerichts dem Premierminister eine Liste mit Vorschlägen für die Besetzung frei werdender Richterposten vor, doch bleibt offen, wie diese Vorauswahl getroffen wird. Während in Deutschland oder den USA die Diskussion über die Besetzung der höchsten Richterposten immer mit Blick auf das jeweilige Parteibuch der Kandidaten geführt wird, hat es in Japan solche Debatten nie gegeben.

In Fachkreisen wird seit vielen Jahren über eine weitergehende Reform des Rechtssystems debattiert. Dabei wird sowohl die Einrichtung eines zusätzlichen Senats für Fragen der Verfassungsgerichtsbarkeit vorschlagen als auch ein „Gerichtshof für Menschenrechte" diskutiert, der dann auch für Verfassungsbeschwerden zuständig sein könnte (Hatajiri 2003: 720). Diese beiden Vorschläge scheinen aufgrund der dargelegten Umstände von großer Bedeutung für das Funktionieren der Gewaltenteilung und damit des gesamten politischen Systems. Allerdings ist aufgrund der politischen und rechtlichen Hürden, die solche

Reformunterfangen überwinden müssen, auf absehbare Zeit nicht mit solchen Veränderungen zu rechnen.

8.2 Staatsanwaltschaft und Politik

Einen zweiten wichtigen Aspekt des Justizsystems, der im Zusammenhang mit dem politischen System von Bedeutung ist, stellt die Staatsanwaltschaft dar. Stärker noch als im Falle der Ministerialbürokratie machen die Einstellungsvoraussetzungen und Prüfungshürden, die Bewerber erfüllen bzw. überwinden müssen, die staatlichen Ermittler zusammen mit Richtern zu einer elitären und lange Zeit mit hohem Ansehen und Vertrauen der Bevölkerung versehenen Berufsgruppe. In Berührung mit Politikern kommen einige von ihnen, wenn sie auf höhere Posten im Justizministerium wechseln, zahlreiche andere aufgrund der nicht selten erfolgenden Gesetzesübertretungen von gewählten Volksvertretern und deren Mitarbeitenden. In vielen dieser Verfahren erfüllte die Staatsanwaltschaft ihre Aufgaben, ohne in die Kritik zu geraten, doch ist verschiedentlich der Verdacht entstanden, dass manche Spitzenpolitiker der LDP weniger zu fürchten hatten als andere.

Einen besonders Aufsehen erregenden Fall stellte der sogenannte „Recurit-Fall" in den späten 1980er Jahre dar, in den unter anderem die ehemaligen Staatschefs TAKESHITA Noboru, MIYAZAWA Kiichi und NAKASONE Yasuhiro verwickelt waren. Noch nicht gehandelte Aktien des Konzerns Recruit waren (zuweilen samt Finanzierungskredit) Politikern fast aller Parteien angeboten und von diesen oft angenommen worden. Als die Ermittlungen von der Staatsanwaltschaft in Tokyo im Mai 1989 offiziell für abgeschlossen erklärt wurden, machte sich in der Öffentlichkeit und in den Massenmedien heftige Kritik breit, weil man den Fall keinesfalls für erschöpfend aufgeklärt betrachtete. Unter anderem war eine nur teilweise der Öffentlichkeit bekannte Käuferliste nicht mehr ausreichend in die Ermittlungen mit einbezogen worden (Klein 1998: 119-121).

Einen anderen Spitzenpolitiker der Liberaldemokraten traf die volle Härte des Gesetzes. Der damalige Generalsekretär der LDP, ABE Fumio, hatte etwa ¥ 80 Mio. von der Baufirma Kyōwa erhalten und im Gegenzug nicht öffentliche Informationen an das Unternehmen verraten. Abe wurde 1992 festgenommen und 1994 zu zwei Jahren Gefängnis verurteilt. 1994 geriet ein ehemaliger Bauminister ebenfalls ins Fadenkreuz der Staatsanwaltschaft und wurde wegen Bestechung zu eineinhalb Jahren Haft verurteilt (Tachi 2003: 6).

Im Jahr 1992 wurde aber auch wieder Kritik am Vorgehen der Staatsanwaltschaft laut. KANEMARU Shin, der damals mächtigste „Schatten-Schogun" der LDP, wurde wegen der Entgegennahme einer (illegal hohen) Spende von ¥ 500 Mio. lediglich zu einer Geldstrafe von ¥ 200.000 verurteilt und musste sich nicht einmal bei der Staatsanwaltschaft einfinden, um zur Aufklärung des Falles beizutragen. Scheinbar reichte der Einfluss des Politikers, um die Unparteilichkeit der Gesetzeshüter zu untergraben. Die Reaktion der Öffentlichkeit war ungewöhnlich heftig, die Bereitschaft, mit der Staatsanwaltschaft zu kooperieren, sank im ganzen Land (Johnson 2002: 138-139).

2009, wenige Monate vor der Unterhauswahl, ging die Staatsanwaltschaft gegen OZAWA Ichirō vor, einen der damaligen Spitzenpolitiker der DPJ. Da die Partei große Aussichten hatte, die LDP aus der Regierungsverantwortung zu verdrängen, wurden sehr schnell kritische Stimmen laut, die den Ermittlern vorwarfen, sich von Liberaldemokraten instrumentalisieren zu lassen und mit ihren Ermittlungen der Demokratischen Partei schaden zu wollen. In der Tat war die Legislaturperiode bald ausgeschöpft und die nächsten Unterhauswahlen nah, so dass die Ermittlungen gegen Ozawa der LDP in die Karten spielten. 2010 stellte die Staatsanwaltschaft ihre Ermittlungen gegen Ozawa ein, ohne Anklage zu erheben.

Ironischerweise befand ein mit Justizlaien besetztes Bürgergremium *(kensatsu shinsakai)* dieses Ergebnis für unbefriedigend und machte folglich von seinem Recht Gebrauch, trotzdem die

Eröffnung eines Strafverfahrens gegen den Politiker vor Gericht zu erzwingen. Die Vorwürfe, die man der Staatsanwaltschaft bei Beginn ihrer Ermittlungen gegen Ozawa gemacht hatte, schienen aber nachzuwirken. HATOYAMA Yukio, der nach dem Wahlsieg der DPJ 2009 der erste Premierminister der Partei wurde, hatte über einen beträchtlichen Zeitraum illegale Spenden von seiner Mutter erhalten. Bei der Untersuchung dieses Falles zeigte sich die Staatsanwaltschaft nun äußerst passiv.

Unabhängig von den tatsächlichen Umständen lassen die genannten Fälle ahnen, dass Kanäle vor allem während der jahrzehntelangen Regierungszeit der LDP entstanden, über die von der Politik auf die ermittelnden Behörden Einfluss genommen werden konnte. Formell ist das ausgeschlossen, denn das Gesetz, in dem Aufgaben, Kompetenzen und Weisungsbefugnisse der Staatsanwaltschaft festgehalten sind, untersagt selbst dem Justizminister die direkte Einflussnahme auf einzelne Ermittler (Tachi 2003: 3). Informelle Wege über persönliche Kontakte und Abhängigkeiten scheinen sich aber trotzdem gebildet zu haben.

Obwohl im Unterschied zu den USA Staatsanwälte in Japan nicht von der Bevölkerung gewählt werden, erweisen sie sich in Fällen, in denen politischer Einfluss auf ihre Ermittlungen vermutet wird, nicht immun gegen öffentliche Kritik (Johnson 2002: 139). Ähnlich wie im Falle der Ministerialbürokratie haben aber auch bei der Staatsanwaltschaft wenige schwarze Schafe aus den eigenen Reihen ganz ohne Zutun von außen dem Ruf der Institution am meisten geschadet. Als 2010 bekannt wurde, dass eine kleine Gruppe von Ermittlern Beweise unterschlagen bzw. manipuliert hatte, um ihre Anklage gegen eine Beamtin des Gesundheitsministeriums aufrechterhalten zu können, war das Ansehen der Behörde deutlich beschädigt. Spätestens seit dieser Episode häuften sich die Stimmen, die mehr Transparenz und weniger Ermessensspielraum für die Arbeit der Staatsanwaltschaft forderten.

9. Verbände und Interessengruppen

Chris Winkler

Dieses Kapitel beschreibt in groben Zügen, welche gesellschaftlichen und wirtschaftlichen Gruppen in Japan auf welche Art Verbindung zu politischen Mandatsträgern und dem Staat aufnehmen, um ihre Anliegen vorzubringen und Forderungen durchzusetzen. Wichtig für den Erfolg solcher Bemühungen sind in der Regel Organisationsgrad, finanzielles Potenzial sowie Medienpräsenz. Vereinfacht formuliert ist es dann der Einfluss auf die Wiederwahl der Volksvertreter, der Interessengruppen mehr oder weniger Gehör im politischen Entscheidungszentrum verschafft. Besonders für die Jahrzehnte der LDP-Alleinregierung haben Wirtschaftsverbände diese Bedingungen zu sehr viel höherem Maße erfüllt als Gewerkschaften, Landwirte mehr als Verbraucher, und Ärzte mehr als Patienten.

9.1 Die Arbeitgeberverbände und die Vormachtstellung des *Keidanren*

In Japan gibt es drei große Wirtschafts- bzw. Arbeitgeberverbände, über die Unternehmen ihre Interessen koordinieren und gegenüber der Politik vertreten. Die „Vereinigung der Wirtschaftsverbände" *(Keizai dantai rengō, kurz: Keidanren)* ist seit ihrem Zusammenschluss mit dem Arbeitgeberdachverband „Nikkeiren" zweifellos die wichtigste dieser Interessenorganisationen. Die Vereinigung zählte 2010 knapp 1300 Unternehmen sowie 129 Industrieverbände zu ihren Mitgliedern, darunter alle großen japanischen Konzerne und Banken. Die sind auch die einflussreichsten Akteure innerhalb der Organisation und bestimmen wesentlich mit über die Politikempfehlungen, die Keidanren in seinen eigens dafür etablierten Gremien entwirft.

Im Gegensatz dazu vertritt die japanische Industrie- und Handelskammer *(Nihon shōkō kaigisho)* vor allem Klein- und Mittelbetriebe. Gemessen an Mitgliederzahl (etwa 1,5 Millionen) und regionaler Ausdehnung (mehr als 500 landesweite Vertretungen) ist sie aber die größte der nationalen Wirtschaftsvereinigungen. Ihrem Selbstverständnis nach dient auch sie sowohl als Meinungsführerin wie auch als Interessenvertreterin gegenüber Staat und Parteien. Aufgrund ihrer Informationstätigkeit leitet sie aber auch Empfehlungen und Hinweise der Regierungsbürokratie an ihre Mitglieder weiter.

Der „Rat für wirtschaftliche Entwicklung" *(Keizai dōyūkai)*, der meist als dritter großer Interessenverband genannt wird, zählt etwa 1400 führende Köpfe aus 900 Unternehmen zu seinen Mitgliedern. Unabhängig von den engeren Interessen ihrer eigenen Firmen sollen diese Wirtschaftslenker zur Formulierung von Empfehlungen und Visionen zur wirtschaftlichen, aber auch gesellschaftlichen Entwicklung ganz Japans beitragen. So äußert sich der Rat zwar auch zu Fragen wie die der niedrigen Geburtenrate, doch ist er weniger als wirkungsvoller Interessenverband der Wirtschaft an sich zu verstehen.

Die oben genannten Kriterien für wirkungsvolle Lobbyarbeit erfüllten die Wirtschaftsverbände zu hohem Maße und besser als jede andere Gruppierung in Japan. So waren die Unternehmensinteressen bei Keidanren schlagkräftig gebündelt, es standen beträchtliche Finanzmittel zur Verfügung, und auch Japans Medien schenkten den Aktivitäten und Forderungen des Verbandes reichlich Aufmerksamkeit. Zentral war aber auch hier, dass Keidanren und die Liberaldemokratische Partei in einem gegenseitigen Abhängigkeitsverhältnis standen. Die Partei benötigte die politischen Spenden der Organisation, dort wiederum brauchte man wirtschaftsfreundliche Politik. Da es sowohl auf der Seite der Politik als auch der der Wirtschaft keinen anderen, mit ähnlichen Kompetenzen und Einflussmöglichkeiten ausgestatteten Partner gab, blieb diese Beziehung alternativlos und sehr stabil.

Vor dem Hintergrund des immensen Wirtschaftswachstums der 1950er und 1960er Jahre ließ sich diese enge Beziehung zwischen dominanter Regierungspartei und Wirtschaftsverband als Bündnis zum Wohle der gesamten Gesellschaft darstellen. Als sich dann aber aufgrund der einseitig auf Wirtschaftswachstum orientierten Politik und staatlichen Entscheidungsfindung zunehmend Bürgerprotest formierte und vor allem die Sozialistische Partei Wahlerfolge verzeichnen konnte, reagierte die LDP einerseits mit einem Ausbau der Sozialsysteme und strengeren Umweltschutzauflagen, andererseits erreichten Investitionen in regionale, für die lokale Industrie nützliche Infrastrukturprojekte einen neuen Höhepunkt. Die hohe Staatsverschuldung, die Japan heute plagt, nahm vor allem hier ihren Anfang.

Die Wirtschaft sah sich ebenfalls gezwungen, die LDP gegen die wachsende „Linke" zu schützen und intensivierte ihre Spenden an die Spitzen der Partei. Gleichzeitig wurde Mitte der 1970er Jahre aber auch erstmals offen in Frage gestellt, ob es keine Alternative zu dieser teuren Form der politischen Einflussnahme gebe. Bis in die 1990er Jahre hinein ist immer wieder ein Umdenken angemahnt worden, aber es bedurfte der Entstehung einer Alternative zur LDP, um den für solche Erneuerungen nötigen Druck zu erzeugen. Bis dahin waren die jährlich erfolgenden Aufdeckungen politischer Korruptionsfälle eine wiederkehrende Erinnerung an die vor allem auf den Vorteil von LDP und Unternehmen bedachte Beziehung zwischen Politik und Wirtschaft.

1994 erschloss sich das Parlament neue Einnahmequellen, in dem es den Parteien eine staatliche Subvention von mehr als 30 Mrd. Yen pro Jahr genehmigte (vgl. Kapitel 5). In der öffentlichen Debatte wurde die enorme Abhängigkeit der Politik von Spenden aus der Wirtschaft als zentraler Grund für diesen Griff in die Staatskasse genannt. Mit dieser neuen Subvention sollten Parteien nun unabhängiger tätig sein können und Unternehmen finanziell entlastet werden. Allerdings machte das Entstehen der „Neuen Fortschrittspartei" (NFP, *shinshintō*) die Situation schwierig, denn für die Unternehmen war nun nicht mehr eindeutig vorhersehbar, welche der beiden großen Parteien die nächste Regierung stellen würde. Um sicherzugehen spendete man nun sowohl LDP als auch NFP.

Die Bereitschaft der Unternehmen zu politischen Spenden wurde aber durch drei Faktoren reduziert, die letztlich auch die Beziehung zwischen LDP und Keidanren schwächten. Zum einen war es die mit Beginn der 1990er Jahre einsetzende Konjunkturkrise, die es Unternehmen unmöglich machte, die LDP weiterhin in gewohntem Maße zu unterstützen. Zum Zweiten war die Wirtschaftsstruktur Japans so komplex geworden, dass politische Maßnahmen immer weniger einen direkten Gegenwert zu finanziellen Zuwendungen darstellen konnten. Und schließlich erwies sich die LDP als unfähig, strukturelle Maßnahmen zur Bekämpfung der Konjunkturkrise durchzusetzen. Stattdessen verpufften mehrere große Konjunkturprogramme, die vor allem Geld in die Wahlkreise lenkten und damit der lokalen Wirtschaft und den dortigen Liberaldemokraten dienlich waren.

Als mit der Demokratischen Partei eine ernstzunehmende Alternative zur LDP heranwuchs, die sich explizit auf die Seite der Verbraucher stellte und die der wirtschaftsfreundlichen LDP-Politik ein Ende setzen wollte, sprach Keidanren nach elfjähriger Abstinenz 2004 erstmals wieder Spendenempfehlungen an seine Mitglieder aus. Die Entscheidung, vor allem die LDP zu unterstützen, wurde ab 2003 anhand eines Kriterienkatalogs begründet, anhand dessen die Spendenwürdigkeit von LDP und DPJ bewertet wurde. Konkret prüfte man die in den Parteiprogrammen vorgeschlagenen Maßnahmen sowie (im Falle der Regierungspartei) deren Umsetzung auf ihre Kompatibilität mit den Ideen des Keidanren. Bis heute schneidet die LDP dabei stets wesentlich besser ab als die DPJ und wird folglich in einem wesentlich großzügigeren Rahmen mit Spenden bedacht. Wie eklatant der Unterschied ist, verdeutlicht Abb. 11.

Abb. 11: Spenden des *Keidanren* und seiner Mitglieder an Organisationen für politische Gelder

Jahr	LDP	DPJ	Jahr	LDP	DPJ
1992	9.38		2001	3.09	0.06
1993	7.76		2002	2.56	0.04
1994	4.15		2003	2.63	0.05
1995	4.42		2004	2.71	0.06
1996	5		2005	2.7	0.06
1997	4.54	0.03	2006	2.8	0.09
1998	4.06	0.12	2007	3.09	0.09
1999	3.63	0.07	2008	2.88	0.12
2000	3.59	0.09	2009	2.25	0.12

In Milliarden Yen

Quelle: Keidanren (2010)

9.2 Die historische Entwicklung der japanischen Gewerkschaften

Die erste Gewerkschaft, der sogenannte *rōdō kumiai kiseikai*, wurde im Jahre 1897 gegründet. Diese erste organisierte Arbeitnehmervertretung bestand jedoch nur kurz. Der Grund hierfür war das im Jahre 1900 erlassene Ordnungs- und Polizeigesetz *(chian keisatsu hō)*, welches Streiks für *de facto* illegal erklärte. In der Folgezeit entstanden weitere Gewerkschaften wie der japanische Gewerkschaftsbund *(nihon rōdō kumiai sōdōmei)*, allerdings wurden diese, wie auch die Linksparteien und andere regimekritische Elemente, von der Regierung als Staatsfeinde angesehen, unterdrückt bzw. gleichgeschaltet. Die Situation der Gewerkschaften verbesserte sich erst mit der Niederlage des Kaiserreiches. Die amerikanische Besatzung sah in der Gewerkschaftsbewegung ein wichtiges Element für die Demokratisierung Japans. So garantiert Artikel 28 der japanischen Verfassung das Recht der Arbeiter, sich zu versammeln, organisieren und zu

streiken. Die Gewerkschaften wussten diese neuen Freiheiten zu
nutzen. Bereits 1946 kam es zu 622 Arbeitsniederlegungen. Die
Arbeitskämpfe kulminierten im folgenden Jahr im sogenannten
2.1 Generalstreik. Um der Forderung nach mehr Demokratie
und höheren Löhnen Nachdruck zu verleihen, planten die Gewerkschaften für den 1.2.1947 einen Streik von vier Millionen
Beschäftigten. Da der Streik Verkehr wie industrielle Produktion
lahmgelegt hätte, verbot ihn General MacArthur kurzerhand per
Direktive (Ishikawa 2004: 35). In den folgenden Jahren begannen amerikanische Besatzung und japanische Regierung, auch
vor dem Hintergrund des beginnenden Kalten Krieges, die aus
ihrer Sicht exzessiven und dem Wiederaufbau Japans abträglichen
Aktivitäten der Gewerkschaften zu unterbinden. Ab 1948 wurde
es den Staatsbediensteten verboten zu streiken. Fünf Jahre später
schränkte die Regierung Yoshida das Streikrecht von Arbeitern
der Bergbau- und Elektroindustrie ein. Darüber hinaus ging
MacArthurs Behörde mit dem sogenannten *Red Purge* gegen
Ende der Besatzungszeit gegen Aktivisten der kommunistischen
Partei sowie ihnen nahestehende Gewerkschaftler vor.

In dieser Zeit entstanden auch die beiden führenden Gewerkschaftsverbände Sōhyō und Dōmei. Als mitgliederstärkster
Gewerkschaftsverbund vereinte Sōhyō Anfang der 1950er Jahre
mehr als die Hälfte der organisierten Arbeiter unter seinem Dach
(Ishikawa 2004: 57). Bei beiden handelte es sich um „politische
Richtungsgewerkschaften" (Deutsches Institut für Japanstudien
1998: 142). Beide Organisationen waren antikommunistisch
eingestellt, in ihnen spiegelte sich allerdings auch die Zerrissen-
heit der sozialistischen Partei wider. So wurde die vergleichsweise rechtsgerichtete Dōmei zur Unterstützerorganisation der
1960 vom rechten Flügel der sozialistischen Partei gegründeten
Demokratisch-sozialistischen Partei (DSP). Auf der anderen Seite
blieb die eher links ausgerichtete Sōhyō eine entscheidende Stütze
der sozialistischen Partei Japans, auch nach der Abwanderung des
rechten Flügels. Somit gab es auf nationaler Ebene keinen großen
gewerkschaftlichen Dachverband ähnlich dem Deutschen Ge-

werkschaftsbund (DGB) in der Bundesrepublik. Diese Situation sollte sich erst in den 1980er Jahren ändern. 1989 fusionierten Sōhyō, Dōmei sowie zwei weitere Gewerkschaftsverbände zu einem großen Dachverband, dem Rengō genannten japanischen Gewerkschaftsbund. Unter dessen Dach sind neben regionalen Gewerksschaftsverbänden auch 55 überregionale Branchengewerkschaften mit insgesamt fast sieben Millionen Mitgliedern (Stand: Oktober 2010; Rengō 2010) organisiert. Zu den einflussreichsten Branchenverbänden zählen die Gewerkschaftsverbände der Beschäftigten in der chemischen und Textilindustrie *(UI zensen dōmei)*, der Automobil- und Elektroindustrie *(jidōsha sōren, denki rengō)* sowie der Lehrergewerkschaft *(nikkyōso)*.

9.3 Gewerkschaftliche Neuausrichtung als Folge der Neuordnung des politischen Systems

Nach der Spaltung der sozialistischen Partei im Jahre 1996 und der Formation der Demokratischen Partei (DPJ), in der auch DSP und der rechte Flügel der JSP aufgingen, begann eine langsame Annäherung zwischen Rengō und DPJ. Diese enger werdende Kooperation wurde vor allem von dem ehemaligen DPJ-Parteivorsitzenden und Generalsekretär Ozawa Ichirō als Teil einer äußerst erfolgreichen Wahlkampfstrategie ab 2006 forciert. Unterdessen ist Rengō zur wichtigsten Unterstützerorganisation der DPJ geworden. Für beide Seiten ist dies eine Vernunftehe. Auf der einen Seite ist die DPJ im Vergleich zum direkten Rivalen LDP, was ihre Organisation bzw. Wahlkampfmaschinerie angeht, traditionell im Nachteil (siehe Kapitel 5) und folglich auf eine mitgliederstarke Unterstützerorganisation angewiesen. Auf der anderen Seite ist die Kooperation mit der DPJ aus Rengōs Sicht ebenfalls alternativlos. Die beiden Linksparteien sind nicht mehr stark genug, um die Interessen der Gewerkschaftler im Parlament zu vertreten. Eine Kooperation mit der arbeitgeberfreundlichen LDP ist natürlich auch keine Option. Inwieweit die DPJ-geführten Regierungen unter Hatoyama und Kan dem Gewerkschaftsbund

diese Unterstützung durch Umsetzung von Rengō-Forderungen in
konkrete Gesetze gedankt haben, darüber lässt sich trefflich strei-
ten. Fakt ist allerdings, dass mit der Einführung des Kindergeldes
und der geplanten Revision des Arbeitnehmer-Entsendegesetz
(rōdōsha haken hō) zentrale Forderungen der Gewerkschaften
erfüllt worden sind.

9.4 Herausforderungen für die japanischen Gewerkschaften

Auch die oben dargestellte Fusion, die in dem Entstehen eines
großen Dachverbandes kulminierte, der seit 2009 auch den Luxus
genießt, wichtigste Unterstützerorganisation der Regierungspartei
DPJ zu sein, kann nicht über die signifikanten Probleme vor
denen Japans Gewerkschaften stehen, hinwegtäuschen. So ist der
gewerkschaftliche Organisationsgrad, d.h. die Prozentzahl der
in einer Gewerkschaft organisierten, abhängig Beschäftigten in
Japan vergleichsweise niedrig und zudem seit Jahren rückläufig.
Waren Mitte der 1990er Jahre noch 23,2 % (Wert von 1996)
Gewerkschaftsmitglieder, ist diese Zahl im Jahre 2009 auf 18,5 %
gesunken. Es sei an dieser Stelle jedoch erwähnt, dass dieser
starke Rückgang des gewerkschaftlichen Organisationsgrades kein
rein spezifisch japanisches Problem darstellt, sondern in vielen
Industriestaaten zu beobachten ist. So ist auch in Deutschland
der Anteil der gewerkschaftlich Organisierten an der Gesamtheit
der Arbeitnehmer zu Beginn des letzten Jahrzehnts auf etwa 20 %
abgesackt (Statistisches Bundesamt 2006: 15).

Unternehmensinteressen werden in Japan vor allem von Ge-
werkschaften auf Unternehmensebene vertreten. Vor allem bei
größeren Unternehmen sind traditionell die meisten Mitarbeiter
Mitglieder der jeweiligen Unternehmensgewerkschaft. So war,
trotz des oben erwähnten stetig fallenden gewerkschaftlichen
Organisationsgrades, im Jahre 2009 noch immer fast jeder zweite
Mitarbeiter eines Großunternehmens mit über 1000 Beschäftigten
Gewerkschaftsmitglied. Bei mittelständischen Unternehmen mit

100 bis 999 Beschäftigten waren es lediglich 14,2 %, bei Klein-
unternehmen mit weniger als 100 Mitarbeitern gar nur 1,1 %
(Ministerium für Gesundheit, Arbeit und Soziales 2009). Hinzu
kommt, dass die stetig steigende Zahl von Arbeitern in nicht
regulären Beschäftigungsverhältnissen *(Hiseiki Koyōsha)*, d.h.
beispielsweise Leiharbeitern, selbstredend kaum gewerkschaftlich
organisiert sind. Waren 1990 nur 20,2 % aller Beschäftigen in
solchen Arbeitsverhältnissen, ist ihr Anteil an der Gesamtzahl der
Beschäftigen bis 2000 auf 26 % geklettert, um im Jahre 2009 einen
Wert von 33,7 % zu erreichen (siehe hierzu auch Kapitel 12).

Auch wenn die japanischen Gewerkschaften in der ersten
Hälfte der Nachkriegszeit ihren Forderungen mit Streiks und
Demonstrationen teilweise sehr viel Nachdruck verliehen haben,
so haben Arbeitskämpfe seit den 1980er Jahren Seltenheitswert.
Wie Abbildung 12 zeigt, ist die Zahl der Arbeitsniederlegungen
und Streiks seit Mitte der 1970er Jahre stark rückläufig. Verglichen
mit dem Jahr 1970, war die Streikaktivität im Jahr 1980 bereits

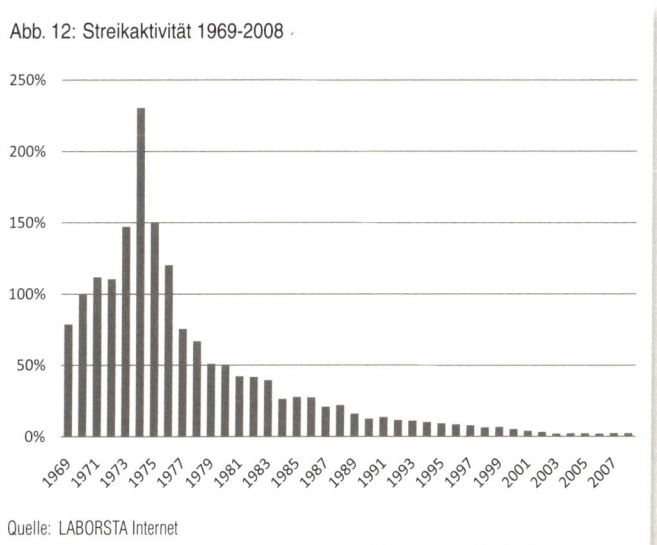

Abb. 12: Streikaktivität 1969-2008

Quelle: LABORSTA Internet

um die Hälfte zurückgegangen. Für das Jahr 1990 verzeichnet die
Statistik einen weiteren Rückgang auf 13 % des Wertes von 1970.
In den Jahren 2003 bis 2008 betrug die Streikaktivität jeweils
nur noch 2 % des Ausgangswertes. Auch wenn die Streikaktivität
auch in anderen Industrienationen rückläufig ist, so verzeichneten
beispielsweise Frankreich, Italien, Kanada und Großbritannien
während des letzten Jahrzehnts wesentlich höhere Streikaktivitäten
als Japan. So waren beispielweise im Jahre 2000 Arbeitsniederlegungen selbst in Großbritannien, wo die Gewerkschaften bereits
sehr viel ihrer Macht eingebüßt hatten (Schierer 2009: 178-9),
doppelt so hoch, in Italien wurde gar neunmal öfter gestreikt als in
Japan (Laborsta Internet unbekannt). Diese Zahlen verdeutlichen
eindrucksvoll den Mangel an offen und offensiv ausgetragenen
Arbeitskämpfen zwischen den Tarifparteien in Japan.

9.5 Weitere Interessengruppen

Neben den Arbeitgeber- und Arbeitnehmervertretungen existiert
eine Vielzahl von Interessengruppen. Auf der rechten Seite des
politischen Spektrums finden sich beispielsweise die Vereinigung
der Schinto Schreine *(jinja honchō)* und der Verband der Hinterbliebenen *(nippon izokukai)*. Beide stehen traditionell der LDP
nahe. Das 1946 gegründete *jinja honchō* besteht aus mehr als
80 000 Schinto Schreinen in ganz Japan. Die Verbindung zur
Politik wird durch den Schinto Verband für politische Führung
(shinto seiji renmei), dem auch hochrangige Politiker wie die
ehemaligen Premierminister ABE Shinzō und MORI Yoshirō
angehören, hergestellt. Dabei vertritt die Organisation durch-
weg konservative Positionen, z.B. fordert sie eine patriotische
Erziehung und die Revision der japanischen Verfassung. Der
1947 gegründete Verband der Hinterbliebenen, an dessen Spitze
gegenwärtig der ehemalige LDP-Generalsekretär KOGA Makoto
steht, setzt sich ebenfalls für solche Positionen ein. Eines seiner
wichtigsten Anliegen ist es, dass Premierminister den gefallenen
Soldaten am kontroversen Yasukuni-Schrein ihren Tribut zollen,

vorzugsweise am 15. August, wenn des Tags des Kriegsendes im Jahre 1945 gedacht wird. So sicherte sich Premierminister Koizumi die Unterstützung des *izokukai* mit dem Versprechen, eben am jenem Tag den Schrein zu besuchen.

Auf der anderen Seite des politischen Spektrums stehen Initiativen wie die Neue Japanische Frauenvereinigung *(shin nihon fujin no kai)* oder die Artikel 9 Vereinigung *(9jō no kai).* 1962 ins Leben gerufen, zählt die Frauenvereinigung nach eigenen Angaben 200 000 Mitglieder (Shin Nihon Fujin no Kai 2009). Die Organisation setzt sich allerdings nicht nur für die Gleichberechtigung von Mann und Frau ein, sondern spricht sich auch für die Abschaffung von Atomwaffen oder die Erhaltung der japanischen Verfassung in ihrer jetzigen Form ein. Diese Ziele teilt sie mit den meisten progressiven Interessengruppen. Ein Beispiel für eine neuere, aber nichtsdestotrotz überaus erfolgreiche Gruppierung ist die Artikel 9 Vereinigung. 2004 von neun prominenten Intellektuellen, darunter Literaturnobelpreisträger Ōe Kensaburō und der Verfassungsrechtler OKUDAIRA Yasuhiro, ins Leben gerufen, setzt sie sich für die Erhaltung des Artikel 9 der japanischen Verfassung in seinem jetzigen Wortlaut ein. Bereits 2008 wurden mehr als 7000 lokaler Artikel 9 Vereinigungen verschiedener Größe gezählt (Artikel 9 Vereinigung: 2008). Es ist davon auszugehen dass diese erfolgreiche Expansion dazu beigetragen hat, dass die Zustimmungsraten zu einer Revision von Artikel 9 nach einem vorläufigen Hoch 2004 in den folgenden Jahren wieder gesunken sind.

10. Kirchen und Religionsgemeinschaften

Axel Klein

In Japan dominieren der nur hier zu findende Schintoismus sowie der im 6. Jahrhundert aus China importierte Buddhismus den religiösen „Marktplatz". Obwohl sich lediglich ein Fünftel aller Japaner zu einem Glauben bekennt (Ishii 2007: 4), nimmt die große Mehrheit sowohl an schintoistischen (z.B. Neujahr) als auch buddhistischen Feierlichkeiten (z.B. dem Ahnenfest *obon*) des Jahreskalenders teil. Hinduismus, Islam und Judentum spielen keine Rolle, das Christentum stellt in Japans Gesellschaft nur eine Randerscheinung dar, obwohl es schon im 16. Jahrhundert erste Missionierungsversuche durch Jesuiten aus Portugal gab (vgl. Kap. 2).

Das Verhältnis von Religionsgemeinschaften zum Staat ist auch heute noch durch die Erfahrungen der etwa 80 Jahre zwischen Beginn der Meiji-Zeit und Kriegsende geprägt, in der Japans Machteliten den mit der mythischen Entstehungsgeschichte der Inseln verknüpften Schintoismus zusehends zu einer explizit *nicht* als Religion zu betrachtenden patriotischen Moral und zu einem Kultus umdeuteten (später als „Staats-Schintoismus" *(kokka shintō)* bezeichnet). Man hatte die urjapanische Religion zusehends auf Kaiserverehrung und Patriotismus getrimmt, und damit die Staatsideologie und Kriegspropaganda bis zur Niederlage des Kaiserreiches im August 1945 unterfüttert. Nach dem Willen der US-amerikanischen Besatzungsbehörden sollte in einem neuen demokratischen Japan Religionsfreiheit garantiert sein, Religionsgemeinschaften vor Unterdrückung und Instrumentalisierung durch den Staat geschützt werden sowie andersherum religiösen Organisationen jeder Zugriff auf staatliche Autorität untersagt bleiben. Diese Absicht spiegelt vor allem Artikel 20 der Nachkriegsverfassung wider. Darin heißt es:

Die Freiheit der Religion wird jedermann gewährleistet. Keine religiöse Gemeinschaft darf vom Staat mit Sonderrechten ausgestattet werden oder politische Macht ausüben. Niemand darf gezwungen werden, an religiösen Handlungen, Festen, Zeremonien oder Veranstaltungen teilzunehmen. Der Staat und seine Organe haben sich der religiösen Erziehung und jeder anderen Art religiöser Betätigung zu enthalten.

Artikel 89 schließt staatliche Unterstützung für Religionsgemeinschaften aus:

Geldmittel und anderes Vermögen der öffentlichen Hand dürfen zur Verwendung, zum Nutzen oder zur Erhaltung von religiösen Organisationen oder Vereinigungen, sowie für mildtätige, erzieherische, wohltätige Unternehmen, die nicht der öffentlichen Aufsicht unterstehen, weder ausgegeben noch zur Verfügung gestellt werden.[18]

Es gibt folglich keine Staatskirchenverträge, keine Kirchensteuer, nicht einmal Religionsunterricht an Schulen. Nur in wenigen Fällen kommt es zu einer Berührung von Staat und Religion. Als Kaiser Hirohito 1989 verstarb und sein Sohn Akihito den Thron bestieg, wurden die dabei durchgeführten schintoistischen Rituale aus der Staatskasse bezahlt. Auch beim Bau staatlicher Gebäude werden schintoistische Segensrituale vorgenommen. In beiden Fällen dient das Argument, es handele sich um traditionelle, nicht um religiöse Handlungen, häufig zur Rechtfertigung. Die in weiten Teilen der Gesellschaft zu findende Akzeptanz dieser Sichtweise wird dadurch verdeutlicht, dass selbst bei der Errichtung buddhistischer Tempelgebäude häufig schintoistische Zeremonien vorgenommen werden.

Ein politisch stark umstrittener Berührungspunkt von Staat und Religion wurde in der Vergangenheit durch manche Premierminister und Kabinettsmitglieder hergestellt, die in offizieller Funktion den Yasukuni-Schrein in Tokyo besuchten. An diesem Schrein sind die Seelen aller seit Beginn der Meiji-Zeit im Kampf für den Kaiser Gefallenen eingeschreint, einschließlich einiger bei den Tokyoter Prozessen (1946-1948) für schuldig befundener Kriegsverbrecher.

---

18 Die deutsche Übersetzung der ursprünglich auf Englisch verfassten Artikel stammt aus Neumann 1982: 189, 201.

Konservative Gruppen einschließlich einiger Abgeordneter der LDP versuchten in den ersten Jahrzehnten nach Kriegsende mehrfach, den Schrein zu einer staatlichen Gedenkstätte zu machen, doch scheiterten sie am Widerstand verschiedener religiöser und politischer Gruppierungen. Die japanische Rechtsprechung hat unterschiedliche Urteile zu der Verfassungsmäßigkeit offizieller Besuche von Regierungsmitgliedern und Abgeordneten bei diesem Schrein gefällt (vgl. Zacharias 2004). Obwohl er auch deshalb immer wieder zu einem Symbol für die mangelnde Vergangenheitsbewältigung und ein fragwürdiges Geschichtsverständnis einiger konservativer Volksvertreter wird, ist der Yasukuni-Schrein eine privat betriebene Gedenkstätte geblieben und eignet sich nur begrenzt, um die Einhaltung der Trennung von Staat und Religion grundsätzlich in Zweifel zu ziehen.

Dieses Trennungsgebot bedeutet jedoch nicht, dass Glaubensgemeinschaften sich nicht politisch betätigen dürfen. In der Tat melden sich religiöse Organisationen hin und wieder zu einzelnen gesellschaftlichen und politischen Streitfragen, doch bleiben sie dabei deutlich hinter der Sichtbarkeit und dem Einfluss der beiden christlichen Kirchen in Deutschland zurück. Das liegt zum einen daran, dass japanische Religionsgemeinschaften über keine vergleichbare Infrastruktur verfügen. Buddhistische und schintoistische Glaubensgemeinschaften sind zudem in viele unabhängige Organisationen gespalten, ihre Mitgliederzahlen sehr unterschiedlich. Bei der großen Mehrheit der Gruppen ist zudem der Wille, sich in der politischen Arena etwa als moralisches oder sozialpolitisches Gewissen zu zeigen, wenig ausgeprägt. So bleibt es meist bei Protesten wie denen der konservativen schintoistischen „Seichō no ie", die sich gegen Schwangerschaftsabbrüche ausspricht und politische Bestrebungen unterbinden will, Ehepartnern getrennte Nachnamen zu erlauben. Einige buddhistische Gruppierungen beteiligten sich an der Debatte über das Organtransplantationsgesetz (vgl. Steineck 2007). Mit Ausnahmen bleibt die themenbezogene, einem Politikfeld gewidmete Sichtbarkeit von Religionsgemeinschaften jedoch gering.

Diejenigen Gruppierungen, die in Japan politisch Aktivitäten entwickeln, sind so genannte „Neue Religionen". Damit bezeichnet die japanische Religionswissenschaft sowohl schintoistische als auch buddhistische Glaubensgemeinschaften, von denen einige bereits im 18. Jahrhundert entstanden und deren größte Wachstumsphasen in die Meiji-Restauration, die Nachkriegszeit sowie in die Periode der starken Urbanisierung während der wirtschaftlichen Hochwachstumsphase der 1950er und 1960er Jahre fielen.

Die politisch erfolgreichste dieser Neuen Religionen war und ist die buddhistische Sōka Gakkai („Werte schaffende Gesellschaft"). Eigenen Angaben zufolge verfügt sie über Mitglieder in mehr als acht Millionen Haushalten des Landes. Für viele Anhänger der Sōka Gakkai ist politisches Engagement auch eine religiöse Betätigung, was sich u.a. an der intensiven Wahlkampfbeteiligung vieler Anhänger, besonders von Hausfrauen, ablesen lässt. 1964 initiierte der damalige Präsident der Sōka Gakkai, IKEDA Daisaku, die Gründung einer eigenen Partei, der „Partei für eine saubere Regierung" (siehe Kapitel 5). Sie trat zunächst mit dem Ziel an, eine buddhistische Demokratieform in Japan zu etablieren und nach der Konvertierung des Volkes eine nationale Ordinationsplattform zu errichten. Damit sollten die Bedingungen erfüllt werden, die der buddhistische Erneuerer Nichiren im 13. Jahrhundert als Voraussetzung dafür niedergeschrieben hatte, das heilige Buddha-Reich in Japan Wirklichkeit werden zu lassen.

Da die Sōka Gakkai in den 1950er und 1960er Jahren rasant wuchs, schien es vielen Beobachtern nicht unmöglich, dass die Gründung der PSR längerfristig tatsächlich zur Etablierung einer Staatsreligion führen würde. Je intensiver die Mitglieder der Sōka Gakkai für ihre Partei warben und je größer der Erfolg der PSR bei nationalen und regionalen Wahlen ausfiel, umso ausgeprägter wurde die Ablehnung, die beiden Organisationen von anderen Teilen der Öffentlichkeit entgegenschlug. Als 1970 ein sehr kritisches, aber in weiten Strecken polemisches Buch zur Gakkai erscheinen sollte, berichtete sein Autor, FUJIWARA Hirotatsu, von

Drohungen und anderen Versuchen der Glaubensgemeinschaft, die Publikation zu verhindern. Das Bekanntwerden dieser Bemühungen beschädigte das Ansehen der Sōka Gakkai erheblich. Präsident Ikeda entschuldigte sich nach massiver Medienkritik offiziell beim japanischen Volk und verkündete die Trennung von Glaubensgemeinschaft und Partei. Formell und organisatorisch waren Sōka Gakkai und PSR nun zwei unabhängige Organisationen. Aus dem Parteiprogramm wurde jeglicher Religionsbezug gestrichen.

Trotzdem galt und gilt die PSR in der öffentlichen Wahrnehmung weiterhin als religiöse Partei. Sie ist einerseits dadurch charakterisiert, dass sie mit den Mitgliedern der religiösen Mutterorganisation über eine zuverlässige, gut mobilisierbare Stammwählerschaft verfügt, die beim Wahlkampf zu helfen und vor allem an lokale Parteiverbände in beachtlichem Maße Geld zu spenden bereit ist. Andererseits ist die Attraktivität der PSR aufgrund dieser engen Beziehung zur Sōka Gakkai für andere Wählerschichten aufgrund einer Öffentlichkeit, die in weiten Teilen religiösen Organisationen gegenüber skeptisch ist, beschränkt geblieben ist. Auch deshalb gelang es ihr nie, mehr als 8,7 Mio. (max. 14,8 %) Stimmen zu gewinnen. Trotzdem wurde die Partei zweimal (1993-1994, 1999-2009) Teil einer Regierungskoalition (s. Kapitel 5). Religiöse Fragen standen dabei zwar nie auf ihrer Agenda, doch erhoben politische Gegner immer wieder den Vorwurf, dass die Existenz der Partei, ganz sicher aber ihre Regierungsbeteiligung gegen das Verfassungsgebot der Trennung von Staat und Religion verstoße. Da sich die Partei aber nicht als religiöse Organisation versteht und rechtlich auch nicht als solche bezeichnet werden kann, war dieser Vorwurf vor allem eine politische Waffe.

Bei einer Regierungsbeteiligung der konservativen „Partei zur Verwirklichung des Glücks" (PVG, *kōfuku jitsugen tō*) wäre die Rechtslage eventuell anders. Die erst 2009 ins Leben gerufene Partei versteht sich nicht nur offen als religiös, sondern weist auch enge Bindungen zur religiösen Mutterorganisation, der

„Wissenschaft vom Glück" *(kōfuku no kagaku)*, auf. Zahlreiche Funktionsträger der „Wissenschaft vom Glück" sind auch in Parteiämtern tätig, das geistige Oberhaupt der Glaubensgemeinschaft, ŌKAWA Ryūhō, übernahm für einige Wochen 2009 den Parteivorsitz und wurde im April 2010 zum Ehrenvorsitzenden. Bisher blieb der Partei jedoch politischer Erfolg verwehrt. Ihre Mitglieder erwiesen sich in deutlich geringerem Maße politisch mobilisierbar als die der Sōka Gakkai (Klein 2011). Trotzdem versuchen immer wieder liberaldemokratische Kandidaten in denjenigen Wahlkreisen, in denen die PVG keine eigenen Politiker ins Rennen um Mandate schickt, die örtlichen Anhänger der „Wissenschaft vom Glück" für sich zu gewinnen. Obwohl Politiker solche Verbindungen nicht gerne bekannt machen, weil so religionskritische Wähler abgeschreckt werden könnten, sind alle Glaubensgemeinschaften aufgrund der in ihnen organisierten und als Gruppe mobilisierbaren Mitglieder für Wahlkämpfer von großer Bedeutung (vgl. Kapitel 6.3).

Für Glaubensgemeinschaften wiederum bieten solche Verbindungen zur Politik verbesserte Möglichkeiten, Hilfe bei Schwierigkeiten mit Behörden zu erhalten oder gar missliebige Gesetze bzw. deren Ausgestaltung und Implementierung beeinflussen zu können. In historischem Kontext wird die Verbindung zur Politik als Schutz gegen mögliche Verfolgung oder Unterdrückung durch den Staat erklärt. Häufig stellen religiöse Organisationen deshalb auch einzelne ihrer Führungsfiguren als Kandidaten auf bzw. lassen sie von einer Partei nominieren, um so einen direkten Kanal ins Parlament und nach Möglichkeit auch in die Regierung zu haben.

Doch garantieren diese Verbindungen nicht immer staatliches Wohlwollen. Nachdem die an Mitgliedern arme religiöse Gruppe „Aum Shinrikyō" 1995 mit Sarin-Gas in Zügen des Tokyoter U-Bahnnetzes 13 Menschen getötet und über 6300 verletzt hatte, machte sich die liberaldemokratische Regierung daran, das „Gesetz zu religiösen Körperschaften" *(shūkyō hōjin hō)* zu reformieren, um dadurch eine bessere Kontrolle über Glaubensgemeinschaften zu erhalten. Damit rührte sie an einem Tabu, denn bis dahin galten

religiöse Organisationen aufgrund der jüngeren japanischen Geschichte bei Behörden, Polizei und Staatsanwaltschaft als beinahe
unantastbar. Mit ihren Reformplänen stieß die LDP so trotz des
Terroranschlags auf breiten Widerstand vieler Religionsgemeinschaften, die sich nicht zu mehr Transparenz verpflichten lassen
wollten und auch stärkere staatliche Kontrolle ablehnten. Dass es
den Glaubensgemeinschaften letztlich nicht gelang, die Gesetzre-
form zu verhindern, lag nicht so sehr an der eigenen Schwäche.
Vielmehr war es der LDP in der außergewöhnlichen politischen
Konkurrenzsituation jener Zeit möglich, vorübergehend auf
die Unterstützung religiöser Organisationen zu verzichten. Im
Allgemeinen jedoch kann man Glaubensgemeinschaften eine
bedeutende Rolle als Lobbygruppe attestieren, die durchaus mit
der von Industrieverbänden oder landwirtschaftlichen Genossen-
schaften verglichen werden kann (vgl. Kapitel 9).

11. Sozialstruktur

Axel Klein

Ähnlich der deutschen hat die japanische Gesellschaft seit Kriegsende weitreichende Änderungsprozesse durchlaufen. Dazu trugen selbstredend die Reformen der US-amerikanischen Besatzungsbehörden bei, die der japanischen Oberschicht Privilegien und Vermögen nahmen (Industrie- und Bodenreform, Abschaffung des Adels) und mit allgemeinem Wahlrecht und Stärkung der Arbeitnehmervertretungen politische und soziale Ungleichheit abschwächten. Der Zugang zu Bildung wurde für alle Bevölkerungsschichten deutlich verbessert und wie sehr von diesem Angebot Gebrauch gemacht wurde, belegt der Umstand, dass 1980 knapp 95 % aller Kinder eines Jahrgangs zwölf Jahre zur Schule gingen und einen Oberschulabschluss erwarben (vgl. Klein, Kreiner 2010).

Ebenfalls von entscheidender Bedeutung für die sozialen Veränderungen seit 1945 war das durch Anstrengungen für den Wiederaufbau des Landes hervorgerufene und durch den Korea-Krieg (ab 1950) beschleunigte Wirtschaftswachstum, das auch in den 1960er Jahren anhielt (vgl. Kapitel 12). Da fast alle Bevölkerungsschichten einen Wohlstandszuwachs erfuhren und sich die Zahl der politisch und sozial motivierten Demonstrationen und Proteste im Vergleich zur unmittelbaren Nachkriegszeit deutlich reduziert hatte, etablierte sich recht bald das Bild einer homogenen Mittelstandsgesellschaft. Bei Umfragen, die im Auftrag der Regierung durchgeführt wurden, antworteten in den 1960er Jahren bereits 90 % der Japanerinnen und Japaner, sie fühlten sich der Mittelschicht zugehörig (vgl. Shire 2010: 188).[19] Die

---

19 Umfragen aus anderen Industriestaaten wie Deutschland, den USA, Australien oder Korea ergaben ebenfalls, dass sich dort etwa 90 % der Befragten der Mittelschicht zugehörig fühlten. Ein wichtiger Grund für diese hohen Werte stellen die Antwortkategorien dar, die die jeweiligen Fragebogen den Befragten anboten. Dort war die Mittelschicht in untere, mittlere und obere

dauerregierende LDP verwies gerne auf diese Statistiken als Beweis ihrer erfolgreichen Politik. Zahlreiche Akademiker, Journalisten, Beamte und andere Multiplikatoren verfestigten das Bild der „100 Millionen Mittelschicht" sowohl im In- als auch im Ausland.

Auch die Ergebnisse der Wahlforschung schienen dieses Bild zu bestätigen. Bereits in den 1950er Jahren fand man nur wenige Belege für die Existenz von klassenbedingten Wählerschichten. Arbeiter in Klein- und Mittelbetrieben wählten nicht linke, sondern zu großen Teilen konservative Parteien (ab 1955 die LDP), ähnlich wie Landwirte und Selbstständige. Lediglich ein Teil der Belegschaften von Großbetrieben und Firmen sowie der Gewerkschaftsverband des Öffentlichen Dienstes Sōhyō erwiesen sich als Verbündeter der Linken (Watanuki 1991). Da das Unterhauswahlsystem bis 1994 Stimmberechtigten nur die Möglichkeit gab, zwischen Kandidaten und nicht zwischen Parteien auszuwählen, wurde zudem das personenorientierte Wahlverhalten gestärkt, während ideologische Aspekte in den Hintergrund traten.

Es dauerte bis zum Beginn der 1990er Jahre, bis der weit verbreitete Glaube an die fast allumfassende Mittelstandsgesellschaft zerbrach. Mit dem Platzen der Seifenblasenwirtschaft (vgl. Kapitel 12) begann eine lang anhaltende Wirtschaftskrise, die zunehmend deutlich machte, dass das soziale Selbstverständnis nicht mehr mit der Realität übereinstimmte und ohnehin nie völlig gestimmt hatte. Der Begriff der „kakusa shakai" (ungleiche Gesellschaft) machte nun die Runde. Wissenschaftler, die Japans Gesellschaft für eine der sozial ungleichesten der Erde hielten (Tachibanaki Toshiaki, Yamada Masahiro), fanden große Beachtung und die Massenmedien versorgten die Öffentlichkeit mit allerlei Belegen für diese Annahme. Man berücksichtigte nun die Angestellten in Klein- und Mittelbetrieben sowie irregulär Beschäftigte, die schon immer in vergleichsweise unsicheren und mit weniger Privilegien ausgestatteten Anstellungsverhältnissen tätig, aber von

---

unterteilt und damit so breit aufgefächert, dass sich bis auf ein Zehntel der Bevölkerung alle dort wiederfanden.

der auf die urbane, gut ausgebildete obere Mittelschicht und ihre „*salarymen*"konzentrierten Berichterstattung und Wahrnehmung wenig berücksichtigt worden waren. Alleine und von wenig Rente lebende Senioren ergänzten das neue Bild der sozialen Wirklichkeit ebenso wie alleinerziehende Mütter mit mehreren schlecht bezahlten Jobs, die kaum Zeit für ihre Kinder hatten.

Zweifellos waren diese Bevölkerungsgruppen angewachsen und so spiegelten Einkommensstatistiken auch eine steigende Ungleichheit wider. In ihrem *Economic Survey* aus dem Jahre 2006 hielt die Organisation für wirtschaftliche Zusammenarbeit und Entwicklung (OECD) fest, dass „Einkommensdifferenzen und relative Armut in der arbeitenden Bevölkerung über den OECD-Durchschnitt gestiegen sind" (Ōkita 2007: 113), vor allem, da sich der Anteil älterer Menschen an der Gesamtbevölkerung von 1980 bis 2000 fast verdoppelt habe und das durchschnittliche Einkommen in der Altersgruppe über 65 vergleichsweise niedrig sei. Die Zahl der auf staatliche Fürsorge angewiesenen Haushalte erreichte ebenfalls einen neuen Höchststand. Verglichen mit 610000 Haushalten im Jahr 1996 waren es 2004 bereits eine Million. Seitdem ist die Zahl nochmals um 40 % auf über 1,4 Mio. (Stand Dezember 2010) mit etwa 1,8 Mio. Leistungsempfängern angestiegen (Sozialministerium Japans 2011).

Allerdings besagen andere Statistiken der OECD, dass die ungleiche Vermögensverteilung in Japans Gesellschaft im internationalen Vergleich keinesfalls besonders schnell gewachsen ist. Ein Beleg dafür liefert der sogenannte „Gini-Koeffizient", der die Vermögensverteilung innerhalb einer Gesellschaft angibt. Er kann Werte zwischen 0 und 1 einnehmen. Je höher er ist, desto größer die Ungleichheit. Abbildung 13 (S. 138) zeigt zunächst die Entwicklung dieses Indikators für Japan und andere OECD-Staaten von Mitte der 1980er Jahre bis Mitte der 2000er. Im Vergleich aller OECD-Staaten liegt Japan knapp unter dem Durchschnitt.

Abbildung 14 (siehe S. 139) nennt die Gini-Koeffizienten Mitte der 2000er und setzt Japan zu diesem Zeitpunkt in Vergleich zu anderen OECD-Nationen. Auch diese Daten belegen,

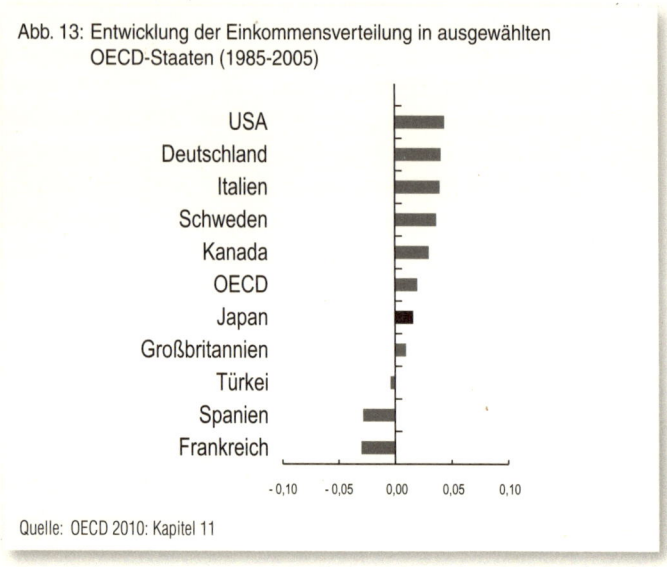

Abb. 13: Entwicklung der Einkommensverteilung in ausgewählten
OECD-Staaten (1985-2005)

Quelle: OECD 2010: Kapitel 11

dass der Fall Japan sehr nahe am OECD-Durchschnitt liegt und keinesfalls eine Besonderheit darstellt. Untersuchungen der japanischen Sozialstruktur zeitigten Ergebnisse, die ebenfalls nicht sehr von denen anderer Gesellschaften abwichen. Der Soziologe HASHIMOTO Kenji ermittelte in seiner Analyse, in der er dem marxistischen Ansatz entnommene Kategorien verwendete, die in Abbildung 15 aufgeführten Werte für Japan im Jahr 2005.

Der hier als „Arbeiterklasse" kategorisierte Teil der japanischen Gesellschaft beinhaltet sowohl regulär Angestellte mit recht hohem sozialem Schutz als auch irregulär Angestellte mit Zeitverträgen und deutlich weniger Absicherung durch Sozialversicherungen. Ein Drittel aller Arbeitnehmer, vor allem Frauen, gehörten 2010 zu dieser Gruppe, die aufgrund dieser Unterschiede als Analysekategorie nicht ideal ist. Folgt man bei der Untersuchung der Sozialstruktur dem Weber'schen Ansatz und betrachtet die Zugehörigkeit zu Kategorien der Erwerbstätigkeit, ergibt sich ein präziseres, dem in Abbildung 16 (S. 140) entsprechendes Bild.

Abb. 14: Gini-Koeffizienten ausgewählter OECD-Staaten (ca. 2005)

	Gini-Koeffizient	
	Wert	Rang
Australien	0.30	16
Kanada	0.32	18
Frankreich	0.28	13
Deutschland	0.30	15
Italien	0.35	25
Japan	0.32	20
Korea	0.31	17
Spanien	0.32	19
Schweden	0.23	2
Schweiz	0.28	10
Türkei	0.43	29
Großbritannien	0.34	23
USA	0.38	27
OECD-Durchschnitt	0.31	

Quelle: OECD 2010: 235

Abb. 15: Sozialstruktur Japans nach Hashimoto (2005)

Bezeichnung	Darin enthalten:	Männer (%)	Frauen (%)
Kapitalisten	Leitende Angestellte mit hohem Einkommen und Vermögen, politisch konservativ;	8,0	4,5
Neue Mittelschicht	Firmenangestellte inkl. mittleres Management;	30,3	16,0
Arbeiterklasse	Gewerbliche Arbeitnehmer in Voll- und Teilzeitanstellung; in der Mehrheit niedriger Bildungsstand;	42,2	63,3
Alte Mittelschicht	Landwirte und Selbstständige	19,5	16,1

Quelle: Hashimoto nach Sugimoto 2010: 40

Abb. 16: Sozialstruktur nach Form der Erwerbstätigkeit (2005)

Bezeichnung	Männer (%)	Frauen (%)
Selbstständig	12,8	17,6
Angestellte in großen Betrieben und Unternehmen	17,5	11,4
Angestellte in kleinen Betrieben und Unternehmen	12,4	22,7
Selbständig im Dienstleistungssektor	9,4	9,9
Arbeiter in großen Betrieben und Unternehmen	8,3	9,9
Arbeiter in kleinen Betrieben und Unternehmen	23,1	23,4
Selbstständige im sekundären Sektor	9,9	4,2
Landwirte	6,5	5,5

Quelle: Sugimoto 2010: 44

Ein drittes Modell zur Abbildung der Sozialstruktur betrachtet die Status-Inkonsistenz. Wichtige Indikatoren dabei sind u.a. der Status in Bezug auf Bildungsstand, berufliche Karriere und Einkommen. 56,9 % der Arbeitnehmer verfügen demnach zwar über einen niedrigen Bildungsstand und sind beruflich nicht weit aufgestiegen, haben aber ein Einkommen oberhalb der Armutsgrenze. Diese Klasse entspricht einer Kombination aus „Arbeiterklasse" und „Alter Mittelschicht" aus der marxistischen Kategorisierung. Die nächstgrößere Klasse umfasst 15,4 % und ist statuskonsistent, denn diese Menschen verfügen über einen hohen Bildungsstand, arbeiten in einem angesehenen Beruf und haben ein hohes Einkommen. Eine dritte Gruppierung umfasst 13,6 % und besteht hauptsächlich aus jungen Universitätsabsolventen. Sie verdienen recht gut und verfügen über einen hohen Bildungsstand, haben aber noch keinen hohen beruflichen Status erreicht. 8 % werden als gut verdienend und beruflich erfolgreich beschrieben, ohne aber über einen höheren Bildungsgrad zu verfügen. Die meisten sind 40 Jahre oder älter, keine andere der Gruppierungen weist eine höhere Eigenheimrate auf. 6 % schließlich verdienen im Durchschnitt weniger als das Existenzminimum, haben sowohl einen niedrigen Bildungsstand als auch einen solchen beruflichen Status. Überdurchschnittlich vertreten sind hier Arbeitnehmer unter 30 und über 60. In dieser Kategorie finden sich die so genannten *„working poor"*, Menschen also, die trotz Erwerbstätigkeit keine Aussicht haben, ihre Lebensumstände zu verbessern (Sugimoto 2010: 45-47).

Seit den 1950er Jahren ist der Anteil derjenigen, die einer der statusinkonsistenten Gruppen zugehören, gestiegen und hat 2005 fast 80 % erreicht. Es ist deshalb zunehmend schwierig geworden, in der sozialen Realität eindeutige Klassengrenzen ausfindig zu machen. Dazu trägt bei, dass sich Japan vor allem in den ersten Jahrzehnten nach Kriegsende durch eine recht hohe soziale Mobilität auszeichnete. Die Möglichkeiten für jüngere Generationen, in eine andere Berufsklasse als die der Elterngeneration zu wechseln, wurde jedoch vor allem durch den industriellen Wandel herbeigeführt und ging nur in geringem Maße mit sozialem Gewinn einher. Kinder, deren Eltern in der Landwirtschaft tätig waren, fanden häufig Anstellung als Bürokräfte. Für Shire (2010: 192) bestand das wesentliche Charakteristikum sozialer Mobilität im Wechsel aus dem Kleinbürgertum (Handwerker, Kaufleute) in die manuelle Arbeiterklasse (Fabrikarbeiter) und in der folgenden Generation in die nichtmanuelle Arbeiterklasse der oft nur gering qualifizierten Büroangestellten. Der höhere Bildungsgrad, den Kinder in der Regel im Vergleich zu ihren Eltern erwarben, reichte vor dem Hintergrund eines allgemeinen Anstiegs des Bildungsniveaus nicht für einen weitergehenden beruflichen Aufstieg aus.

Während soziale Mobilität seit den 1990er Jahren zunehmend nach unten führt und das Wegbröckeln der Mittelschicht begonnen hat, unterscheidet sich Japans Gesellschaft doch in einem Punkt deutlich von der aller anderen Industriestaaten: Sie weist nur einen kleinen ausländischen Bevölkerungsanteil auf. 2009 lebten 2,2 Millionen ausländische Staatsbürger im Land, was einem im internationalen Vergleich äußerst niedrigen Anteil an der Gesamtbevölkerung von 1,7 % entspricht. Wie Abbildung 17 auf S. 142 verdeutlicht, stellen Chinesen (31 % aller Ausländer)

Abb. 17: Ausländer in Japan (2009)

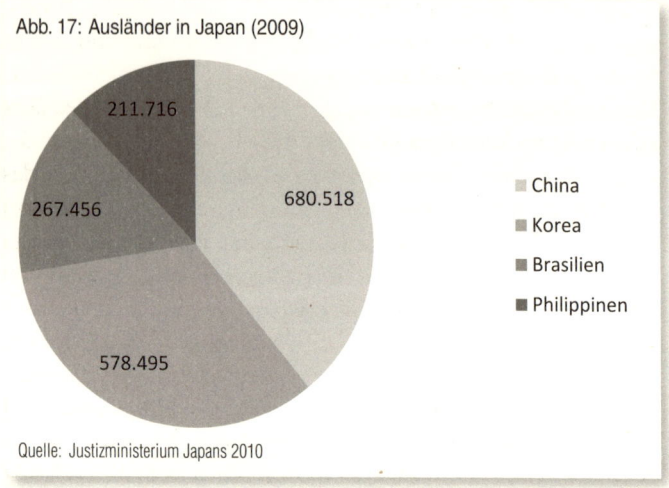

211.716

680.518

267.456

578.495

- China
- Korea
- Brasilien
- Philippinen

Quelle: Justizministerium Japans 2010

und Koreaner (26,3 %) die mit Abstand größten Gruppen dar, gefolgt von Brasilianern (12,1 %) und Philippinern (9,6 %).

Die Alterung der japanischen Gesellschaft, die schneller verläuft als in anderen Industrienationen, sowie die Bedürfnisse des sekundären Wirtschaftssektors erinnern Japans Regierung ständig daran, dass der Anteil von Gastarbeitern beispielsweise in Pflegeberufen, in der Bauindustrie und im produzierenden Gewerbe erhöht werden müsste. Allerdings ist das Thema Immigration für Japans Politiker gefährlich. Die japanische Gesellschaft hat keinerlei Erfahrung mit der Aufnahme von und dem Zusammenleben mit einem größeren Anteil nichtjapanischer Bürger. Eine solche Vorstellung wird nicht mit freudiger Erwartung verknüpft. Wohl nicht zu Unrecht müssen Volksvertreter deshalb damit rechnen, dass sie für ein Engagement in diesem Politikbereich bei der nächsten Wahl nicht belohnt werden. Zudem teilen viele von ihnen die Ansicht, dass die japanische Gesellschaft besser funktioniert, wenn ihre relativ hohe ethnische Homogenität erhalten bleibt. Deutschland dient manchem Volksvertreter in diesem Zusammenhang als nicht nachahmenswertes Beispiel.

Betrachtet man die demographische Entwicklung Japans, muss man sich aber Sorgen um die wirtschaftliche und soziale Leistungsfähigkeit des Landes machen (vgl. Coulmas 2007). Die Lage wird dadurch verschlimmert, dass die LDP-Regierungen über Jahrzehnte im Vertrauen auf hohe Beschäftigungsquoten und die soziale Verantwortung der Unternehmen darauf verzichteten, das soziale Netz für schlechtere Zeiten vorzubereiten. In der seit Beginn der 1990er Jahre fast durchgängig anhaltenden Wirtschaftskrise wurde Arbeitslosigkeit jedoch zu einem Schicksal, vor dem sich nur wenige sicher fühlten, denn Firmen ersetzten in zunehmendem Maße Teile ihrer Stammbelegschaft mit billigeren Teilzeitkräften. Die Verschuldung des japanischen Staates, die im Jahr 2000 noch 106 % des Bruttoinlandsproduktes betragen hatte, erreichte 2010 bereits fast das Doppelte des BIP (Außenministerium Japans 2010, vgl. Kapitel 12). Obwohl die Gläubiger fast alle aus Japan selbst stammten, war finanzieller Spielraum für einen Ausbau der Sozialversicherungen oder kostenintensivere Arbeitsmarktpolitik kaum vorhanden. Das Erdbeben des Jahres 2011 hat zusätzliche Haushaltsbelastungen hervorgerufen, während internationale Rating-Agenturen Japans Kreditwürdigkeit herabstuften.

Man könnte die Liste der Herausforderungen fortschreiben, mit denen Japans Gesellschaft konfrontiert ist. Das politische Entscheidungszentrum hat den Bürgerinnen und Bürgern mit seiner Politik in der ersten Dekade des 21. Jahrhunderts keinesfalls das Gefühl gegeben, die Probleme würden angegangen, geschweige denn gelöst werden. Im Gegenteil, Angst vor der Zukunft breitet sich aus. Vor diesem Hintergrund wird es interessant sein zu beobachten, ob die an politischen Protesten vergleichsweise arme Gesellschaft Japans zukünftig mehr Gruppierungen und Bewegungen hervorbringen wird, die stärker auf soziale Notlagen und Ungerechtigkeiten hinweisen und staatliche Maßnahmen einfordern werden.

12. Wirtschaft

Chris Winkler

12.1 Von der Industrialisierung bis zur frühen Nachkriegszeit

Wie das deutsche Kaiserreich war auch Japan ein Nachzügler der industriellen Revolution. Nachdem die Meiji-Oligarchen ihre Macht konsolidiert hatten, forcierten sie, vor allem in der Person von Finanzminister MATSUKATA Masayoshi (1835-1924), Budget-reformen sowie Infrastrukturprojekte wie z.B. Eisenbahnlinien, die die Grundlage für einen modernen Industriestaat legen sollten. Vor allem um die Jahrhundertwende begannen sich diese Investitionen bezahlt zu machen. Die industrielle Produktion wuchs von 1885 bis 1915 um 250 %, was selbst die hohen Zuwachsraten im dama-ligen Wirtschaftswunderland USA übertraf. Dieser Erfolg war vor allem der expandierenden Textilindustrie sowie dem Abbau von Kohle und Metallen geschuldet (Gordon 2009: 94-5). In diese Zeit fällt auch der Aufstieg der *Zaibatsu* genannten mächtigen Konglomerate wie Sumitomo, Mitsubishi und Mitsui.

Der Zweite Weltkrieg hatte verheerende Auswirkungen auf die japanische Wirtschaft. Wie dramatisch dieser Einschnitt war, zeigt sich an den Beispielen der Landwirtschaft und der Eisen-verarbeitung, seinerzeit beides bedeutende Wirtschaftszweige. Bei Kriegsende betrugen die Produktionskapazitäten in beiden Sektoren nur noch 60 % bzw. 53 % des Wertes von 1938 (Asako, Shinohara 2006: 42).

In den ersten Nachkriegsjahren sollte die Wirtschaftspolitik entscheidend von der US-amerikanischen Besatzung geprägt werden. Sie ordnete die Zerschlagung der *Zaibatsu* (welche als Unterstützer des Vorkriegsregime betrachtet wurden) an, führte eine Landreform durch, die Kleinbauern stärken sollte, und erließ Gesetze, die die Position der Arbeiter verbesserten (z.B. durch ein

Recht auf Streik, Versammlungs- und Organisationsfreiheit). Die letztgenannten Reformen sollten einen bleibenden Effekt haben. Was die Zerschlagung der *Zaibatsu* anging, ist die Frage nach dem langfristigen Erfolg der Maßnahme etwas schwieriger zu beantworten, da sich die *Zaibatsu* zwar nicht erneut formierten, aber dennoch aus ihnen sogenannte *Keiretsu*, d.h. horizontal und teilweise auch vertikal angelegte Firmengruppen mit einem Handelshaus bzw. einer Bank im Zentrum entstanden.

Die ersten Schritte auf dem Weg zur drittgrößten Volkswirtschaft waren schwer. Japan kämpfte nicht nur mit einer zerstörten Infrastruktur und fehlenden Produktionskapazitäten, sondern auch mit hohen Inflationsraten. Um das erste Problem zu lösen, entschied sich die Regierung für eine Priorisierung der gesamtwirtschaftlich bedeutenden, aber kapital- und materialintensiven Kohle- und Stahlproduktion. Um die Inflation einzudämmen, ordnete die Besatzungsmacht ein rigoroses Stabilisierungsprogramm an, welches u.a. die Festlegung des Wechselkurses auf 360 Yen zu einem US-Dollar beinhaltete. Dieses sehr effektive Programm ging als „Dodge-Line" (nach seinem geistigen Vater Joseph Dodge) in die Geschichte ein.

12.2 Das Wirtschaftswunder und die Wirtschaftskrise

Japans wirtschaftliche Entwicklung ab den 1950er Jahren lässt sich grob in drei Phasen unterteilen: Eine erste Phase des Hochwachstums, welche bis in die frühen 1970er Jahre reichte; eine zweite Periode, die bis 1989 dauerte, in der die japanische Volkswirtschaft noch immer wuchs, wenn auch nicht mehr so stark wie vor 1970; und schließlich die letzten zwei Jahrzehnte, die vor allem von Stagnation geprägt waren.

Es war die durch den Korea-Krieg sprunghaft gestiegene Nachfrage nach japanischen Gütern, die Anfang der 1950er den Beginn des japanischen Wirtschaftswunders einläuten sollte. In der zweiten Hälfte folgten weitere Hochphasen (die sogenannten *Jimmu*- und *Iwato*-Booms). Bereits 1956 war Japan zum weltwei-

ten Spitzenreiter bei der Schiffsproduktion aufgestiegen. Nach
seiner Amtsübernahme im Jahre 1960 verkündete Premierminister
IKEDA Hayato (Amtszeit Juli 1960 bis November 1964) zudem
seinen berühmten Plan zur Verdoppelung des Volkseinkommens
(kokumin shotoku baizō keikaku), ein Ziel, das innerhalb der
folgenden zehn Jahre erreicht werden sollte (Ishikawa 2004:
90-91). Tatsächlich gelang dies aber schon 1967 (Deutsches
Institut für Japanstudien 1998: 8). Von 1950 bis 1973 wuchs
das Bruttoinlandsprodukt pro Jahr durchschnittlich um fast 9 %
(Asako, Shinohara 2006: 49), beeindruckende Wachstumsraten,
die heutzutage nur (ehemalige) Schwellenländer wie China oder
Indien vorweisen können.

Japan profitierte zu dieser Zeit u.a. von dem sogenannten
„Olympia-Boom", d.h. Investitionen im Vorfeld der olympischen
Sommerspiele 1964 in Tokyo sowie privatem Konsum. Bereits
vier Jahre später überholte das Land die zweite Wirtschaftswun-
dermacht (West-)Deutschland und stieg somit zur drittgrößten
Volkswirtschaft der Welt hinter den USA und der UdSSR auf.
Zu den Symbolen dieser Hochwachstumsphase, welche bis Ende
des Jahrzehnts andauern sollte, wurden der *Shinkansen* genannte
Hochgeschwindigkeitszug sowie die drei „C": das eigene Farb-
fernsehgerät *(color television)*, die Klimaanlage *(cooler)* und der
PKW *(car)*. Die Nachfrage nach diesen Produkten war eine
direkte Folge des stetig steigenden Volkseinkommens, da mit
wachsendem materiellem Wohlstand auch die Bedürfnisse der
Menschen größer wurden.

Es sei an dieser Stelle darauf hingewiesen, dass das rasante
Wirtschaftswachstum auch Schattenseiten hatte. Die Quecksil-
bervergiftungen in der Stadt Minamata (*Minamata-Krankheit*,
vgl. dazu Osiander 2007) und die durch Luftverschmutzung
in Yokkaichi *(Yokkaichi-Asthma)* vermehrt auftretenden Asth-
maerkrankungen sind nur zwei Beispiele von vielen, in denen
rücksichtslose Umweltverschmutzung dramatische Folgen nicht
nur für die Natur, sondern auch die menschliche Gesundheit
nach sich zog.

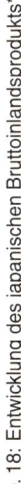

Abb. 18: Entwicklung des japanischen Bruttoinlandsprodukts*

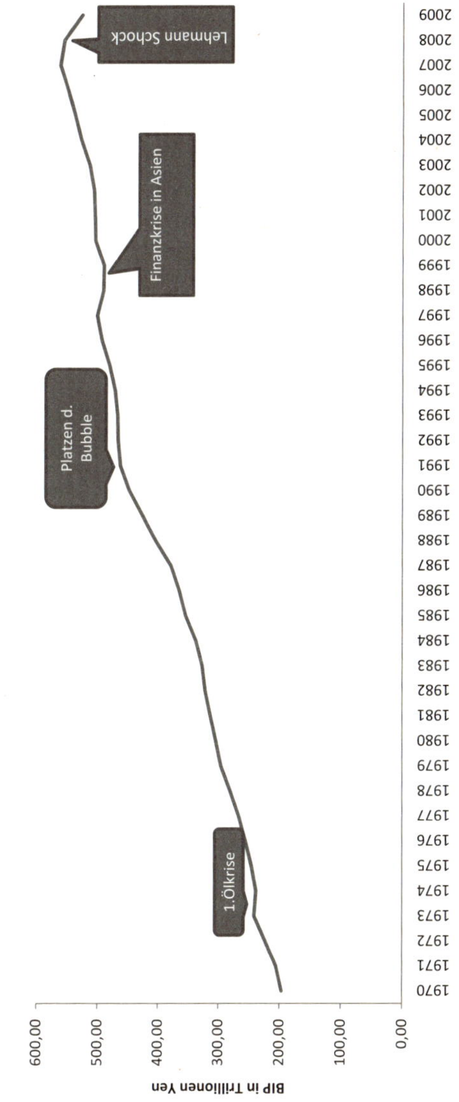

BIP in Trillionen Yen

Lehmann Schock

Finanzkrise in Asien

Platzen d. Bubble

1. Ölkrise

600,00
500,00
400,00
300,00
200,00
100,00
0,00

1970 1971 1972 1973 1974 1975 1976 1977 1978 1979 1980 1981 1982 1983 1984 1985 1986 1987 1988 1989 1990 1991 1992 1993 1994 1995 1996 1997 1998 1999 2000 2001 2002 2003 2004 2005 2006 2007 2008 2009

*BIP Berechnung nach Verwendungsrechnung, konstante Preise, in nationaler Währung.

Quelle: OECD (2010)

In den folgenden zwei Jahrzehnten sollte die japanische
Wirtschaft wesentlich langsamer wachsen. So betrug die durchschnittliche Wachstumsrate zwischen 1975 und 1991 nur noch
4 % (Katz 1998: 4-5), d.h. in etwa die Hälfte des jährlich neun-
prozentigen Wachstums in den 20 Jahren davor. Den ersten
Sand in das ursprünglich so gut geschmierte Getriebe, das sich
für das Hochwachstum verantwortlich zeigte, streuten die beiden Ölkrisen in den 1970er Jahren. Als Reaktion auf politische
Unruhen im Nahen Osten (vor allem den Yom-Kippur-Krieg
und die islamische Revolution im Iran) stieg der Ölpreis in den
beiden Krisen (1973 und 1978) stark an, ein Umstand, der das
rohstoffarme Japan mit seinen im hohen Maße auf den Rohstoff
angewiesenen Industrien vor allem 1973-74 stark traf. Die gestie-
genen Rohölpreise führten zu einem Anstieg der Verbraucherpreise
und Panikkäufen. Um die Auswirkungen der Inflation auf die
Beschäftigten zu minieren, setzten die Gewerkschaften 1974 eine
27-prozentige Lohnsteigerung durch (Asako, Shinohara 2006: 57).

Hinzu kam ein wachsendes Haushaltsdefizit als Folge einer in
großem Stil betriebenen antizyklischen Fiskalpolitik (d.h. während
einer Rezessions- bzw. Stagnationsphase kurbelt der Staat die
Wirtschaft durch Investitionen an, um diese nach deren Erholung
wieder zurückzufahren). Nach seinem Amtsantritt im Jahre 1972
kündigte Premierminister Tanaka Kakuei (Amtszeit Juli 1972
bis Dezember 1974) ein ehrgeiziges Programm zum Umbau des
japanischen Archipels (*Nihon Rettō Kaizō*; dieser Plan sollte die
Wirtschaft im ländlichen Raum, z.B. durch Infrastrukturmaß-
nahmen, beleben) sowie verbesserte soziale Sicherungssysteme
an, indem er 1973 zum „Jahr eins der Wohlfahrtsära" *(Fukushi
Gannen)* erklärte. Dies führte dazu, dass der Staatshaushalt innerhalb nur eines Jahres um 26 % wuchs (Ishikawa 2004: 125,
137-138). All diese Faktoren resultierten in einem immer stärker
werdenden Inflationsdruck, der das Wachstum in den 1970er
Jahren bremsen sollte.

Höhere Sozialausgaben und staatliche Infrastrukturmaß-
nahmen gepaart mit geringerem Wirtschaftswachstum hatten

zur Folge, dass sich bald ein Schuldenberg in den öffentlichen Haushalten anzuhäufen begann. Dadurch wurde die Konsolidierung der Staatsfinanzen ein wichtiger Punkt auf der Agenda der LDP-Regierungen. Anfang der 1980er Jahre versuchte man dem Problem durch Kürzungen auf der Ausgabenseite zu begegnen. Neben der wenig effektiven Deckelung des Staatshaushaltes (Asako, Shinohara 2006: 71) sollte die Privatisierung von Staatsunternehmen helfen, den hohen Schuldenberg abzutragen. Vor allem die hochverschuldete und unprofitable nationale Eisenbahngesellschaft *(Kokutetsu)* sollte dadurch aus dem öffentlichen Budget verschwinden und als privates Unternehmen ihre Effektivität steigern. Aus Regierungssicht war deren Privatisierung und Aufteilung zudem eine willkommene Gelegenheit, sich der mächtigen und lästigen Eisenbahnergewerkschaft zu entledigen. Mit der Privatisierung der staatlichen Eisenbahngesellschaft, des Telekommunikationsunternehmens „Nippon Telegraph and Telephone" sowie Japan Tabacco folgte die Regierung Nakasone dem Vorbild der USA und Großbritanniens, wo Ronald Reagan und Margaret Thatcher bereits dabei waren, die neoliberale Vision eines schlanken Staates in die Tat umzusetzen. Nach Nakasone verschwand dieses Konzept jedoch für etwa ein Jahrzehnt von der Bildfläche und die LDP-Führung setzte erneut auf antizyklische Maßnahmen, vor allem öffentliche Bauprojekte, finanziert durch Staatsverschuldung, um die lahmende Wirtschaft wieder in Gang zu bekommen.

Trotz dieser zwischenzeitlichen Versuche einer Ausgabenreduzierung und der wiederanspringenden Wirtschaft gelang es weder Nakasone noch seinen Nachfolgern, die Schulden einzudämmen, im Gegenteil: Wurden 1975 nur 4,9 % des Haushalts durch Staatsanleihen finanziert, vervierfachte sich dieser Prozentsatz innerhalb nur eines Jahrzehnts (Asako, Shinohara 2006: 233). Die Konsolidierung machte folglich die Erschließung neuer Einnahmequellen erforderlich. Zugleich bestand aus Sicht der Regierung die Notwendigkeit, das Ungleichgewicht zwischen direkten und indirekten Steuern zu reduzieren. Die Umverteilungsfunktion von indirekten Steuern war zwar erwünscht, aber bis in die 1980er Jahre dominierten direkte Steuern, vor allem Einkommen- und Körperschaftsteuer, in Japan. Vor diesem Hintergrund führte die Regierung unter TAKESHITA Noboru 1989 mit einer Mehrwertsteuer von 3 % eine klassische indirekte Steuer ein.

Devisen- und Aktienkurse bestimmten neben der oben skizzierten Problematik des Staatshaushaltes die wirtschaftspolitische Diskussion in den 1980er Jahren. Die Vereinigten Staaten sahen sich früh in diesem Jahrzehnt mit einem stetig wachsenden Handelsbilanzdefizit zu Japan (und auch der Bundesrepublik Deutschland) konfrontiert. Dies ging vor allem auf einen stetig steigenden Dollarkurs (der aus Japan oder Deutschland importierte Produkte verbilligte, den Export US-amerikanischer Produkte aber zeitgleich verteuerte) zurück. Um diesem Trend Einhalt zu gebieten, einigten sich die führenden Industrienationen (Japan, Deutschland, Frankreich, Großbritannien und die Vereinigten Staaten) im Plaza-Abkommen von 1985 auf gezielte Interventionen auf den globalen Devisenmärkten. Wie erwünscht resultierten diese Eingriffe in einer Verteuerung von japanischem Yen und deutscher Mark. Ein unerwünschter, aber folgenreicher Nebeneffekt dieser Aufwertung des Yen war eine steigende Nachfrage nach der japanischen Währung sowie Aktien und Immobilien. Dies führte zu einer massiven Überbewertung, die sich vor allem an den Aktien- und Immobilienmärkten bemerkbar machte. In konkreten Zahlen gesprochen bedeutete dies einen 300-prozentigen Anstieg des Nikkei-Leitindexes an der Tokioter Börse. Seinen Rekordwert von 38 915,86 Yen erreichte er im Dezember 1989.

Hinzu kam, dass japanische Banken bei der großzügigen Kreditvergabe diese bereits überbewerteten, aber scheinbar immer weiter steigenden Titel als Sicherheiten akzeptierten. Wie Katz (1998: 221) lakonisch formuliert, verwendeten die Kreditnehmer, i.d.R. Firmen, die Kredite nicht etwa, um sie in die Produktion zu investieren, sondern vielmehr, um noch mehr Immobilien und Aktien zu erwerben. Es entstand folglich eine Spekulationsblase *(bubble)*, bei der es nur eine Frage der Zeit war, bis sie platzte. Das geschah im Jahre 1990. Nun verloren Aktien und Immobilien signifikant an Wert und die damit abgesicherten Kredite konnten nicht mehr zurückgezahlt werden. Die Folge war ein gigantischer Berg an „faulen Krediten", dessen geschätzter Wert sich auf 77 Billionen Yen[20] belief (Katz 1998: 222). Während das Konvoi-System[21] bis zu diesem Zeitpunkt dafür gesorgt hatte, dass keine einzige Bank bankrott gegangen war, war die aus der geplatzten *Bubble* resultierende Schuldenlast so groß, dass in den 1990er Jahren mehrere Geldhäuser abgewickelt werden mussten.

Es folgte eine logische, aber für die Wirtschaft problematische Reaktion des Bankensektors. Dieser vollzog eine 180-Grad-Wendung und drosselte die Vergabe der Kredite. Dies führte dazu, dass die Kreditvergabe an Unternehmen, die als riskant eingestuft wurden, unterbunden wurde und diese sich auf einmal mit einer Kapitalknappheit konfrontiert sahen. Dabei zeigte sich deutlich, wer die schwächere Seite in der sogenannten dualen Struktur der japanischen Wirtschaft einnahm. Während weltweite bekannte Hersteller von PKWs oder Elektronikgeräten, die durch den internationalen Wettbewerb gezwungen waren, produktiv zu arbeiten, mit einem blauen Auge davonkamen, erging es den weniger produktiven Firmen, die vor allem den inländischen Markt bedienten, schlechter. Zwangsläufig konnten viele dieser Unternehmen nicht anders als Konkurs anzumelden, was sich negativ auf Wirtschaftswachstum (siehe Abb. 17) und Arbeitslosenquote (siehe Abb. 19, S. 152) auswirkte. Folgerichtig verzeichnete die japanische Wirtschaft 1997 zum ersten Mal seit der Ölkrise ein negatives Wachstum. Im Jahresdurchschnitt wuchs sie während der 1990er Jahre lediglich um 1 %. 1998 und 2001 schrumpfte die Wirtschaft im Vergleich zum Vorjahr sogar. Deshalb sprechen bis heute viele Kommentatoren von der „verlorenen Dekade" (Asako, Shinohara 2006: 147).

---

20 Ca. 700 Milliarden Euro, wenn man den Eurokurs vom Januar 2011 zu Grunde legt.
21 Das japanische Bankensystem funktionierte wie ein Konvoi, in dem kein Fahrzeug zu schnell oder zu langsam fährt oder gar auf der Strecke bleibt.

Abb. 19: Entwicklung der Staatsschulden

Quellen: Deutsches Institut für Japanstudien (1998: 38), Finanzministerium Japans (2010)

Die Linderung der Kreditklemme, Rettungen von Banken mit
staatlicher Hilfe, Steuersenkungen sowie Infrastrukturprogramme
führten zu einer stetig steigenden Staatsverschuldung. Betrug diese
Anfang der 1980er Jahre nur in etwa die Hälfte des Bruttoinlandsproduktes, war sie Mitte der 1990er bereits größer als das BIP.
Obwohl die Regierung von Premierminister HASHIMOTO Ryūtarō
(Amtszeit Januar 1996 bis Juli 1998) die Mehrwertsteuer 1998
um 2 % auf 5 % erhöhte, hatte die Staatsverschuldung Anfang
des darauffolgenden Jahrzehnts bereits 150 % des BIP erreicht
(siehe Abb. 19). 2006 und 2007 gelang es dann zwar, diesen
Anstieg temporär umzukehren, doch wuchs der Schuldenberg
als Folge der in den USA ausgelösten Welt- und Finanzkrise
seit 2008 weiter an und erreichte 2010 fast das Doppelte des
Bruttoinlandsproduktes.

Da Politiker von ihren Wählern auch in Japan an der aktuellen
Wirtschaftslage gemessen werden, versuchen Premierminister
seit Hashimoto die Wirtschaft durch mehr oder minder radikale
Reformprojekte zu stimulieren. Vor allem KOIZUMI Junichirō
(Amtszeit April 2001 bis Sept. 2006), zeichnete sich durch eine
konsequente Reformpolitik aus. Wie Nakasone in den 1980er

Jahren verfolgte auch Koizumi ein neoliberales Reformprogramm, welches u.a. einen schlanken Staat und eine höhere internationale Wettbewerbsfähigkeit Japans anstrebte. Um dieses Ziel zu erreichen, setzte Koizumi die umstrittene Privatisierung der japanischen Post sowie der staatlichen Autobahnbetriebsgesellschaften auch gegen massive Kritik in den Reihen der eigenen Partei durch (vgl. Kapitel 4). Darüber hinaus deregulierte seine Regierung den Arbeitsmarkt und das Steuersystem. Die Ergebnisse von Koizumis Strukturreformen *(kōzō kaikaku)* werden unterschiedlich bewertet. Befürworter sehen in seiner Politik einen wichtigen Beitrag zur Erneuerung der Wettbewerbsfähigkeit Japans. Zudem werden die Abwicklung von faulen Krediten und die Kürzungen bei öffentlichen Strukturmaßnahmen mit zweifelhaftem Nutzen auch von einigen seiner Kritiker positiv gesehen (Tachibanaki 2006: 61-62). Andererseits wird kritisiert, Deregulierungen und andere neoliberale Reformen hätten das Anwachsen der Einkommensdifferenz unter Japans Bürgern sowie die Zunahme irregulärer Beschäftigungsverhältnisse (s.u.) gefördert (Tachibanaki 2006: 58-60; vgl. Kapitel 11).

Unabhängig von der Bewertung von Koizumis Initiativen bleibt festzuhalten, dass die japanische Wirtschaft ab Mitte der 2000er Jahre zu wachsen begann. Wie der Knick am rechten Ende von Abb. 18 aber verdeutlicht, machte die Wirtschafts- und Finanzkrise, welche nach dem sogenannten *Lehmann-Schock* im September 2008 Volkswirtschaften und Finanzmärkte belastete, auch vor Japan nicht halt.

12.3 Auswirkungen der wirtschaftlichen Stagnation

Als Folge dieser negativen Wirtschaftsentwicklung gibt es selbstredend auch in Japan keine Vollbeschäftigung mehr. Die skizzierte Entwicklung lässt sich sehr gut in Abbildung 20 nachverfolgen. Während der Hochwachstumsphase, d.h. bis zur ersten Ölkrise, lag die Arbeitslosenquote konstant bei unter 1,5 %. Während der darauffolgenden Phase des gebremsten Wachstums stieg sie

zwar an, blieb allerdings noch immer bei unter 3 %. Erst ab
Anfang/Mitte der 1990er weist der wirtschaftliche Spätindi-
kator Arbeitslosenquote auf das Platzen der Spekulationsblase
und dessen Auswirkungen hin. 1995 überschritt die Quote die
3-Prozent-, und drei Jahre später die 4-Prozent-Marke. Während
der letzten Dekade stand sie stetig bei über 4 %, um als Folge
der Wirtschafts- und Finanzkrise von 4,4 % im Jahre 2008 auf
5,2 % im folgenden Jahr zu klettern.

Die Wirtschaftskrise hat nicht nur zu einer quantitativen, sondern
auch einer qualitativen Veränderung der Arbeit geführt. So hat
die Anzahl nichtregulärer Beschäftigungsverhältnisse stark zuge-
nommen, wie aus untenstehender Abbildung 20 ersichtlich wird.

Diese meist niedrig vergüteten Positionen stellen seit dem
Beginn der wirtschaftlichen Stagnation Anfang der 1990er
Jahre für die Unternehmen eine attraktive Alternative zu regulären Beschäftigungsverhältnissen dar, weil sie für diese Art von
Arbeitnehmer i.d.R. keine Sozialversicherungsbeiträge bezahlen
müssen und diese je nach Wirtschaftslage flexibel ein- und aus-
stellen können. Dies hat zur Folge, dass 22 % der Arbeitnehmer
in nichtregulären Beschäftigungsverhältnissen weniger als ein
Jahr in einem Arbeitsverhältnis verbleiben. Lediglich jeder zehnte
verbleibt mehr als zehn Jahre in einem Arbeitsverhältnis, während

Abb. 20: Historische Entwicklung des Arbeitslosenquote

Quelle: Ministerium für Inneres und Kommunikation – Statistisches Amt (2010a)

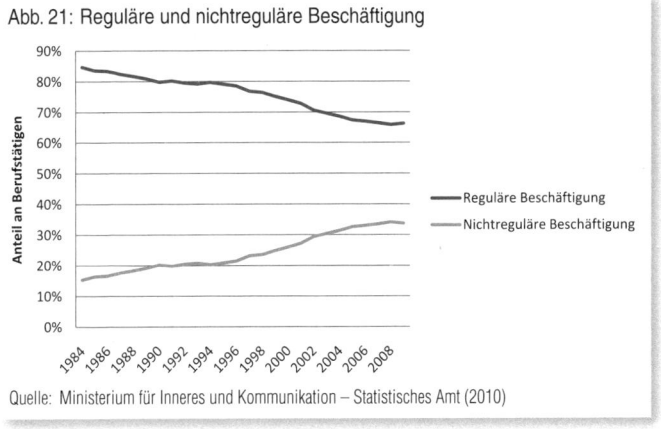

Abb. 21: Reguläre und nichtreguläre Beschäftigung

Quelle: Ministerium für Inneres und Kommunikation – Statistisches Amt (2010)

jeder zweite regulär Beschäftigte mindestens zehn Jahre bei ein und demselben Arbeitgeber verbleibt (Ōkita 2007: 121).

Um die Arbeitsbedingungen der nichtregulär Beschäftigten zu verbessern, bemühte sich die DPJ-geführte Regierung um die Erarbeitung eines Gesetzes, das Zeitarbeitsfirmen die Entsendung dieser kosteneffizienten und leicht kündbaren Arbeitnehmer in die produzierende Industrie verbieten würde. Diese Initiative stieß jedoch auf heftige Kritik, da die Industrie sowie viele Politiker fürchteten, dass diese ihrer Meinung nach zu restriktiven Bestimmungen Arbeitsplätze gefährdeten. Es bleibt festzuhalten, dass die hohe Zahl von nichtregulär beschäftigten Geringverdienern auch in Zukunft eine gesellschaftliche wie politische Herausforderung bleiben wird. Dieses Problem wird dadurch verstärkt, dass es weiterhin eine Tendenz gibt, Produktionskapazitäten ins Ausland zu verlagern. Dabei spielen nicht nur geringere Produktionskosten in Staaten wie China, Vietnam, Thailand oder Indonesien, sondern auch der verhältnismäßig starke Yen (der die Gewinnmargen beim Export von in Japan produzierten Produkten reduziert) eine entscheidende Rolle.

Nachdem die japanische Wirtschaft durch die Wirtschafts- und

Finanzkrise erheblich in Mitleidenschaft gezogen worden war,
wies sie ab 2009 wieder Wachstumsraten auf. Viele Unternehmen
hatten Strukturbereinigungen vorgenommen und waren nun
wieder gezwungen, zu investieren. Besonders in den Bereichen
Elektromobilität und Umwelttechnik sahen Unternehmen und
Regierung längerfristig tragfähige Wachstumsmotoren. 2010 stieg
das BIP immerhin um mehr als zwei Prozent, im Wesentlichen
jedoch getragen durch Regierungsprogramme zur Ankurbelung
der Binnennachfrage (u.a. einer dem deutschen Vorbild nach-
empfundenen „Abwrackprämie" für ältere PKW). Wie schon in
der Vergangenheit wurde auch dieses staatliche Konjunkturpaket
sowohl von der Kritik begleitet, es sei nicht umfangreich genug,
andere Beobachter hielten es mit Blick auf die ohnehin hohe
Staatsverschuldung für schädlich. Da die Bank von Japan den
Leitzins bereits auf fast null Prozent gesenkt hatte, blieb der Regierung dieses Instrument zur Konjunkturbelebung verwehrt. Auch
die Bekämpfung der herrschenden Deflation war so schwierig.
Vor diesem Hintergrund wird deutlich, dass die Möglichkeiten
staatlicher Wirtschafts- und Konjunkturpolitik in Japan auch
zukünftig sehr begrenzt sein werden.

13. Japan in der Welt

Chris Winkler

13.1 Vom aggressiven Expansionismus zum rational motivierten Pazifismus

Aus der Niederlage im Jahre 1945 folgte zwangsläufig eine Neuausrichtung der japanischen Außen- und Sicherheitspolitik. Parallel zum Abschluss des Friedensvertrages mit den USA *(Vertrag von San Francisco)* im Jahre 1951 unterzeichnete Japan einen gegenseitigen Sicherheitsvertrag mit den Vereinigten Staaten, den sogenannten „*Mutual Security Assistence Treaty*" *(anzen hoshō jōyaku, kurz: anpo)*. Damit wurde Japan, wie auch Deutschland, sein ehemaliger Partner im sogenannten Antikomintern- sowie Dreimächtepakt, als „Bollwerk gegen den Kommunismus" in die von den USA geführte westliche Allianz integriert. In dieser Funktion diente Japan dem neuen Verbündeten als Nachschubbasis während des Koreakrieges (1950-53). Somit war Japan östlichster Außenposten der westlichen Allianz, umgeben von den kommunistischen Staaten Sowjetunion, Volksrepublik China und Nordkorea.

Die starke militärische Präsenz des US-Militärs auf japanischem Boden auch nach der Wiedererlangung der Souveränität und dem Ende des Koreakriegs ermöglichte es Premierminister YOSHIDA Shigeru, die nach ihm benannte Doktrin umzusetzen. Yoshida wusste um das Abschreckungspotenzial der in Japan stationierten US-Streitkräfte. Vor diesem Hintergrund war es ihm und seinen Nachfolgern nach der Wiederbewaffnung (1952) und Gründung der Selbstverteidigungsstreitkräfte (1954; SVS, *jieitai*) möglich, die Rüstungsausgaben auf ein Minimum zu beschränken und stattdessen den Fokus auf Wirtschaftspolitik zu richten.

Diese ebenso rationale wie erfolgreiche Konzentration auf Wirtschaftswachstum fand ihren Ausdruck u.a. auch in dem

berühmten und bis heute beachteten Beschluss des Kabinetts
von MIKI Takeo aus dem Jahre 1976, wonach der Verteidigungs-
haushalt nicht mehr als 1 % des Bruttosozialproduktes betragen
solle (Ishikawa 2004: 155). US-amerikanische Forderungen nach
einer Forcierung japanischer Aufrüstung oder Entsendungen der
Streitkräfte ins Ausland wehrte man in Tokio mit dem Verweis
auf die Friedensklausel der japanischen Verfassung (Artikel 9)
erfolgreich ab (Boyd, Samuels 2005: 7). Dieser Umstand ist nicht
ohne Ironie, denn es war die US-amerikanische Besatzungsmacht,
die Japan eben diesen „institutionellen Schild" zur Verfügung
gestellt hatte.

13.2 Die 1990er Jahre und die Re-Definition der japanischen Außen- und Sicherheitspolitik

Über die Jahrzehnte wurde die Yoshida-Doktrin zu einer „permanenten Strategie" (Pyle 2007: 374). Nach dem Ende des Ost-West
Konfliktes zeigte sich jedoch schnell, dass sie zwar in Zeiten des
Kalten Krieges gut funktioniert hatte, doch nur noch bedingt mit
der veränderten geopolitischen Lage danach kompatibel war. Ende
der 1980er Jahre hatte der damalige Premierminister TAKESHITA
Noboru in einer Rede vor der Vollversammlung der Vereinten
Nationen angekündigt, dass Japan seinen Beitrag zum Frieden
in der internationalen Gemeinschaft leisten werde. Schon bald
darauf sollte Takeshita beim Wort genommen werden, allerdings
anders als von japanischer Seite erwartet. Der Premierminister
hatte bei seiner Ankündigung an Hilfe bei Abrüstungsinitiativen
gedacht (Gotō 2000: 449-451). Japan sollte schnell herausfinden,
dass eine andere Art von Beitrag gewünscht wurde.

Durch den Überfall auf das benachbarte Kuwait hatte der
irakische Diktator Saddam Hussein im Jahre 1990 den ersten
Golfkrieg ausgelöst. Die USA unter Präsident George H.W.
Bush formten eine internationale Koalition, die die Besetzung
Kuwaits mit militärischen Mitteln beenden sollte. Von Japan
forderte Washington ebenfalls einen militärischen Beitrag in

Form von logistischer Unterstützung. Wie bereits in Kapitel 2 erwähnt, ließ die damalige Auslegung des Artikels 9 jedoch keine Auslandseinsätze der Selbstverteidigungsstreitkräfte zu. Daher weigerte sich die Regierung unter KAIFU Toshiki, den US-amerikanischen Forderungen nach einem militärischen Beitrag an der Operation „Desert Storm" nachzukommen.[22] Stattdessen steuerte man Finanzhilfen in Höhe von 13 Milliarden US-Dollar bei (Ishikawa 2004: 170). Allerdings musste man schnell feststellen, dass diese signifikante finanzielle Unterstützung keinen Dank nach sich zog. Vielmehr wurde national wie international Kritik an der japanischen „Scheckbuchdiplomatie" laut. So beklagte der ehemalige DPJ-Vorsitzende Ozawa, seinerzeit ein Befürworter eines militärischen Beitrages, es sei der Eindruck entstanden, „Japan wolle all seine Probleme mit Geld lösen, ohne jemals einen einzigen Tropfen Schweiß zu vergießen" (Ozawa 2006: 155-156).

Die massive Kritik an Japan führte zu einem radikalen Umdenken und folglich zum Bruch mit der Yoshida-Doktrin und dem „unilateralen Pazifismus". Bereits 1992 wurde das sogenannte PKO-Gesetz *(PKO kyōryoku hō)*, d.h. das Gesetz über den Einsatz der Selbstverteidigungsstreitkräfte bei friedenserhaltenden Operationen der Vereinten Nationen beschlossen. Auf Basis dieses Gesetzes wurden die Selbstverteidigungsstreitkräfte im Rahmen von UN-Missionen nach Kambodscha (1992), Mozambique (1993), die Golan-Höhen (1996), Ost-Timor (2002) und Nepal (2007) entsandt (Verteidigungsministerium Japans 2007: 295). Diese Entwicklung verdeutlicht, dass Japan seit Anfang der 1990er Jahre einen radikalen Kurswechsel vollzogen hat. Waren Auslandseinsätze der Selbstverteidigungsstreitkräfte während des Kalten Krieges undenkbar, so sind sie unterdessen fast zur Normalität geworden.

Premierminister KOIZUMI Junichirō ging 2001 noch einen entscheidenden Schritt weiter. Er entsandte die Selbstverteidigungsstreitkräfte auf eine Betankungsmission in den Indischen

---

22 Erst nach Ende der Operation rang man sich in Tokyo zur Entsendung von Mienenzerstörern durch.

Ozean (Dauer: 2001-2010) und zu Wiederaufbaumaßnahmen in den Irak (2003-2009). Diese Beiträge zu dem von den USA geführten „Kampf gegen den Terror" waren deshalb so umstritten, weil sie, im Gegensatz zu den oben erwähnten Auslandseinsätzen, nicht durch ein UNO-Mandat gedeckt waren. Nichtsdestotrotz war die japanische Regierung bemüht, dem Eindruck, man würde die SVS in ein Kampfgebiet entsenden und somit Verfassungsbruch begehen, entgegenzuwirken. Zu diesem Zweck wurde explizit darauf hingewiesen, dass es sich bei dem Einsatz um einen Beitrag zum Wiederaufbau in einer befriedeten Region und nicht etwa in einem Kampfgebiet handele und folglich die Soldaten auch keine Waffen einsetzten (Asahi Shimbun 2003). Deshalb mussten japanische Truppen vor Ort von australischen und niederländischen geschützt werden. Der Hinweis auf den humanitären Charakter der Mission konnte die Kritiker in Japan jedoch nicht besänftigen. So kam es zu einer hohen Zahl von Klagen vor japanischen Gerichten, die auf juristischem Wege ein Ende der Irak-Mission erzwingen wollten. Dieses Ziel wurde zwar nicht erreicht, allerdings errangen die Kritiker einen moralischen Erfolg, als das Obergericht Nagoya einen Teil des Einsatzes für verfassungswidrig erklärte *(Yomiuri Online 2008).*

So umstritten diese Missionen auch im Inland waren, sie haben die Allianz mit den USA zweifelsohne gestärkt. Hinzu kommt, dass nach der Umsetzung der „Neuen Richtlinien für die militärische Kooperation zwischen Japan und den USA" *(New Guidelines for Japan – US Defense Cooperation)* die Zusammenarbeit zwischen den beiden Staaten noch intensiver geworden ist. Konkrete Beispiele hierfür sind der Aufbau gemeinsamer Kommandostrukturen sowie die gemeinsame Entwicklung eines Raketenabwehrschildes. Wie das anhaltende Tauziehen um die Zukunft der umstrittenen US-Militärbasis Futenma auf Okinawa zeigt, ist das Verhältnis beider Länder zwar nicht ohne Spannungen, nichtsdestotrotz bleibt aber festzuhalten, dass auf japanischer Seite ein sehr breiter Konsens über die herausragende Bedeutung der Allianz mit den Vereinigten Staaten herrscht. Vor dem Hintergrund der oftmals angespannten Beziehungen zu seinen Nachbarländern wird sie weithin als „Lebenslinie" (Hiranuma 2005: 72) angesehen. Nicht zuletzt deshalb hat sich Japan als Folge der harschen Kritik nach dem ersten Golfkrieg von der traditionellen Scheckbuchdiplomatie früherer Jahrzehnte verabschiedet und hat begonnen, eine aktivere Außen- und Sicherheitspolitik umzusetzen.

13.3 Japans Beziehungen zu seinen Nachbarstaaten

Jenseits von wirtschaftlichen Fragen gestalten sich Japans Beziehungen zu seinen Nachbarn mitunter kompliziert. Das stalinistische Nordkorea mit seinem Atomwaffenprogramm und ballistischen Raketen wird in Japan spätestens seit 1998 als eine direkte Bedrohung aufgefasst. Damals hatte eine nordkoreanische Rakete bei einem Test den japanischen Luftraum durchquert. Dieser Vorfall wurde ein entscheidender Katalysator für die Entscheidung der japanischen Regierung, den oben erwähnten Raketenschild zusammen mit den USA zu entwickeln. Doch nicht nur Nordkoreas Waffen beunruhigten die Menschen auf der anderen Seite des japanischen Meeres. Seit das kommunistische Regime des Landes 2002 zugegeben hat, in den 1970er und 80er Jahren japanische Staatsbürger gekidnappt zu haben, stellt das Tauziehen um die Rückkehr der Entführungsopfer das zweite dominierende Thema in den bilateralen Beziehungen beider Staaten dar.

13.3.1 Der Umgang mit Geschichte als diplomatischer Zündstoff

Zwar wurden die Beziehungen zu Südkorea auf Basis des japanisch-koreanischen Grundlagenvertrags von 1965 und zur Volksrepublik China auf Basis des Friedens- und Freundschaftsvertrages[23] von

---

23 Die japanische Regierung unterstützte bis in die 1970er Jahre Taiwan als Repräsentant Chinas im UN-Sicherheitsrat. Anfang des Jahrzehnts baute die US-Regierung jedoch offizielle Beziehungen zu Peking auf und ebnete der Volksrepublik auch den Weg in den Sicherheitsrat, ohne Tokyo zuvor zu konsultieren. Diese als „Nixon-Schock" in Japan bekannte Episode zwang auch Tokyo, den Prozess der langsamen Annäherung an die Volksrepublik zu beginnen.

1978 offiziell normalisiert, allerdings wurden in beiden Fällen strittige Punkte, z.B. Streitigkeiten über die neuere Geschichte oder territoriale Fragen, ausgeklammert. Genau diese beiden Punkte sorgen bis zum heutigen Tage regelmäßig für Zündstoff in den bilateralen Beziehungen zwischen Japan und seinen Nachbarstaaten.

Geschichte und ihre Auslegung ist in Ostasien fast zwangsläufig ein Politikum. Sowohl in China als auch in Korea sind Aggression, Invasion und Besetzung durch die japanische kaiserliche Armee und Marine weder vergeben noch vergessen. Regierungen und Bevölkerung reagieren sehr sensibel auf Worte und Gesten aus Japan, die mit dem Thema Zweiter Weltkrieg bzw. Kriegsschuld zu tun haben. Auf der anderen Seite legten Japans konservative Regierungen seit jeher wenig Enthusiasmus für das Thema Kriegs-schuld und Aussöhnung an den Tag und zementierten damit in den Nachbarstaaten ein Bild, das die von Premierministern anderer Parteien ab 1993 ausgesprochenen Entschuldigungen nur bis zu einem gewissen Maße korrigieren konnten. Zwar einigten sich Japan und Südkorea im Jahre 2001 auf die Einsetzung einer Expertenkommission, in der strittige Fragen der historischen Beziehungen beider Länder erörtert werden sollten, aber auch nach fast einem Jahrzehnt konnten sich beide Seiten nur darauf einigen, dass sie sich nicht einig seien. So kritisierten Gelehrte auf beiden Seiten die Darstellung ihrer Nation in den Schulbüchern des jeweils anderen Landes (MSN Sankei News 2010).

Der Yasukuni-Schrein im Zentrum Tokios gilt in Seoul und Peking aus ähnlichen Gründen als *corpus delicti*. In dem Schrein wird der Gefallenen aller japanischen Kriege seit der Meiji-Zeit gedacht. Darunter befinden sich seit 1978 auch 14 Kriegsverbre-cher der sogenannten „Klasse A" (d.h. politische und militärische Führungsfiguren des Kaiserreichs), die das Tokioter Tribunal im Jahre 1946 zum Tode oder zu Haftstrafen verurteilt hatte. Vor diesem Hintergrund wird kritisiert, dass der Schrein kein Symbol des Friedens sei, sondern dort vielmehr dem Militarismus der Vorkriegszeit gehuldigt werde. Ein ehemaliger Abgeordneter der

„Partei für eine saubere Regierung" ging so weit, den Schrein mit dem „Grab Hitlers" zu vergleichen (Asahi Shimbun 2007). Aus diesem Grund lösen Besuche von Premierministern am Schrein regelmäßig diplomatische Verstimmungen aus. Besonders nachhaltig waren diese Verstimmungen in der Amtszeit von Premierminister Koizumi, der es sich nicht nehmen ließ, jedes Jahr den Schrein zu besuchen.

13.3.2 Kleine Inseln, große Probleme

Der japanische Archipel besteht aus fast 7000 Inseln. Der Streit um einige kleine Eilande, die sowohl von Japan als auch von Anrainerstaaten als Teil ihres Territoriums angesehen werden, löst regelmäßig diplomatische Dissonanzen aus. So beanspruchen beispielsweise sowohl Japan als auch Südkorea die im Japanischen Meer gelegene Insel Takeshima (koreanisch: *Dokdo*; auch Liancourt Felsen genannt) für sich. 1905 beschloss die japanische Regierung, das Eiland unter die Verwaltung der Präfektur Shimane zu stellen. 1952 erklärte Südkorea, die Insel sei Teil seines Staatsgebietes. Bis zum heutigen Tage ist das südkoreanische Militär auf der Insel präsent, obwohl die japanische Regierung mit dem Verweis auf den Kabinettsbeschluss von 1905 Takeshima nach wie vor als Teil des japanischen Staatsgebietes betrachtet. Südkorea hingegen erkennt mit Hinweis auf die Besatzung des Landes durch Japan (1910-1945) die Rechtmäßigkeit des Beschlusses nicht an. Vor diesem Hintergrund kommt es immer wieder zu Spannungen zwischen beiden Nachbarstaaten. Als etwa das japanische Kultusministerium im März 2010 zwei Verlage anwies, Takeshima als japanisches Hoheitsgebiet auszuweisen, reagierte man in Seoul empört (Mainichi Online 2010).

Im Norden Japans verhindert der Territorialstreit um die vier von Russland kontrollierten Inseln Khabomai (Habomai), Shikotan (Shikotan), Kunashir (Kunashiri) und Iturup (Etorofu) die Unterzeichnung eines Friedensvertrages. Zwar haben verschiedene Regierungen, zuletzt auch die DPJ-Regierung, versucht, zu einer Einigung mit Russland zu kommen, allerdings ist diese nach jetzigem

Stand der Dinge immer noch in weiter Ferne, zumal die japanische Seite wirtschaftliche Beziehungen einschränkt bzw. unterbindet, um Druck auf Russland auszuüben. So sind japanische Bürger dazu aufgerufen sind, bei den russischen Behörden keine Visa für den Besuch der Inseln zu beantragen. Diese Maßnahme ist jedoch ein zahnloser Tiger, da ein Visumsantrag keine rechtlichen Folgen nach sich zieht. Auf der anderen Seite besuchte Dmitrii Medvedev im November 2010 als erster russischer Präsident Kunashir, um auf diese Weise noch einmal den russischen Anspruch auf die vier Inseln zu bekräftigen (Yomiuri Online 2010).

Ein weiterer Spannungsherd findet sich im Süden des Archipels, 170 km nordnordöstlich von der Insel Ishigaki (Präfektur Okinawa) entfernt. Die Senkaku (Diayu) Inseln gehörten widerspruchslos seit 1895 zur Präfektur Okinawa. Der Konflikt um die kleine Inselgruppe brach erst in den 1970er Jahren aus, nachdem Untersuchungen die Existenz von Öl- und Gasvorkommen nahelegten. Daraufhin begannen die Volksrepublik China und Taiwan die Inselgruppe als eigenes Hoheitsgebiet zu beanspruchen. Vor diesem Hintergrund ist es vor allem während der letzten zwei Jahrzehnte immer wieder zu Zwischenfällen gekommen. So sind chinesische Aktivisten mehrmals zu den Inseln gefahren, um die chinesischen Ansprüche zu untermauern (Yomiuri Online 2010a). 2010 flammte der Konflikt erneut auf, nachdem ein chinesisches Fischerboot ein Patrouillenboot der japanischen Küstenwache gerammt hatte. Daraufhin wurde die Mannschaft des Fischerbootes in Haft genommen. Um Druck auf Japan auszuüben, stoppte die chinesische Regierung den Kulturaustausch mit Japan sowie die Ausfuhr von seltenen Metallen, welche in der Herstellung elektronischer Geräte wie z.B. Mobiltelefonen verwendet werden. Hinzu kamen teils gewalttätige Demonstrationen gegen Japan in ganz China (Weekly Asahi 2010).

In allen drei Fällen scheint eine wie auch immer geartete Einigung zum jetzigen Zeitpunkt mehr als unwahrscheinlich. Daher ist davon auszugehen, dass diese großen Konflikte um die kleinen Inseln auch in Zukunft ihre Fortsetzung finden werden. Bedenkt man die Komplexität dieser Problemfelder, so wird schnell klar, dass konkrete Lösungen noch immer in weiter Ferne sind.

13.4 Japan und die UN

Nach der Normalisierung der Beziehungen zur Sowjetunion beendete letztere ihren Widerstand gegen die Aufnahme Japans in die Vereinten Nationen, so dass der Inselstaat 1956 ordentliches Mitglied der Weltorganisation werden konnte. Seitdem verfolgt Japan eine Außenpolitik, deren Kernstück neben der Allianz mit den USA die Vereinten Nationen sind *(kokuren chūshin shugi)*. Allerdings führte die Konfrontation zwischen Ost und West während des Kalten Krieges zu einer Lähmung des Sicherheitsrates (da die eine Seite Initiativen der anderen stets durch ein Veto blockierte). Dies hatte zur Folge, dass Japan seine Außen- und Sicherheitspolitik i.d.R. nach seinem wichtigsten Verbündeten, d.h. den Vereinigten Staaten, ausrichtete (Außenministerium Japans 2006).

Wie bereits erwähnt, leistet Japan seit Anfang des 1990er Jahre auch Beiträge zu den Blauhelmmissionen der Vereinten Nationen. Zuvor untersagte die Auslegung des Artikels 9 die Entsendung japanischer Blauhelme. So lehnte Japan mit Hinweis auf den Artikel 9 eine Anfrage der UN bezüglich einer Teilnahme an der UN-Mission im Libanon im Jahre 1958 ab. Diese langjährige Zurückhaltung bei der Entsendung von militärischem Personal bedeutet allerdings nicht, dass Japan keinerlei Beiträge zu den Aktivitäten der UN beigesteuert hätte. So ist Japan traditionell einer der wichtigsten Beitragszahler für die Weltorganisation. Auch nachdem die Vereinigten Staaten ihre Schulden bei den Vereinten Nationen beglichen hatten, war Japan auch 2009 der zweitgrößte Zahler unter den Mitgliedsstaaten der Vereinten Nationen (United Nations Secretariat 2009). Mit dem Verweis auf diese signifikante finanzielle Unterstützung der Weltorganisation sowie die bereits oben erwähnten Beiträge zu UNO-Blauhelm-Missionen fordert Japan eine Reform des Sicherheitsrates, an dessen Ende eine ständige Vertretung des Landes im Rat stehen soll. Diese Reform, die auch von anderen Ländern, darunter Deutschland, gefordert wird, scheiterte bisher jedoch an den fünf ständigen Mitgliedern des Rates USA, Großbritannien, Frankreich, Russland und VR China. Eine Einigung und damit verbunden eine ständiger Sitz Japans im Sicherheitsrat scheint gegenwärtig ein schwer realisierbares Ziel zu sein.

13.5 Japan und nukleare Abrüstung

Als einziges Land, das mit Atomwaffen angegriffen worden ist, ist es für Japan nur folgerichtig, sich offen gegen den Einsatz und die Verbreitung solcher Massenvernichtungswaffen einzusetzen. Der Protest gegen Atomwaffentests sowie der Kampf für eine Welt ohne Nuklearwaffen gehen dabei vor allem von Hiroshima und Nagasaki aus, d.h. den beiden Städten, die die zerstörerischen Auswirkungen dieser Waffen erleiden mussten. Als Anfang 2010 am Sitz der Vereinten Nationen in New York über Änderungen am Vertrag über die Verbreitung von Kernwaffen beraten wurde, appellierten die Bürgermeister der beiden Städte sowie Vorsitzende von Opferverbänden vor Ort an die Regierungsvertreter aus aller Welt, Kernwaffen abzuschaffen (47 News 2010). Auf nationaler Ebene brachte die Proklamation der sogenannten drei nicht-nuklearen Prinzipien, d.h. den Verzicht auf Produktion, Besitz und Einfuhr von Atomwaffen im Jahre 1967 Premierminister SATŌ Eisaku sieben Jahre später den Friedensnobelpreis ein. In der Folgezeit haben alle Regierungen die drei nichtnuklearen Prinzipien aufrechterhalten, auch wenn trotzdem mit Atomwaffen ausgerüstete Schiffe der US-Marine japanische Häfen angelaufen haben (Außenministerium Japans 2010). Darüber hinaus wurde bekannt, dass das Verteidigungsamt (das jetzige Verteidigungs-ministerium) während des Kalten Krieges die Anschaffung von Atomwaffen erwog, dies jedoch u.a. vor dem Hintergrund der breiten Ablehnung in der Bevölkerung schnell wieder verwarf (Nihon Keizai Shimbun 2004: 2).

In der öffentlichen Debatte zählt die Diskussion um Atomwaffen zu einer Reihe von heiklen Themen, die jeder Amtsträger und Journalist mit Vorsicht behandeln muss, da auch nur ein falsches Wort schnell massive Kritik nach sich zieht. So trat der ehemalige Verteidigungsminister Kyūma Fumio im Juli 2007 von seinem Amt zurück, nachdem die öffentliche Kritik an seiner Aussage, dass der Abwurf der Atombombe über Nagasaki „nicht zu ändern gewesen sei", zu stark geworden war. Auch die oben diskutierten Territorialfragen sowie die Problematik der nach Nordkorea entführten Japaner sind sehr sensible Themen, bei deren Umgang die japanische Öffentlichkeit viel Fingerspitzengefühl einfordert.

13.6 Fazit und Ausblick

Zusammenfassend lässt sich sagen, dass Japan während der letzten zwei Jahrzehnte eine wesentlich aktivere Außen- und Sicherheitspolitik betrieben hat als zu Zeiten des Kalten Krieges. Dies liegt zum einen an der negativen Erfahrung mit der Scheckbuchdiplomatie während des ersten Golfkrieges, zum anderen aber auch an externem Druck. Dieser wird nicht nur von den Bündnispartnern in Washington ausgeübt, sondern indirekt auch von Japans Nachbarn. Nordkorea und zunehmend auch die Volksrepublik China werden als eine militärische Bedrohung wahrgenommen, auf die Japan reagieren muss. Der Aufbau eines gemeinsamen Raketenabwehrschirms mit den USA ist ein erster Schritt in diese Richtung. Vor dem Hintergrund der angespannten Lage auf der koreanischen Halbinsel und Chinas scheinbar unaufhaltsamem Aufstieg wird die japanische Außen- und Sicherheitspolitik auf absehbare Zeit weiter auf dem schmalen Grat zwischen regionaler Kooperation und nationaler Sicherheit wandeln.

14. Das große Tōhoku-Erdbeben von 2011

Axel Klein

Japan ist ein Land, das mit einer ganzen Zahl von Naturgewalten zu kämpfen hat. Aktive Vulkane, Taifune, Erdbeben und dadurch ausgelöste Tsunami richten immer wieder große Sachschäden an und fordern häufig Menschenleben. Das Erdbeben vom 11. März 2011 stach jedoch aus zwei Gründen aus der langen Reihe dieser Naturkatastrophen hervor. Zum einen erreichte es an seinem Epizentrum 130 km vor der japanischen Küste eine Momenten-Magnitude von 9,0 und war somit das stärkste Beben, das je in Japan gemessen wurde. Es löste eine Tsunami aus, die eine Fläche von etwa 470 km² überflutete und vielerorts Wellen von 15 und mehr Metern über die Küstenstriche schleuderte. Mehr als 20 000 Menschen fanden dabei den Tod.

Was dieses Beben jedoch noch verheerender machte, war der Schaden, den es an vier Reaktoren des Atomkraftwerkes Fukushima Daiichi (Fukushima Eins) anrichtete. Innerhalb der ersten vier Tage explodierten drei der Reaktorgebäude. 160 000 Menschen mussten evakuiert werden und diejenigen, die in der 20-km-Zone um das AKW lebten, werden vielleicht nie wieder in ihre Heimat zurückkehren können. Über Wochen war Fukushima ein zentrales Thema in den Nachrichten der Welt, in Deutschland bewegte es die Regierung Merkel sogar dazu, den kurz zuvor rückgängig gemachten Atomausstieg wieder zur Regierungspolitik zu erklären.

In den Monaten nach dem 11. März kämpfte der AKW-Betreiber Tōkyō Denryoku (Tokyo Electric Power Company, kurz TEPCO) darum, die Kontrolle über die eigene Anlage zurückzugewinnen. Eine noch unbekannte Menge radioaktiven Wassers lief während dieser Zeit in den Pazifik, auch genaue Angaben über die Belastung der Luft lagen lange Zeit nicht vor.

Nachrichten von radioaktiven Hotspots, verstrahlten Schulhöfen und kontaminierten Lebensmitteln vergrößerten die Ängste der Menschen. Dazu ließen immer mehr Erkenntnisse über schlampige Wartungsarbeiten, unzureichende Sicherheitsvorkehrungen und mangelhafte Informationspolitik die Wut auf den Energiekonzern und die staatlichen Kontrolleure steigen.

All die selbstbewussten Versicherungen, japanische AKWs gehörten zu den sichersten der Welt und alle potenziellen Gefahren seien bedacht, erwiesen sich als fahrlässige Täuschung. Beben und Tsunami hatten nämlich nicht etwa ein nach bestem Wissen abgesichertes AKW zerstört, sondern eine Anlage, die von TEPCO aus Kostengründen nur halbherzig mit Schutzvorkehrungen ausgestattet worden war. Betreiber und Staat hatten realistische Katastrophenszenarien nicht ernst nehmen wollen. Man hätte gar nicht auf die Warnungen von SPJ und KPJ hören, sondern nur die einiger Geologen und Historiker ernst nehmen müssen und es wäre wohl möglich gewesen, die Atomkatastrophe von Fukushima weitgehend zu vermeiden.

So aber wurde nach dem 11. März 2011 nach und nach deutlich, wie die regionalen Energiemonopolisten und ihre politischen Verbündeten über Jahrzehnte zum gegenseitigen Vorteil geklüngelt und dabei die Sicherheit und Interessen der Bürgerinnen und Bürger vernachlässigt hatten. Seit Premierminister TANAKA Kakuei 1974 hohe staatliche Subventionen für diejenigen Küstengemeinden auslobte, die sich zur Aufnahme eines AKWs bereit erklärten, war einem gegenseitigen Geben und Nehmen Tür und Tor geöffnet. Private Energiekonzerne konnten ihre Monopolstellung nutzen, um massive Gewinne einzufahren, liberaldemokratische Abgeordnete profitierten von finanziellen Zuwendungen der Betreiberfirmen und konnten ihren Wahlkreisen Dank der Atomsubventionen großzügige Sportanlagen, Konzerthallen und Wellnesszentren bauen. Vier Monate nach der Katastrophe meldete die Nachrichtenagentur Kyodo beispielsweise, dass mehr als 70 % der Spenden von natürlichen Personen, die der LDP vor dem Wahlkampf 2009 gemacht wurden, von Managern der Energiekonzerne stammten (Kyodo 23.7.2011).

Durch großangelegte Kampagnen war der japanischen Öffentlichkeit über Jahrzehnte beigebracht worden, dass Atomenergie sicher und umweltfreundlich sei und die ideale Lösung zur Energieversorgung des rohstoffarmen Landes. Über die Ministerien fanden diese Kampagnen den Weg in Schulbücher, in denen Manga-Figuren schon Grundschülern die Überlegenheit der Nukleartechnik nahebrachten. Ausflüge zu den Reaktoren gaben den Schülern die Möglichkeit, das Gelernte vor Ort zu besichtigen. Eine atomkritische Öffentlichkeit gab es ebenso wenig wie ein nationales Bewusstsein bezüglich der Risiken nuklearer Energiegewinnung.

Allerdings waren nicht immer alle Einwohner einer Gemeinde von dem Vorschlag begeistert, ein AKW an ihre Küste bauen zu lassen. Finanziellen Anreizen (hohe Gewerbesteuereinnahmen, Subventionszahlungen, billige Strompreise) standen Bedenken wegen der Risiken der Atomenergie gegenüber, und zuweilen zerstritten sich Dorfgemeinschaften über dieser Frage. Der wohl bekannteste Fall einer Protestinitiative, die sich tatsächlich durchsetzen konnte, spielte sich in der Stadt Maki ab. Dort gelang es den Atomgegnern nach zwanzigjährigem Konflikt um den Bau eines neuen AKWs, einen der ihren zum Bürgermeister wählen zu lassen. In seiner neuen Position verkaufte der das Grundstück, auf dem die Nuklearanlage errichtet werden sollte, und der Energiekonzern stellte seine Bemühungen ein.

Premierminister KAN Naoto übernahm nach der Atomkatastrophe von Fukushima die Initiative bei der Neuausrichtung der japanischen Energiepolitik. Er kündigte an, die Abhängigkeit des Landes von Kernkraft reduzieren und die Macht der Energiemonopolisten brechen zu wollen. Eine neue, unabhängige Kontrollinstanz sollte zukünftig strengere Sicherheitsauflagen einfordern und kontrollieren. Kans Pläne sahen vor, nun auch erneuerbare Energien und Maßnahmen zum Stromsparen zu fördern. Innerhalb weniger Wochen machte er sich somit zum größten Gegner einer Lobby, die über Jahrzehnte ungehindert hatte schalten und walten können. Im Mai 2011 forderte Kan zudem den Betreiber des 200 km südwestlich von Tokyo in der Präfektur Shizuoka gelegenen AKWs Hamaoka auf, die Anlage herunterzufahren, bis ausreichende Schutzvorkehrungen vor einer Tsunami erfolgt seien. Wissenschaftliche Prognosen sagten ein großes Erdbeben innerhalb der nächsten 30 Jahre voraus und obwohl die Forderung des Premierministers keinerlei rechtliche Grundlage hatte, kam ihr der Betreiber des AKW nach eintägigem Protest nach (Asahi 10.5.2011).

Da Kan seinen Gegnern, zu denen auch die in dieser Phase unsäglich destruktive Liberaldemokratische Partei gehörte, immer wieder neue Munition für Kritik an seiner Person bot, gingen seine Pläne häufig in den politischen Grabenkämpfen innerhalb seiner eigenen Partei, aber auch in denen mit der Opposition unter. Seine Popularitätswerte fielen, im Juli 2011 hielten ihn nur noch 12 % der Wahlberechtigten für den geeigneten Mann, um Japan aus der Krise zu führen (Yomiuri 4.7.2011). Was deshalb von den ersten Monaten nach dem 11. März 2011 mit Blick auf die politische Klasse Japans vor allem in Erinnerung bleiben wird, ist ihre Unfähigkeit, sich den wichtigen Herausforderungen des Krisenmanagements und des Wiederaufbaus zu stellen. Vor allem die LDP muss sich den Vorwurf gefallen lassen, in dieser Phase zu sehr versucht zu haben, politischen Nutzen aus der Situation zu ziehen. Ihre Blockadehaltung verdeutlichte dabei auch, wie sehr die Partei immer noch darunter litt, nicht mehr an den Fleischtöpfen der Macht zu sitzen, so wie sie es bis 2009 über etwa 50 Jahre lang gewohnt war.

Die Katastrophe von Fukushima wird das Land noch lange beschäftigen, unabhängig von der Frage, welche Partei Regierung und Premierminister stellt. Die politische Partizipationskultur des Landes hat zwar verhindert, dass sich große Demonstrationszüge in den Städten bildeten, aber trotzdem hat sich maßgebliches verändert. Bisher konnten sich Energiekonzerne darauf verlassen, dass lokale Behörden der Wiederinbetriebnahme einer Nuklearanlage zustimmten, nachdem diese für Wartungsarbeiten vom Netz genommen worden war. Nach der Atomkatastrophe von Fukushima ist der Druck der Bevölkerung aber so groß, dass lokale Entscheidungsträger diese Zustimmung oft nicht mehr zu geben bereit sind. Die zukünftige Energieversorgung zahlreicher Regionen des Landes ist auch deshalb nicht gesichert.

Auch hier wird deutlich, dass atomkritische Stimmen jetzt in der gesellschaftlichen Mitte angekommen sind. Wissenschaftler und Politiker sehen sich in ihren Sorgen und ihrem Protest vereint mit Hausfrauen und Müttern, Studierenden und Senioren, Arbeitern und Angestellten. Die Medien des Landes berichten kritisch über den Atomklüngel und die richtige Energiepolitik für die Zukunft Japans. Nichts von dem wäre vor dem 11. März 2011 denkbar gewesen.

Literatur

Literatur zu Kapitel 1

Bix, Herbert P. 2002: Hirohito and the Making of Modern Japan, New York.

Hall, John Whitney 2000: Fischer Weltgeschichte: Das Japanische Kaiserreich, 12. Auflage, Frankfurt/M.

Kreiner, Josef (Hrsg.) 2010: Japan und die ostasiatische Staatenwelt an der Wende vom Mittelalter zur Frühen Neuzeit, in: Ders. (Hrsg.), Kleine Geschichte Japans, Stuttgart.

Neumann, Reinhard 1982: Änderung und Wandlung der Japanischen Verfassung, Köln/Berlin/Bonn/München.

Ōtake, Hideo 1986: Adenauaa to Yoshida Shigeru [Adenauer und Yoshida Shigeru], Tokyo.

Watanbe, Jirō et al. 2003: Kenkyusha's New Japanese-English Dictionary, Tokyo.

Winkler, Christian G. 2010: The Quest for Japan's New Constitution: An analysis of visions and Constitutional reform proposals 1980-2009, Abingdon/Oxon.

Literatur zu Kapitel 2

Asahi Shimbun 1985, Kaikenha to yoron (tensei jingo) [Die Befürworter einer Verfassungsänderung und die öffentliche Meinung (Vox populi, vox dei)], Morgenausgabe, 3.5.1985, Tokyo: Asahi Shimbunsha, S. 1.

Berger, Gordon Mark 1977: Parties out of Power in Japan 1931-1941, Princeton.

Dower, John W. 1999: Embracing Defeat: Japan in the Wake of World War II, New York.

Gordon, Andrew 2009: A Modern History of Japan, 2. Edition, Oxford.

Ishikawa, Masumi 2004: Sengo Seijishi [Geschichte der Politik der Nachkriegszeit], Tokyo.

Kobayashi, Setsu 1992: Kenpō mamotte Kuni horobu: Watashitachi no Kenpō o naze Kaisei shite ha ikenai no ka [Durch die Verteidigung der Verfassung geht das Land unter. Warum müssen wir unsere Verfassung ändern], Tokyo.

Neumann, Reinhard 1982: Änderung und Wandlung der Japanischen Verfassung, Köln/Berlin/Bonn/München.

Der Japanische Premierminister und sein Kabinett: The Constitution of Japan [Zugriff am 12.4.2010].

Tsujimura, Miyoko 2004: Kenpō [Verfassung], 2. Edition. Tokyo.

Winkler, Christian G. 2010: The Quest for Japan's New Constitution: An analysis of visions and Constitutional reform proposals 1980-2009, Abingdon/Oxon.

Literatur zu Kapitel 3

Asahi Shimbun *[Diese nationale Tageszeitung hat eine Auflage von etwa 8,3 Millionen und gilt als linksliberal (vgl. Kapitel 3.3)].*

Abe, Hitoshi, Muneyuki Shindo und Sadafumi Kawato 1994: The Government and Politics of Japan, Tokyo.

Fukumoto, Kentarō 2003: Rippō [Gesetzgebung], in: Hirano, Hiroshi und Masaru Kōno (Hrsg.): Akusesu nihon seiji ron [Access-Theorie zur japanischen Politik], Tokyo, S. 135-153.

Hani, Yoko 1999: Reform of Diet debate questioned. In: Japan Times, 10.5.1999.

Katō, Shūjirō 2002: Kenpō kaikaku no seiji gaku [Die Politikwissenschaft der Verfassungsreform], Tokyo.

Literatur zu Kapitel 4

Abe, Hitoshi, Muneyuki Shindō und Sadafumi Kawato 1994: The Government and Politics of Japan, Tokyo.

Amyx, Jennifer, Harukata Takenaka und A. Maria Toyoda 2005: The Politics of Postal Savings Reform in Japan, in: Asian Perspective, Vol. 29, No.1, S. 23-48.

Feldman, Ofer 2000: The Japanese Political Personality – Analyzing the Motivations and Culture of Freshman Diet Members, London.

HARCG (Headquarters for the Administrative Reform of the Central Government of Japan) 2001: Central Government Reform of Japan – For Simple, Efficient, and Transparent Administration towards the 21st Century, Tokyo.

Hashimoto, Gorō, Masayuki Iida und Shūjirō Katō 2002: Nihon seiji no shōhyakka [Kleines Handbuch zur japanischen Politik], Tokyo.

Ikuta, Tadahide 1995: Kanryō. [Bürokratie], Tokyo.

Kevenhörster, Paul 2010: „Politik". In: Japan. Wirtschaft – Gesellschaft – Politik. 2., aktualisierte Auflage, Wiesbaden.

Klein, Axel 2006: Das politische System Japans, Bonn.

Noguchi, Yukio 1995: 1940nen taisei [Das 1940er System], Tokyo.

Sakaiya, Taichi 1994: The Myth of Able and Trustworthy Bureaucrats, in: Economic Eye, Herbst 1994, S. 4-6.

Yamaguchi, Jirō 2001: Result of Unfinished Reforms – Structure of Political and Administrative Reform in Japan in the 1990s, in: Bosse, Friedericke und Patrick Köllner (Hrsg.): Reformen in Japan, Hamburg, S. 71-87.

Literatur zu Kapitel 5

Asahi Shimbun *[Diese nationale Tageszeitung hat eine Auflage von etwa 8,3 Millionen und gilt als linksliberal].*

Innenministerium Japans 2010: Daten zur Parteienfinanzierung unter www.soumu.go.jp/main_content/000060907.pdf [21.12.2010].

Iwai, Tomoaki 1990: Seiji shikin no kenkyū [Forschungen zu politischen Geldern], Tokyo.

Kevenhörster, Paul 2010: Politik, in: Japan. Wirtschaft – Gesellschaft – Politik. 2., aktualisierte Auflage, Wiesbaden.

Klein, Axel 2006: Das politische System Japans, Bonn.

Mainichi Shinbun *[Diese nationale Tageszeitung hat eine Auflage von knapp vier Millionen und gilt als gemäßigt].*

Ministerium für Inneres und Kommunikation 2011: Wahldaten unter www.soumu.go.jp/senkyo/senkyo_s/data/index.html.

Sanchōme, Rina 2004: Staatliche Parteienfinanzierung in Japan. Band 2, Politische Aspekte Japans, Bonn.

Yasuda Shū und Takada Hirobumi 2000: Senkyo to seiji shikin seido [chihōjichi sōgō kōza 6] [Wahlen und das System der Politikfinanzierung – Allgemeiner Kurs über regionale Selbstverwaltung 6], 3. Auflage. Tokyo.

Literatur zu Kapitel 6

Abe, Hitoshi, Muneyuki Shindō und Sadafumi Kawato 1994: The Government and Politics of Japan, Tokyo.

Hashimoto, Kenji 2001: Kaikyū shakai nihon [Klassengesellschaft Japan], Tokyo.

Igarashi, Fumihiko 1992: Senkyo no shikumi [Zum Verlauf von Wahlen], Tokyo.

Ishikawa, Masumi 1995: Sengo seiji shi [Politische Nachkriegsgeschichte], Tokyo.

Kawai, Hidekazu 1994: Seiji rinri [Politische Moral], in: Imidas '96, Tokyo, S. 335-344.

Krauss, Ellis S. und Robert Pekkanen 2004: Explaining Party Adaptation to Electoral Reform: The Discreet Charm of the LDP?, in: Journal of Japanese Studies, Vol. 30, No.1, S. 1-34.

Ministerium für Inneres und Kommunikation 2011: Wahldaten unter www.soumu.go.jp/senkyo/senkyo_s/data/index.html.

Mitchell, Richard H. (1996): Political Bribery in Japan. Honolulu, Hawaii.

Otake, Hideo 1990: Defense Controversies and One Party Dominance: the Opposition in Japan and West Germany, in: Pempel, T. J. (Hrsg.): Uncommon Democracies. The One Party Dominant Regimes, Cornell, S.128-161.

Richardson, Bradley M. 1997: Japanese Democracy – Power, Coordination, and Performance, New Haven/London.

Suzuki, Tsuneo 1989: Risō – seiji ni yūtopia o motomete [Ein Ideal – Eine Utopie für die Politik fordern], in: Yūtopia Seiji Kenkyū Kai (Hrsg.): Nagata chō kakyū bushitachi no kekki [Die niederen Krieger von Nagata Chō rüsten sich], Tokyo, S. 173-204.

Watanuki, Joji 1991: Social Structure and Voting Behavior, in: Flanagan, Scott C. et al. (Hrsg.): The Japanese Voter, New Haven, S. 49-83.

Yoshida, Yoshiaki 1995: Kōshoku senkyo hō no kaisetsu [Erläuterungen zum Wahlgesetz für öffentliche Ämter], Tokyo.

Literatur zu Kapitel 7

Asahi Shimbun 2008: „Ame to muchi" Sōkō Zamashi mo Beigun Saihen „Yōnin" Kōfukin Shikyū, Nendonai ni mo – Kanagawaken [Erfolg von „Zuckerbrot und Peitsche", Nachdem auch die Stadt Zama der Verlegung der US-Streitkräfte „zustimmt", noch in diesem Fiskaljahr Auszahlung der Beihilfe], Morgenausgabe, 31.7.2008, Tokyo.

e-Gov 2010, Chihō Jichihō [Gesetz über die lokale Selbstverwaltung].

Fujiwara, Masahiko 2005: Shuchō: „Kyūkōkō" ni manabe Ima Nihon ni „Eriito Kyōiku" ga hitsuyō da [Meinung: Lernt vom alten Oberschul(system): Das heutige Japan braucht „Erziehung von Eliten"], in: Themis 2005.9, Tokyo, S. 84-85.

Ishida, Mitsuyoshi 2004: Seiji no Shikumi, Tokyo.

LDP 2008: Dōshūsei ni kan suru Dai 3 ji Chūkan Hōkoku [Dritter Zwischenbericht über die Einführung eines Bundesstaatlichen Systems].

Muramatsu, Michio 1997: Local Power in the Japanese State, Berkeley/Los Angeles/London.

Ministerium für Inneres und Kommunikation o.J.: Shichōsonsū no Hensen to Meiji – Shōwa no Daigappei no Tokuchō [Veränderungen in der Zahl der Städte und Kommunen sowie Besonderheiten der großen Zusammenschlüsse der Meiji- und Shōwa-Zeit].

Tamura, Akira 2000: Jichitaigaku Nyūmon [Einführung in die Lehre von den regionalen Körperschaften], Tokyo.

Literatur zu Kapitel 8

Abe, Teruya und Masanori Shiyake 1977: Die Entwicklung des japanischen Verfassungsrechts von 1965-1976 unter besonderer Berücksichtigung der Rechtsprechung, in: Leibholz, Gerhard (Hrsg.): Jahrbuch des Öffentlichen Rechts. Bd. 26, Tübingen, S. 596-629.

Hatajiri, Tsuyoshi 2003: Ein Versuch zum richterlichen Prüfungssystem unter rechtsvergleichenden Gesichtspunkten, in: Häberle, Peter (Hrsg.): Jahrbuch des Öffentlichen Rechts. Bd. 51, Tübingen, S. 711-723.

Hillach, Elmar 1974: Die Verfassungsgerichtsbarkeit Japans, Hamburg.

Johnson, David T. 2002: The Japanese Way of Justice, Oxford.

Klein, Axel 1998: Das Wahlsystem als Reformobjekt – Eine Untersuchung zu Entstehung und Auswirkung politischer Erneuerungsversuche am Beispiel Japan, Bonn.

Kuriki, Hisao 1998: Das System der gerichtlichen Überprüfung von Staatsakten in Japan, in: Eisenhardt, Ulrich et al. (Hrsg.): Japanische Entscheidungen zum Verfassungsrecht in deutscher Sprache, Köln/Berlin/Bonn/München, S. 15-26.

Nomura, Jirō 1987: Saikō saibansho [Der Oberste Gerichtshof], Tokyo.

Oda, Hiroshi 1992: Japanese Law, London/Dublin/Edinburgh.

Säcker, Horst 2003: Das Bundesverfassungsgericht, Bonn.

Tachi, Yuichirō 2003 Investigation against Corruption by Public Prosecutors in Japan. Vortrag im Rahmen der ICAC-Interpol Konferenz in Hong Kong, 22.-24. Januar 2003; Internet-Zugriff unter: www.icac.org.hk/symposium/2003/presentation/day3/three-pronged attack.pdf.

Literatur zu Kapitel 9

Artikel 9 Vereinigung 2008: Chiiki, Shokuba nado no „Kai" ga 7000 wo Toppa [Zahl der Vereinigungen in Regionen am Arbeitsplatz und anderswo übersteigt 7000] [31.10.2010].

Deutsches Institut für Japanstudien 1998: Die Wirtschaft Japans: Strukturen zwischen Kontinuität und Wandel, Berlin/Heidelberg/New York.

Ishikawa, Masumi 2004: Sengo Seijishi [Geschichte der Politik der Nachkriegszeit], Tokio.

Laborsta Internet o.J.: Laborsta Database.

Keindanren 2010: Seitō no Seiji Shikin Dantai he no Kigyō-Dantai Kifu no Suii [Veränderung der Spenden an die Organisationen für politische Gelder durch Arbeitgeberverbände].

Ministerium für Gesundheit, Arbeit und Soziales 2009: Heisei 21-nen Rōdō Kumiai Kisō Chōsa Kekka no Gaikyō [Allgemeine Tendenzen der Resultate der grundlegenden Studie zu den Gewerkschaften im Jahre 2009].

Rengō 2010: „Rengō" Kōsei Soshiki Ichiran [Liste der Organisationen, aus denen der japanische Arbeitgeberverband Rengō besteht].

Shin Nihon Fujin no Kai 2009: Shinfuji tte Naani? [Was ist die Neue Japanische Frauenvereinigung?].

Statistisches Bundesamt 2006: Datenreport 2006: Zahlen und Fakten über die Bundesrepublik Deutschland Auszug aus Teil I [30.10.2010].

Literatur zu Kapitel 10

Ishii, Kenji 2007: Dētabukku: gendai nihonjin no shūkyō [Datenbuch: Die Religionen der Japaner jetzt]. Zweite, ergänzte Auflage, Tokyo.

Kisala, Robert J. und Mark R. Mullins (Hrsg.) 2001: Religion and Social Crisis in Japan. Understanding Japanese Society through the Aum Affair. Basingstoke, New York.

Klein, Axel 2011: Wenn Religionsgemeinschaften zur politischen Reformation ansetzen: der Fall der japanischen „Kōfuku no kagaku", in: Asien. The German Journal on Contemporary Asia, Nr. 219, April 2011.

Neumann, Reinhard 1982: Änderung und Wandlung der Japanischen Verfassung, Köln/ Berlin/Bonn/München.

Steineck, Christian 2007: Der Leib in der japanischen Bioethik: Mit einer Diskussion der Leibtheologie von Merleau-Ponty im Licht bioethischer Probleme, Würzburg.

Zacharias, Diana 2004: The Relationship between State and Religion in Japan. A Comparison with the German Situation, Aachen.

Literatur zu Kapitel 11

Finanzministerium Japans 2010: Saimu Zandaka no Kokusai Hikaku (tai GDP hi) [(Staatlicher) Schuldenstand im internationalen Vergleich (gemessen am BIP)].

Coulmas, Florian 2007: Die Gesellschaft Japans. Arbeit, Familie und demographische Krise, München.

Finanzministerium Japans 2010: Japan's Fiscal Condition. www.mof.go.jp/english/budget/ e20101224b.pdf [Januar 2011].

Justizministerium Japans 2010: Kokuseki (shusshin chi) betsu zairyū shikaku (zairyū mokuteki) betsu gaikokujin tōrokusha [Registrierte Ausländer nach Aufenthaltsstatus und Herkunftsland]. www.e-stat.go.jp/SG1/estat/List.do?lid=000001065021 [Januar 2011].

Sozialministerium Japans 2011: Fukushi gyōsei hōkoku rei [Sozialverwaltungsbericht], im April 2011 auf: www.mhlw.go.jp/toukei/saikin/hw/gyousei/fukushi/m10/12.html.

Klein, Axel/Kreiner, Josef 2010: Japan in der zweiten Hälfte des 20. Jahrhunderts, in: Kreiner, Josef (Hrsg.): Kleine Geschichte Japans. Stuttgart.

OECD 2010: Factbook 2010: Economic, Environmental and Social Statistics. OECD.

Shire, Karen 2010: „Gesellschaft", in: Kevenhörster, Paul, Werner Pascha und Karen Shire (Hrsg.): Japan. Wirtschaft – Gesellschaft – Politik. 2. aktualisierte Auflage, Wiesbaden.

Sugimoto, Yoshio 2010: An Introduction to Japanese Society. 3., überarbeitete Auflage, Cambridge.

Watanuki, Jōji 1991: Social Structure and Voting Behavior, in: Flanagan, Scott (Hrsg.): The Japanese Voter. New Haven.

Literatur zu Kapitel 12

Asahi Online 2011: Seikatsu Hogo, Kako Saita 141man Setai 2010nen 10gatsu [Zahl der Haushalte, die Sozialhilfe empfangen, steigt auf 1,41 Millionen im Oktober 2010].

Asako, Kazumi/Shinohara, Sōichi 2006: Nyūmon Nihon Keizai [Einführung in die japanische Wirtschaft], 3. Ausgabe, Tokyo.

Finanzministerium Japans 2010: Saimu Zandaka no Kokusai Hikaku (tai GDP hi) [Staatlicher Schuldenstand (gemessen am BIP) im internationalen Vergleich].

Deutsches Institut für Japanstudien 1998: Die Wirtschaft Japans: Strukturen zwischen Kontinuität und Wandel, Berlin/Heidelberg/New York.

Gordon, Andrew 2009: A Modern History of Japan, New York/Oxford.

Ministerium für Inneres und Kommunikation – Statistisches Amt 2010: Koyō Keitaibetsu Koyōshasū [Beschäftigungszahlen nach Art der Beschäftigung].

Ministerium für Inneres und Kommunikation – Statistisches Amt 2010a: Rōdōryoku Chōsa Hōkoku [Bericht über die Untersuchung der Arbeitskräfte].

Ōkita, Yōichi 2007: OECD Nihon Keizai Hakusho 2007: OECD Economic Surveys Japan [OECD Weißbuch über die japanische Wirtschaft 2007], Tokyo.

OECD 2010: StatExtracts Database.

Osiander, Anja 2007: Der Fall Minamata. Bürgerrechte und Obrigkeit in Japan nach 1945, München.

Ishikawa, Masumi 2004: Sengo Seijishi [Geschichte der Politik der Nachkriegszeit], Tokyo.

Tachibanaki, Toshiaki 2006: Kakusa Shakai: Nani ga Mondai na no ka [Die ungleiche Gesellschaft. Was ist das Problem?], Tokyo.

Literatur zu Kapitel 13

47 News 2010: Kokuren de, Hiroshima, Nagasaki Ryōshichō ga Enzetsu „Kaku naki Sekai wo Jitsugen wo" [Bürgermeister von Hiroshima und Nagasaki halten Vortrag bei den Vereinten Nationen: „Realisierung einer Welt ohne Atomkraft"], 8.5.2010.

Asahi Shimbun 2003: Iraku Tokusohō Seiritsu Sansei 136-hyō, Hantai 102-hyō, 26.7.2003 [Gesetz zum Irakeinsatz mit 136 Ja-Stimmen, 102 Nein-Stimmen angenommen], Tokyo, S. 1.

Asahi Shimbun 2007: Fukumoto Giin, Kōnin Hazure Fuman Kōmei ni Rittō Todoke Minshu ha Ukeire Kyohi, Morgenausgabe, 16.6.2007 [Abgeordneter Fukumoto ungehalten über Nichtberücksichtigung bei Kandidatennominierung durch Kōmeitō; reicht Parteiaustrittsgesuch ein; DPJ lehnt seine Aufnahme ab], Tokyo, S. 4.

Außenministerium Japans 2006: Kokuren in okeru Nihon no Torikumi – Nihon to Kokuren no 50nen [Japans Initiativen bei den Vereinten Nationen: 50 Jahre Japan und UN].

Außenministerium Japans 2010: Iwayuru „Mitsuyaku" Mondai ni kan suru Yūshikisha Iinkai Hōkokusho (Gaiyō), 22.3.2010 [Bericht der Expertenkommission zum sogenannten „Geheimvertrag"-Problem (Übersicht)].

Boyd, J. Patrick and Samuels, Richard J. 2005: Policy Studies 19: Nine Lives? The Politics of Constitutional Reform, Washington D.C.

Hiranuma, Takeo 2005: Shinkokkaron [Neuer Diskurs über die Nation], Tokyo.

Ishikawa, Masumi 2004: Sengo Seijishi [Geschichte der Politik der Nachkriegszeit], Tokyo.

Mainich Online 2010: Close-Up 2010: Kyōkasho Kentei, Aikokushin Irokoku „Kokkyōsen, Takeshima no Nishi ni" to Iken, 31.3.2010 [Starker Patriotismus in Schulbuchgenehmigungsverfahren: Meinung, dass die Landesgrenze westlich von Takeshima verläuft].

MSN Sankei News 2010: Nikkan Rekishi Kenkyū „Kyōdō Kenkyū ha Fumō" Kyōtsū Ninshiki Keisei ni ha Hodo Tōku, 23.3.2010 [Japanisch-Koreanische Geschichtsforschung: Gemeinsame Forschung ist unproduktiv; Entstehung gemeinsamer Auffassungen in weiter Ferne].

Nihon Keizai Shimbun 2004: „80nendai ni Dokuji Kaku Busō Kentō" in Nihon Keizai Shimbun [Überlegungen zu eigenständiger nuklearer Bewaffnung in den 1980er Jahren], 3. Oktober 2004, Tokyo, S. 2.

Ozawa, Ichirō 2006: Ozawa Shugi – Shi wo Mote, Nihonjin [Ozawa-ism: Japaner seid willens], Tokyo.

Pyle, Kenneth B. 2007: Japan Rising: The Resurgence of Japanese Power and Purpose, New York.

United Nations Secretariat 2009: Status of contributions as of December 31 2009 [5.11.2010].

Verteidigungsministerium Japans 2007: Heisei 19nenban Nihon no Bōei: Bōei Hakusho – Kiki ni yori tsuyoku, Sekai no Heiwa ni yori yakudatsu tame ni [Japans Verteidigung 2007: Weißbuch der Verteidigung; um stärker gegen Krisen und nützlicher für den internationalen Frieden zu werden], Tokyo.

Weekly Asahi 2010: Senkaku Shotō Mondai de oikomareru Kan Seiken Chūgoku no Atsu-ryoku de Senchō Shakuhō [Regierung kam unter Druck durch Senkaku-Zwischenfall: Freilassung des Kapitäns durch chinesischen Druck], 8.10.2010, Tokyo, S. 2.

Yomiuri Online 2008: Kūji Iraku Yusō Katsudō, Nagoya Kōsai ga „Ichibu Iken" to Shiteki [Obergericht in Nagoya befindet den Irak-Einsatz der Luftwaffe für teilweise verfassungswidrig"], 18.4.2008.

Yomiuri Online 2010: Kunashiritō wo „Roshia ryō toshite hatten" Daitōryō ga Kakuyaku [Präsident verspricht „werden Kunashiritō als russisches Staatsgebiet entwickeln"], 2.11.2010.

Yomiuri Online 2010a: Chūgoku, Taiwan ga ippōteki Shuchō ... Senkaku Shotō naze toraberu [Einseitige Behauptungen Chinas und Taiwans: Warum gibt es den Ärger um die Senkaku Inseln?], 23. September 2010.

Anhang

1. Liste der japanischen Premierminister ab 1945

	Name	Amtszeit	Partei
1	Higashikuni, Naruhiko	1945	–
2	Shidehara, Kijurô	1945-46	–
3	Yoshida, Shigeru	1946-47,1948-54	LP
4	Katayama, Tetsu	1947-48	SPJ
5	Ashida, Hitoshi	1948	DP
6	Hatoyama, Ichirô	1954-56	LDP
7	Ishibashi, Tanzan	1956-57	LDP
8	Kishi, Nobusuke	1957-60	LDP
9	Ikeda, Hayato	1960-64	LDP
10	Satô, Eisaku	1964-72	LDP
11	Tanaka, Kakuei	1972-74	LDP
12	Miki, Takeo	1974-76	LDP
13	Fukuda, Takeo	1976-78	LDP
14	Ohira, Masayoshi	1978-80	LDP
15	Suzuki, Zenkô	1980-82	LDP
16	Nakasone, Yasuhiro	1982-87	LDP
17	Takeshita, Noburo	1987-89	LDP
18	Uno, Sôsuke	1989	LDP
19	Kaifu, Toshiki	1989-91	LDP
20	Miyazawa, Kiichi	1991-93	LDP
21	Hosokawa, Morihiro	1993-94	JNP
22	Hata, Tsutomu	1994	EP
23	Murayama, Tomiichi	1994-96	SPJ
24	Hashimoto, Ryutarô	1996-98	LDP
25	Obuchi, Keizô	1998-2000	LDP
26	Mori, Yoshirô	2000-2001	LDP
27	Koizumi, Junichirô	2001-06	LDP
28	Abe, Shinzô	2006-07	LDP
29	Fukuda, Yasuo	2007-08	LDP
30	Asô, Tarô	2008-09	LDP
31	Hatoyama, Yukio	2009-10	DPJ
32	Kan, Naoto	2010-	DPJ

DP: Demokratische Partei (1947-50)   DPJ: Demokratische Partei Japans
EP: Erneuerungspartei (1993-94)   JNP: Neue Partei Japans (1992-94)
LDP: Liberaldemokratische Partei Japans   LP: Liberale Partei (1945-1948)
SPJ: Sozialistische Partei Japans (1945-1996)

Quelle: Klein 2006

2. Die Japanische Verfassung
   (verkündet 1946, seit 1947 in Kraft)

Die offizielle englische Version der japanischen Verfassung ist einseh-
bar auf der Internet-Seite des Oberhauses (www.sangiin.go.jp/eng/
law/index.htm). Die folgende deutsche Übersetzung stammt von
Reinhard Neumann (1982).

Präambel

Wir, das japanische Volk, handelnd durch unsere rechtmäßig
gewählten Vertreter im Volk, entschlossen, für uns und unsere
Nachfahren die Früchte der Harmonie mit allen Völkern und die
Segnungen der Freiheit überall in unserem Lande zu sichern und
nie wieder durch Handlungen der Regierung die Schrecken des
Krieges zu entfesseln, verkünden hiermit, daß die oberste Gewalt
beim Volk liegt, und bestimmen diese Verfassung. Die Staatsführung
beruht auf dem ernsthaften Vertrauen des Volkes, ihre Autorität
geht vom Volke aus, ihre Macht üben die Vertreter des Volkes
aus, und der Genuß ihres Erfolges steht dem Volk zu. Das ist
ein allgemeiner Grundsatz der Menschheit; auf ihm beruht diese
Verfassung. Wir setzen alle Verfassungen, Gesetze, Verordnungen
und Erlasse, die diesem Grundsatz entgegenstehen, außer Kraft.

Wir, das japanische Volk, wünschen ewigen Frieden und
sind uns zutiefst der hehren Ideale bewußt, die die Beziehungen
unter den Menschen beherrschen; wir sind entschlossen, unsere
Sicherheit und Existenz im Vertrauen auf die Gerechtigkeit und
Redlichkeit aller friedliebenden Völker zu wahren. Wir streben
nach einem ehrenvollen Platz in einer internationalen Gemeinschaft, die sich um die Erhaltung des Friedens und die dauernde
Verbannung der Tyrannei und Sklaverei, der Unterdrückung und
Engstirnigkeit von der Erde bemüht. Wir bekennen uns dazu, daß
die Völker der ganzen Welt das Recht besitzen, frei von Furcht
und Not in Frieden zu leben.

Wir glauben, daß keine Nation sich allein ihren eigenen Angelegenheiten widmen und die anderer Nationen außer acht lassen darf, sondern daß die Regeln der politischen Moral allgemein gültig sind und daß ihre Befolgung die Pflicht einer jeden Nation ist, die ihre Unabhängigkeit bewahren und gleichberechtigte Beziehungen zu anderen Nationen pflegen will.

Wir, das japanische Volk, geloben bei der Ehre unseres Staates, diese hehren Ideale und Ziele mit allen Kräften zu verwirklichen.

1. Abschnitt: Der Tenno

Artikel 1
Der Tenno ist das Symbol Japans und der Einheit des japanischen Volkes. Seine Stellung beruht auf dem Willen des souveränen japanischen Volkes.

Artikel 2
Der kaiserliche Thron ist erblich. Die Thronfolge richtet sich nach dem vom Parlament beschlossenen Gesetz über das kaiserliche Haus.

Artikel 3
Für alle Handlungen des Tenno in Staatsangelegenheiten ist die Empfehlung und Zustimmung des Kabinetts erforderlich; das Kabinett trägt für diese Handlungen die Verantwortung.

Artikel 4
(1) Der Tenno übt nur die Handlungen in Staatsangelegenheiten aus, die in dieser Verfassung bestimmt sind; er besitzt keinerlei Befugnisse hinsichtlich der Staatsführung.
(2) Der Tenno kann den Vollzug seiner Handlungen in Staatsangelegenheiten nach Maßgabe der Gesetze übertragen.

Artikel 5
Wird nach den Bestimmungen des Gesetzes über das kaiserliche Haus ein Regent eingesetzt, vollzieht der Regent seine Handlungen in Staatsangelegenheiten im Namen des Tenno. In diesem Fall findet die Bestimmung des Art. 4 Abs.1 Anwendung.

Artikel 6

(1) Der Tenno ernennt den vom Parlament nominierten Ministerpräsidenten.

(2) Der Tenno ernennt den vom Kabinett nominierten Präsidenten
des Obersten Gerichtshofes.

Artikel 7

Der Tenno übt auf Empfehlung und mit Zustimmung des Kabinetts
für das Volks folgende Handlungen in Staatsangelegenheiten aus:

1. Die Verkündung von Verfassungsänderungen, von Gesetzen,
Kabinettsverordnungen und Verträgen,

2. die Einberufung des Parlaments,

3. die Auflösung des Unterhauses,

4. die Bekanntmachung über die Durchführung allgemeiner
Wahlen der Parlamentsabgeordneten,

5. die Bestätigung der Ernennung und Entlassung von Staatsministern und anderen gesetzlich bestimmten Angehörigen des
öffentlichen Dienstes sowie der Vollmachten und Beglaubigungs-
schreiben von Botschaftern und Gesandten,

6. die Bestätigung von allgemeinen und besonderen Amnestien,
von Strafherabsetzungen, von Erlassen der Strafvollstreckung
und von Rehabilitierungen,

7. die Verleihung von Auszeichnungen,

8. die Bestätigung von Ratifikationsurkunden und anderen
gesetzlich bestimmten Urkunden,

9. den Empfang ausländischer Botschafter und Gesandter,

10. die Ausübung zeremonieller Feiern.

Artikel 8

Ohne Zustimmung des Parlaments kann dem kaiserlichen Haus
weder Vermögen zugewendet werden noch kann das kaiserliche
Haus Vermögen annehmen oder ausgeben.

2. Abschnitt: Der Kriegsverzicht

Artikel 9

(1) In aufrichtigem Streben nach einem auf Gerechtigkeit und Ordnung gegründeten internationalen Frieden verzichtet das japanische Volk für alle Zeiten auf Krieg als souveränes Recht der Nation und auf die Androhung oder Ausübung militärischer Gewalt als ein Mittel zur Regelung internationaler Streitigkeiten.

(2) Um den Zweck des vorstehenden Absatzes zu erreichen, werden Land-, See- und Luftstreitkräfte sowie andere Kriegsmittel nicht unterhalten. Ein Kriegsführungsrecht des Staates wird nicht anerkannt.

3. Abschnitt: Die Rechte und Pflichten des Volkes

Artikel 10

Die Voraussetzungen der japanischen Staatsbürgerschaft werden durch Gesetz bestimmt.

Artikel 11

Kein Japaner darf am Genuß der Grundmenschenrechte gehindert werden. Die Grundmenschenrechte, die diese Verfassung dem japanischen Volk gewährleistet, werden dieser und künftigen Generationen als unverletzliche ewige Rechte übertragen.

Artikel 12

Die durch diese Verfassung dem Volk gewährleisteten Freiheiten und Rechte sind durch unablässige Bemühungen des Volkes zu erhalten. Kein Bürger darf sie mißbrauchen; jeder ist stets verpflichtet, sie zum Wohle der Allgemeinheit zu nutzen.

Artikel 13

Jeder Bürger wird als Einzelpersönlichkeit geachtet. Das Recht eines jeden Bürgers auf Leben, Freiheit und Streben nach Glück ist, soweit es nicht dem Gemeinwohl widerspricht, bei der Gesetzesgebung und anderen Angelegenheiten der Staatsführung als oberster Grundsatz zu achten.

Artikel 14

(1) Alle Bürger sind vor dem Gesetz gleich. Kein Bürger wird wegen seiner Rasse, seines Glaubens, seines Geschlechts, seiner sozialen Stellung oder seiner Abstammung in poltischer, wirtschaftlicher oder sozialer Beziehung benachteiligt oder bevorzugt.

(2) Adelsstände werden nicht anerkannt.

(3) Die Verleihung von Ehren, Orden und anderen Auszeichnungen ist mit keinerlei Sonderrechten verbunden. Eine Auszeichnung ist nur bis zum Tode desjenigen gültig, der sie gegenwärtig innehat oder künftig erhält.

Artikel 15

(1) Es ist das unveräußerliche Recht des Volkes, die öffentlichen Bediensteten zu wählen und zu entlassen.

(2) Alle öffentlichen Bediensteten dienen dem ganzen Volk und nicht nur einem Teil.

(3) Hinsichtlich der Wahl der öffentlichen Bediensteten wird eine allgemeine Wahl durch die Volljährigen gewährleistet.

(4) Das Wahlgeheimnis darf bei keiner Wahl verletzt werden. Kein Wähler darf öffentlich oder privat wegen seiner Wahl zur Rechenschaft gezogen werden.

Artikel 16

Jedermann hat das Recht, in friedlicher Weise um Unterstützung bei Schäden, um die Entlassung von öffentlichen Bediensteten, um den Erlaß, die Aufhebung oder die Änderung von Gesetzen, Verordnungen oder Vorschriften und in anderen Angelegenheiten zu ersuchen; niemand wird aufgrund des Vorbringens eines solchen Gesuches bevorzugt oder benachteiligt.

Artikel 17

Jedermann, der durch die unerlaubte Handlung eines öffentlichen Bediensteten einen Schaden erlitten hat, kann nach Maßgabe der Gesetze vom Staat oder von den öffentlichen Körperschaften Schadensersatz verlangen.

Artikel 18
Niemand darf sklavenhaften Zwängen unterworfen werden.
Ferner darf niemand, mit Ausnahme des Falls der Bestrafung
wegen eines Verbrechens, gegen seinen Willen zur Zwangsarbeit
angehalten werden.

Artikel 19
Die Freiheit des Gedankens und des Gewissens ist unverletzlich.

Artikel 20
(1) Die Freiheit der Religion wird jedermann gewährleistet.
Keine religiöse Gemeinschaft darf vom Staat mit Sonderrechten
ausgestattet werden oder politische Macht ausüben.
(2) Niemand darf gezwungen werden, an religiösen Handlungen,
Festen, Zeremonien oder Veranstaltungen teilzunehmen.
(3) Der Staat und seine Organe haben sich der religiösen Erziehung und jeder anderen Art religiöser Betätigung zu enthalten.

Artikel 21
(1) Die Freiheit der Versammlung, der Vereinsbildung, der Rede,
der Veröffentlichung und aller sonstigen Formen des Ausdrucks
wird gewährleistet.
(2) Eine Zensur wird nicht ausgeübt. Das Nachrichtengeheimnis
ist unverletzlich.

Artikel 22
(1) Jedermann besitzt die Freiheit der Wahl seines Wohnsitzes,
der Änderung seines Wohnsitzes und der Wahl seines Berufes,
soweit es nicht dem Gemeinwohl widerspricht.
(2) Die Freiheit eines jeden, ins Ausland zu ziehen oder seine
Staatsangehörigkeit aufzugeben, ist unverletzlich.

Artikel 23
Die akademische Freiheit wird gewährleistet.

Artikel 24
(1) Die Ehe wird allein durch den übereinstimmenden Willen
von Mann und Frau geschlossen; sie wird auf der Grundlage der

Gleichberechtigung der Ehegatten durch gegenseitige Zusammenarbeit aufrechterhalten.

(2) Für die Wahl der Ehegatten, das Güterrecht, das Erbrecht, die Bestimmung des Wohnsitzes, die Ehescheidung und andere Ehe- und Familienangelegenheiten sind auf die Würde des Individuums und die wesensmäßige Gleichheit der Geschlechter gegründete Gesetze zu erlassen.

Artikel 25

(1) Jeder Bürger hat das Recht auf ein Mindestmaß an gesundem und kultiviertem Leben.

(2) Der Staat hat sich auf allen Gebieten des Lebens um die Entwicklung und Hebung des sozialen Wohls, der sozialen Sicherheit und der allgemeinen Gesundheit zu bemühen.

Artikel 26

(1) Alle Bürger haben nach Maßgabe der Gesetze das Recht auf eine ihren Fähigkeiten entsprechende gleiche Erziehung.

(2) Jeder Bürger ist verpflichtet, nach Maßgabe der Gesetze den in seiner Obhut stehenden Jungen und Mädchen die gewöhnliche Erziehung angedeihen zu lassen. Die Pflichterziehung ist unentgeltlich.

Artikel 27

(1) Alle Bürger haben das Recht und die Pflicht zur Arbeit.

(2) Die Richtlinien für Löhne, Arbeitszeit, Erholung und sonstige Arbeitsbedingungen werden durch Gesetz bestimmt.

(3) Kinder dürfen nicht ausgebeutet werden.

Artikel 28

Das Recht der Arbeitnehmer, Vereinigungen zu bilden, gemeinschaftlich zu verhandeln und sich anderweitig zu betätigen, wird gewährleistet.

Artikel 29

(1) Das Recht auf Eigentum ist unverletzlich.

(2) Der Inhalt des Eigentumsrechts wird durch Gesetz dahin geregelt, daß es dem Wohl der Allgemeinheit entspricht.

(3) Eine Enteignung kann gegen eine gerechte Entschädigung zum Wohle der Allgemeinheit erfolgen.

Artikel 30
Das Volk ist verpflichtet, nach Maßgabe der Gesetze Steuern zu entrichten.

Artikel 31
Niemand darf anders als durch ein gesetzlich bestimmtes Verfahren seines Lebens oder seiner Freiheit beraubt oder einer sonstigen Strafe unterworfen werden.

Artikel 32
Niemand darf des Rechts auf gerichtliche Entscheidung beraubt werden.

Artikel 33
Niemand darf verhaftet werden, ohne daß die zuständige Justizbehörde einen Haftbefehl ausgestellt hat, der den Grund der Festnahme angibt, es sei denn, die Verhaftung erfolgt auf frischer Tat.

Artikel 34
Niemand darf verhaftet oder festgehalten werden, ohne daß ihm sofort der Grund mitgeteilt und ihm das Recht gegeben wird, einen Verteidiger zu bestellen. Ferner darf niemand ohne rechtfertigenden Grund festgehalten werden; auf Antrag hin muß dieser Grund sofort in öffentlicher Gerichtsverhandlung in Gegenwart des Festgehaltenen und seines Verteidigers dargetan werden.

Artikel 35
(1) In bezug auf die Wohnung, die Papiere und den Besitz darf das Recht eines jeden auf Sicherheit vor Zutritt, Durchsuchung und Beschlagnahme nicht verletzt werden, es sei denn, der Fall des Art. 33 liegt vor oder es ergeht ein schriftlicher Befehl, der den zu durchsuchenden Ort und die zu beschlagnahmenden Gegenstände nennt.
(2) Die Durchsuchung und Beschlagnahme wird aufgrund eines besonderen schriftlichen Befehls der zuständigen Justizbehörde durchgeführt.

Artikel 36
Die Folterung sowie die Anwendung grausamer Strafen durch öffentliche Bedienstete sind unbedingt verboten.

Artikel 37
(1) In allen Strafsachen hat der Angeklagte Anspruch auf ein schnelles öffentliches Verfahren vor einem unparteiischen Gericht.

(2) Dem Angeklagten ist ausreichend Gelegenheit zu geben, alle Zeugen zu befragen; ferner hat er das Recht auf öffentliche Kosten im Wege des Zwangsverfahrens die Herbeischaffung von Zeugen zu verlangen.

(3) Der Angeklagte kann jederzeit einen befähigten Verteidiger bestellen. Ist der Angeklagte von sich aus dazu nicht in der Lage, weist ihm der Staat einen Verteidiger zu.

Artikel 38
(1) Niemand darf gezwungen werden, zu seinen Ungunsten auszusagen.

(2) Ein Geständnis, das unter Zwang, Folter, Bedrohung oder nach unangemessen langer Haft oder Festhaltung abgegeben ist, darf nicht als Beweismittel verwendet werden.

(3) Niemand darf schuldig gesprochen oder bestraft werden, wenn das einzige Beweismittel gegen ihn sein eigenes Geständnis ist.

Artikel 39
Niemand darf strafrechtlich für eine Tat verantwortlich gemacht werden, die zur Zeit ihrer Begehung gesetzmäßig war oder von der er bereits freigesprochen worden ist. Ferner darf niemand wegen derselben Straftat mehrmals strafrechtlich verantwortlich gemacht werden.

Artikel 40
Jeder, der nach seiner Verhaftung oder Festhaltung freigesprochen wird, kann nach Maßgabe der Gesetze vom Staat eine Entschädigung fordern.

4. Abschnitt: Das Parlament

Artikel 41
Das Parlament ist das höchste Organ der Staatsgewalt und das einzige Gesetzgebungsorgan des Staates.

Artikel 42
Das Parlament besteht aus zwei Häusern, dem Unterhaus und dem Oberhaus.

Artikel 43
(1) Beide Häuser setzen sich aus gewählten, das ganze Volk vertretenden Mitgliedern zusammen.
(2) Die Zahl der Abgeordneten beider Häuser wird durch Gesetz bestimmt.

Artikel 44
Die Qualifikation der Abgeordneten beider Häuser und ihrer Wähler wird durch Gesetz bestimmt: Unterschiede aufgrund der Rasse, des Glaubens, des Geschlechts, der sozialen Stellung, der Herkunft, der Bildung, des Vermögens oder des Einkommens dürfen nicht gemacht werden.

Artikel 45
Die Mandatszeit der Unterhausabgeordneten beträgt vier Jahre. Im Falle der Auflösung des Unterhauses endet die Mandatszeit vor Ablauf dieser Zeit.

Artikel 46
Die Mandatszeit der Oberhausabgeordneten beträgt sechs Jahre; alle drei Jahre wird die Hälfte der Abgeordneten neu gewählt.

Artikel 47
Die Wahlkreise, die Art und Weise der Stimmabgabe und andere die Wahl der Abgeordneten beider Häuser betreffende Angelegenheiten werden durch Gesetz bestimmt.

Artikel 48
Niemand kann gleichzeitig Abgeordneter beider Häuser sein.

Artikel 49
Die Abgeordneten beider Häuser erhalten nach Maßgabe des Gesetzes aus der Staatskasse eine jährliche Entschädigung in angemessener Höhe.

Artikel 50
Unbeschadet gesetzlicher Bestimmungen dürfen Abgeordnete beider Häuser während der Sitzungsperiode des Parlaments nicht verhaftet werden; Abgeordnete, die vor der Sitzungsperiode verhaftet worden sind, sind auf Verlangen ihres Hauses für die Dauer der Sitzungsperiode freizulassen.

Artikel 51
Abgeordnete beider Häuser dürfen für ihre Reden, Debatten und Abstimmungen im Parlament außerhalb desselben nicht zur Verantwortung gezogen werden.

Artikel 52
Eine außerordentliche Sitzungsperiode des Parlaments wird einmal im Jahr einberufen.

Artikel 53
Das Kabinett kann die Einberufung einer außerordentlichen Sitzungsperiode des Parlaments beschließen. Auf Verlangen eines Viertels aller Mitglieder eines der beiden Häuser hat das Kabinett diese Einberufung zu beschließen.

Artikel 54
(1) Ist das Unterhaus aufgelöst, muß innerhalb von vierzig Tagen nach der Auflösung eine allgemeine Wahl der Unterhausabgeordneten stattfinden und innerhalb von dreißig Tagen nach dieser Wahl das Parlament einberufen werden.

(2) Bei Auflösung des Unterhauses wird das Oberhaus gleichzeitig geschlossen. Das Kabinett kann jedoch im Falle des Staatsnotstandes eine Notstandssitzung des Oberhauses verlangen.

(3) Die in einer Notstandssitzung nach Abs. 2 ergriffenen Maßnahmen sind vorläufiger Natur; sie werden unwirksam, wenn das

Unterhaus ihnen nicht innerhalb von zehn Tagen nach Eröffnung des folgenden Parlaments zustimmt.

Artikel 55
Jedes Haus entscheidet in Streitigkeiten über die Qualifikation der ihm angehörenden Abgeordneten. Für die Entziehung eines Mandats ist eine Mehrheit von zwei Dritteln der anwesenden Abgeordneten erforderlich.

Artikel 56
(1) Keines der beiden Häuser kann die Debatte eröffnen oder einen Beschluß fassen, wenn nicht mindestens ein Drittel aller Abgeordneten des Hauses anwesend ist.
(2) Jedes Haus entscheidet über den Gegenstand der Debatte mit der Mehrheit der anwesenden Abgeordneten, sofern diese Verfassung nicht ein anderes bestimmt; bei Stimmengleichheit gibt die Entscheidung des Vorsitzenden den Ausschlag.

Artikel 57
(1) Die Debatten beider Häuser sind öffentlich. Die Öffentlichkeit kann auf Beschluß von zwei Dritteln der anwesenden Abgeordneten ausgeschlossen werden.
(2) Jedes Haus führt ein Protokoll über seine Beratungen. Das Protokoll muß mit Ausnahme derjenigen Teile eines Protokolls über eine nichtöffentliche Sitzung, die besonderer Geheimhaltung bedürfen, veröffentlicht und der allgemeinen Einsicht zugänglich gemacht werden.
(3) Auf Verlangen von mindestens einem Fünftel der anwesenden Abgeordneten muß die Abstimmung eines jeden Mitgliedes in das Protokoll aufgenommen werden.

Artikel 58
(1) Jedes Haus bestimmt durch Wahl seinen Präsidenten und seine übrigen Amtsträger.
(2) Jedes Haus gibt sich Regeln für die Sitzungen und die übrigen Verfahren sowie die innere Ordnung; Abgeordnete, die gegen die Hausordnung verstoßen, können disziplinarisch bestraft werden.

Für den Ausschluß eines Abgeordneten bedarf es der Mehrheit von zwei Dritteln der anwesenden Mitglieder.

Artikel 59

(1) Eine Gestzesvorlage wird, sofern nicht in dieser Verfassung ein anderes bestimmt ist, durch Annahme in beiden Häusern Gesetz.

(2) Eine im Unterhaus angenommene Gesetzesvorlage, die im Oberhaus mit einer Modifizierung angenommen wird, wird Gesetz, wenn sie im Unterhaus mit einer Mehrheit von zwei Dritteln der anwesenden Abgeordneten erneut angenommen wird.

(3) Die Bestimmung des vorstehenden Absatzes schließt nicht aus, daß das Unterhaus nach Maßgabe der Gesetze die Einberufung eines gemeinsamen Ausschusses beider Häuser verlangt.

(4) Entscheidet das Oberhaus nicht innerhalb von sechzig Tagen – ohne Einrechnung der Dauer der Sitzungspause – nach Zugang der vom Unterhaus angenommenen Gesetzesvorlage, kann das Unterhaus davon ausgehen, daß das Oberhaus den Gesetzentwurf abgelehnt hat.

Artikel 60

1) Der Haushalt ist zunächst dem Unterhaus vorzulegen. Hat das Oberhaus hinsichtlich des Haushalts eine von der des Unterhauses abweichende Entscheidung getroffen und ist auch keine Einigung durch einen nach Maßgabe der Gesetze eingesetzten gemeinsamen Ausschuß beider Häuser erzielt worden oder hat das Oberhaus nicht innerhalb von dreißig Tagen – ohne Einrechnung der Dauer der Sitzungspause – nach Zugang des vom Unterhaus angenommenen Haushalts entschieden, so ist die Entscheidung des Unterhauses die Entscheidung des Parlaments.

Artikel 61

Für die zu zwischenstaatlichen Verträgen. erforderliche Zustimmung Parlaments gilt Abs. 2 der vorstehenden Bestimmung entsprechend.

Artikel 62

Jedes Haus kann bezüglich der Staatsführung Untersuchungen

anstellen und dafür das Erscheinen und die Aussage von Zeugen sowie die Vorlage von Akten verlangen.

Artikel 63
Der Ministerpräsident und die Staatsminister können ohne Rücksicht darauf, ob sie Abgeordnete in einem der beiden Häuser sind, jederzeit an einer Sitzung teilnehmen, um zu Vorlagen Stellung zu nehmen. Sie müssen erscheinen, wenn dies zur Beantwortung von Fragen oder zur Abgabe von Erklärungen verlangt wird.

Artikel 64
(1) Das Parlament errichtet aus Abgeordneten beider Häuser ein Anklagegericht zur Entscheidung über Richter, gegen die ein Verfahren zur Entlassung aus dem Amt eingeleitet worden ist.
(2) Einzelheiten hinsichtlich der Anklage werden durch Gesetz bestimmt.

5. Abschnitt: Das Kabinett

Artikel 65
Die vollziehende Gewalt liegt beim Kabinett.

Artikel 66
(1) Das Kabinett besteht nach Maßgabe der Gesetze aus dem Ministerpräsidenten, der dem Kabinett vorsitzt, und aus den übrigen Staatsministern.
(2) Der Ministerpräsident und die übrigen Staatsminister müssen Zivilisten sein.
(3) Das Kabinett ist bei der Ausübung der vollziehenden Gewalt dem Parlament gegenüber gemeinschaftlich verantwortlich.

Artikel 67
(1) Der Ministerpräsident wird aus der Mitte der Parlamentsabgeordneten durch Beschluß des Parlaments benannt. Diese Benennung erfolgt mit Vorrang vor allen anderen Geschäften.
(2) Treffen das Unterhaus und das Oberhaus abweichende Beschlüsse über die Benennung, und wird auch keine Einigung

durch einen nach Maßgabe der Gesetze eingesetzten Ausschuß beider Häuser erzielt oder beschließt das Oberhaus nicht innerhalb von dreißig Tagen – ohne Einrechnung der Dauer der Sitzungspause – nach dem Benennungsbeschluß des Unterhauses über die Benennung, so ist die Entscheidung des Unterhauses die Entscheidung des Parlaments.

Artikel 68
(1) Der Ministerpräsident ernennt die Staatsminister. Mehr als die Hälfte der Minister muß aus der Mitte der Parlamentsabgeordneten gewählt werden.
(2) Der Ministerpräsident kann die Staatsminister nach seinem Ermessen entlassen.

Artikel 69
Billigt das Unterhaus einen Mißtrauensantrag oder lehnt es einen Vertrauensantrag ab, so muß das Kabinett, sofern nicht das Unterhaus binnen zehn Tagen aufgelöst wird, in seiner Gesamtheit zurücktreten.

Artikel 70
Ist das Amt des Ministerpräsidenten nicht besetzt oder wird das Parlament nach einer allgemeinen Wahl der Unterhausabgeordneten zum ersten Mal einberufen, so muß das Kabinett in seiner Gesamtheit zurücktreten.

Artikel 71
In den Fällen der beiden vorstehenden Artikel führt das Kabinett seine Geschäfte fort, bis ein neuer Ministerpräsident ernannt ist.

Artikel 72
Der Ministerpräsident bringt als Vertreter des Kabinetts Vorlagen im Parlament ein, berichtet dem Parlament über die allgemeinen Staatsangelegenheiten und die auswärtigen Beziehungen, erteilt den einzelnen Zweigen der Verwaltung Weisungen und beaufsichtigt sie.

Artikel 73
Außer anderen allgemeinen Verwaltungsaufgaben obliegen dem
Kabinett die folgenden Geschäfte:
1. die gewissenhafte Durchführung der Gesetze und die Leitung
der Staatsgeschäfte,
2. die Pflege der auswärtigen Beziehungen,
3. der Abschluß von zwischenstaatlichen Verträgen; hierbei ist
jedoch die vorherige oder nach den Umständen die nachträgliche
Zustimmung des Parlaments erforderlich,
4. die Regelung der Angelegenheiten der öffentlichen Bediensteten
entsprechend der Maßgabe der Gesetze,
5. die Aufstellung des Haushalts und seine Vorlage im Parlament,
6. der Erlaß von Kabinettsverordnungen zur Durchführung der
Verfassung und der Gesetze; die Kabinettsverordnungen dürfen
jedoch keine Strafvorschriften enthalten, sofern nicht das Gesetz
dazu ausdrücklich eine Ermächtigung erteilt.
7. die Entscheidung über allgemeine oder besondere Amnestien,
Strafmilderungen, den Erlaß der Strafvollstreckung und eine
Rehabilitation.

Artikel 74
Alle Gesetze und Kabinettsverordnungen müssen von dem zuständigen Minister unterzeichnet und von dem Ministerpräsidenten
gegengezeichnet werden.

Artikel 75
Die Staatsminister dürfen während ihrer Amtszeit ohne Zustimmung des Ministerpräsidenten nicht angeklagt werden. Durch
die diese Vorschrift wird das Recht der Anklage nicht berührt.

6. Abschnitt: Die Rechtsprechung

Artikel 76
(1) Alle rechtsprechende Gewalt liegt bei dem Obersten Gerichtshof
und den nach Maßgabe der Gesetze errichteten Untergerichte.
(2) Sondergerichte dürfen nicht errichtet werden. Kein Verwaltungsorgan kann in letzter Instanz Recht sprechen.

(3) Alle Richter üben ihr Amt nach bestem Wissen und Gewissen unabhängig aus; sie sind nur an diese Verfassung und an die Gesetze gebunden.

Artikel 77
(1) Der Oberste Gerichtshof hat die Befugnis zum Erlaß von Bestimmungen über das Verfahren in Rechtsstreitigkeiten sowie über die Angelegenheiten der Rechtsanwälte, der inneren Ordnung der Gerichte und der Justizverwaltung.
(2) Die Staatsanwälte haben den vom Obersten Gerichtshof erlassenen Bestimmungen Folge zu leisten.
(3) Der Oberste Gerichtshof kann die Befugnis zum Erlaß von Bestimmungen über die Untergerichte auf diese Gerichte übertragen.

Artikel 78
Ein Richter kann nur aufgrund öffentlicher Anklage entlassen werden, es sei denn, daß durch eine gerichtliche Entscheidung festgestellt wird, daß er seine Amtspflichten wegen geistiger oder körperlicher Behinderung nicht ausüben kann. Kein Verwaltungsorgan kann gegen einen Richter Disziplinarmaßnahmen ergreifen.

Artikel 79
(1) Der Oberste Gerichtshof besteht aus einem präsidierenden Richter und weiteren Richtern, deren Zahl durch Gesetz bestimmt wird; mit Ausnahme des präsidierenden Richters werden die Richter vom Kabinett ernannt.
(2) Die Ernennung der Richter des Obersten Gerichtshofes unterliegt der Prüfung durch das Volk bei der ersten auf die Ernennung folgenden allgemeinen Wahl der Unterhausabgeordneten; erneute Prüfungen finden jeweils bei der ersten allgemeinen Wahl der Unterhausabgeordneten nach Ablauf von zehn Jahren seit der vorhergehenden Prüfung statt.
(3) Spricht sich im Fall des vorstehenden Absatzes die Mehrheit der Wähler für die Entlassung eines Richters aus, so wird dieser entlassen.
(4) Die Einzelheiten der Prüfung werden durch Gesetz bestimmt.

(5) Die Richter des Obersten Gerichtshofes scheiden bei Erreichung der gesetzlich bestimmten Altersgrenze aus ihrem Amt.

(6) Die Richter des Obersten Gerichtshofes erhalten in regelmäßigen Abständen ein Gehalt in angemessener Höhe. Dieses Gehalt kann während ihrer Amtszeit nicht herabgesetzt werden.

Artikel 80

(1) Die Richter der Untergerichte werden aufgrund einer Vorschlagsliste des Obersten Gerichtshofes vom Kabinett ernannt. Die Amtszeit dieser Richter beträgt zehn Jahre; sie können wiederernannt werden. Bei Erreichung der gesetzlich bestimmten Altersgrenze scheiden sie aus ihrem Amt.

(2) Die Richter der Untergerichte erhalten in regelmäßigen Abständen ein Gehalt in angemessener Höhe. Dieses Gehalt kann während ihrer Amtszeit nicht herabgesetzt werden.

Artikel 81

Der Oberste Gerichtshof ist das Gericht der letzten Instanz mit der Befugnis, über die Verfassungsmäßigkeit aller Gesetze, Verordnungen, Bestimmungen und Hoheitsakte zu entscheiden.

Artikel 82

(1) Die Gerichtsverhandlung und die Urteilsverkündung finden in öffentlicher Sitzung statt.

(2) Ist das Gericht einstimmig der Meinung, daß die öffentliche Ordnung oder die guten Sitten gefährdet sind, kann die Verhandlung in nichtöffentlicher Sitzung durchgeführt werden. Die Verhandlung über politische Straftaten, über Straftaten, die die Presse betreffen, und in Fällen, in denen ein im dritten Abschnitt dieser Verfassung gewährleistetes Recht des Volkes in Frage steht, müssen stets öffentlich stattfinden.

7. Abschnitt: Das Finanzwesen

Artikel 83

Die Befugnis zur Verwaltung der Staatsfinanzen wird nach Maßgabe der Entscheidung des Parlaments ausgeübt.

Artikel 84

Die Auferlegung neuer Steuern und die Veränderung bestehen-
der Steuern können nur durch Gesetz oder aufgrund gesetzlich
bestimmter Voraussetzungen erfolgen.

Artikel 85

Die Ausgabe von Staatsmitteln und das Eingehen finanzieller
Verpflichtungen durch den Staat können nur aufgrund eines
Parlamentsbeschlusses erfolgen.

Artikel 86

Das Kabinett muß für jedes Rechnungsjahr einen Haushalt auf-
stellen und ihn dem Parlament zur Beratung und Entscheidung
vorlegen.

Artikel 87

(1) Zur Deckung nicht voraussehbarer Fehlbeträge im Haushalt
kann aufgrund eines Parlamentsbeschlusses ein Reservefonds
eingerichtet werden über den das Kabinett in eigener Verantwortung verfügen kann.

(2) Für alle Ausgaben aus dem Reservefonds muß das Kabinett
nachträglich die Zustimmung des Parlaments einholen.

Artikel 88

Alles Vermögen des kaiserlichen Hauses gehört dem Staat. Alle
Ausgaben des kaiserlichen Hauses müssen in den Haushalt
aufgenommen werden und bedürfen der Bewilligung durch das
Parlament.

Artikel 89

Geldmittel und anderes Vermögen der öffentlichen Hand dürfen
zur Verwendung, zum Nutzen oder zur Erhaltung von religiösen
Organisationen oder Vereinigungen sowie für mildtätige, erziehe-

rische oder wohltätige Unternehmen, die nicht der öffentlichen Aufsicht unterstehen, weder ausgegeben noch zur Verfügung gestellt werden.

Artikel 90
(1) Die Abrechnung über sämtliche staatlichen Einnahmen und Ausgaben ist jährlich vom Rechnungshof zu prüfen und vom Kabinett zusammen mit dem Prüfungsbericht im Laufe des folgenden Jahres dem Parlament vorzulegen.
(2) Die Organisation und die Befugnisse des Rechnungshofes werden durch Gesetz bestimmt.

Artikel 91
Das Kabinett hat dem Parlament und dem Volk in regelmäßigen Abständen, mindestens jedoch einmal jährlich, Bericht über die Finanzlage des Staates zu erstatten.

8. Abschnitt: Die kommunale Selbstverwaltung

Artikel 92
Die Angelegenheiten bezüglich der Organisation und des Betriebs der öffentlichen Gebietskörperschaften werden in Übereinstimmung mit dem Grundgedanken kommunaler Selbstverwaltung durch Gesetz geregelt.

Artikel 93
(1) In den öffentlichen Gebietskörperschaften werden nach näherer gesetzlicher Bestimmung Abgeordnetenversammlungen als Beschlußorgane eingerichtet.
(2) Die Leiter der öffentlichen Gebietskörperschaften, die Mitglieder ihrer Abgeordnetenversammlungen und die übrigen gesetzlichen bestimmten Amtsinhaber werden von der Bevölkerung dieser öffentlichen Gebietskörperschaft direkt gewählt.

Artikel 94
Die öffentlichen Gebietskörperschaften haben die Befugnis, über ihr Vermögen zu bestimmen, ihre Angelegenheiten zu erledigen

und ihre Verwaltung auszuüben; im Rahmen der Gesetze können sie Satzungen erlassen.

Artikel 95
Sondergesetze, die nur für eine öffentliche Gebietskörperschaft Anwendung finden, können vom Parlament nicht beschlossen werden, wenn nicht einer nach näherer gesetzlicher Regelung durchgeführten Abstimmung mehr als die Hälfte der Bevölkerung der betroffenen öffentlichen Gebietskörperschaft zustimmt.

9. Abschnitt: Verfassungsänderung

Artikel 96
(1) Eine Änderung dieser Verfassung bedarf der Initiative des Parlaments mit Zustimmung von mindestens zwei Dritteln aller Abgeordneten in jedem Hause; die Änderung ist dem Volk vorzuschlagen und bedarf dessen Zustimmung. Für die Zustimmung des Volkes ist erforderlich, daß bei einer Volksabstimmung oder bei einer vom Parlament bestimmten Wahl mehr als die Hälfte der abgegebenen Stimmen die Verfassungsänderung befürworten.
(2) Liegt die Zustimmung zu der Verfassungsänderung gemäß des vorstehenden Absatzes vor, so verkündet der Tenno im Namen des Volkes unverzüglich die Änderung als einen Bestandteil dieser Verfassung.

10. Abschnitt: Das oberste Gesetz

Artikel 97
Die Grundmenschenrechte, die diese Verfassung dem japanischen Volk gewährleistet, sind der Erfolg des langwierigen Kampfes der Menschheit um die Erlangung der Freiheit; diese Rechte haben in der Vergangenheit zahlreiche Proben bestanden und sind dieser und künftigen Generationen des Volkes als unverletzliche ewige Rechte anvertraut.

Artikel 98
(1) Diese Verfassung ist das oberste Gesetz des Landes; die ihnen entgegenstehenden Gesetze, Verordnungen, kaiserlichen Erlasse und sonstigen Akte in Staatsangelegenheiten oder Teile von ihnen haben keine Wirksamkeit.
(2) Die von Japan abgeschlossenen zwischenstaatlichen Verträge und die anerkannten Regeln des Völkerrechts sind gewissenhaft zu befolgen.

Artikel 99
Der Tenno oder der Regent, die Staatsminister, die Parlamentsabgeordneten, die Richter und die übrigen öffentlichen Bediensteten haben die Pflicht, diese Verfassung zu achten und zu schützen.

11. Abschnitt: Ergänzende Bestimmungen

Artikel 100
(1) Diese Verfassung tritt nach Ablauf von sechs Monaten, vom Tage der Verkündung an gerechnet, in Kraft.
(2) Der Erlaß der für die Durchführung dieser Verfassung erforderlichen Gesetze, die Wahl der Oberhausabgeordneten und das Verfahren für die Einberufung des Parlaments sowie für die Durchführung dieser Verfassung notwendigen vorbereiteten Verfahren können bereits vor dem im vorstehenden Absatz bestimmten Zeitpunkt ausgeführt werden.

Artikel 101
Ist beim Inkrafttreten dieser Verfassung das Oberhaus noch nicht gebildet, so übt bis zur Konstituierung desselben das Unterhaus die dem Parlament zustehenden Befugnisse aus.

Artikel 102
Die Mandatszeit der Hälfte der Abgeordneten des ersten Oberhauses nach dieser Verfassung beträgt drei Jahre. Diese Abgeordneten werden nach gesetzlicher Vorschrift bestimmt.

Artikel 103

Die beim Inkrafttreten dieser Verfassung im Amt befindlichen Staatsminister, Unterhausabgeordneten, Richter und anderen öffentlichen Bediensteten, deren Stellung derjenigen entspricht, die von dieser Verfassung anerkannt ist, gehen ihrer Stellung, soweit nicht gesetzlich ein anderes bestimmt ist, wegen des Inkrafttretens dieser Verfassung nicht ohne weiteres verlustig. Werden jedoch gemäß dieser Verfassung Nachfolger in das Amt gewählt oder solche ernannt, so verliert der Inhaber der Stellung diese ohne weiteres.

WOCHEN SCHAU VERLAG
... ein Begriff für politische Bildung

Analyse politischer Systeme

Stefan Schieren

Großbritannien

Das politische System und die Verfassung Großbritanniens sind in den letzten fünfzehn Jahren tiefgreifenden Änderungen unterworfen worden. Die Umwälzungen setzten mit der stark an Dynamik gewinnenden europäischen Integration ein. Eine verändernde Kraft ging außerdem von den erstarkten nationalistischen und separatistischen Bewegungen in Schottland bzw. Wales aus.

Dieser erste Band der Reihe *Analyse politischer Systeme* bietet einen umfassenden und aktuellen Überblick nicht nur über das politische System Großbritanniens im engeren Sinne, sondern auch über den fundamentalen sozialen Strukturwandel des Landes.

ISBN 978-3-89974662-4,
2., überarb. Aufl. 2011,
272 S., € 14,80

Aus dem Inhalt:

Kleine Geschichte | Verfassung | Das Parlament von Westminster | Regierung und Verwaltung | Parteiensystem | Wahlen | Die regionale Dimension von Politik | Rechtssystem und Justizwesen | Verbände, Interessengruppen, neue soziale Bewegungen | Kirchen und Religionsgemeinschaften | Sozialstruktur | Wirtschaft | Großbritannien in der EU | Großbritannien in der Welt

INFOSERVICE: Neuheiten für Ihr Fachgebiet unter **www.wochenschau-verlag.de** | Jetzt anmelden!

A.-Damaschke-Str. 10, 65 824 Schwalbach/Ts., Tel.: 06196/86065, Fax: 06196/86060, info@wochenschau-verlag.de

WOCHEN SCHAU VERLAG
... ein Begriff für politische Bildung

uni studien politik

Frank R. Pfetsch

Außenpolitik der Bundesrepublik Deutschland

Von Adenauer zu Merkel

Die Bundesrepublik als größte Demokratie im Herzen Europas ist aufgrund ihrer gewachsenen wirtschaftlichen und politischen Bedeutung, ihrem politischen und zunehmendem militärischen Engagement auch jenseits von Europa von großem außenpolitischem Interesse. Wie stellt sich die deutsche Außenpolitik in ihrer nunmehr sechzigjährigen Geschichte im Spiegel geopolitischer Neuordnungen wie der deutschen Teilung und Wiedervereinigung, von Europäisierungsprozessen und globalen Herausforderungen dar?

Dieser Band bietet eine fundierte Einführung in die Entstehung und Entwicklung der Außenpolitik der Bundesrepublik. Darüber hinaus liefert er struktur- und akteursbezogene Analysen, die die geopolitischen Orientierungen und Strategien der handelnden Politiker anschaulich verknüpfen. Der engen Verflechtung der deutschen mit der europäischen Außenpolitik wird besondere Aufmerksamkeit geschenkt.

ISBN 978-3-89974708-9,
288 S., € 12,80

Prof. (em.) Dr. Frank R. Pfetsch lehrt seit 1976 Politikwissenschaft an der Ruprecht-Karls-Universität Heidelberg. Den Jean-Monnet-Lehrstuhl, eine Auszeichnung des Europäischen Universitätsrats, hat er seit 1999 inne. Für seine Forschungs- und Lehrtätigkeit war er als Berater der UNESCO in verschiedenen Ländern Asiens, Afrikas und Südamerikas tätig.

INFOSERVICE: Neuheiten für Ihr Fachgebiet unter **www.wochenschau-verlag.de** | Jetzt anmelden!

A.-Damaschke-Str. 10, 65 824 Schwalbach/Ts., Tel.: 06196/86065, Fax: 06196/86060, info@wochenschau-verlag.de